Carl-Auer

Sporthypnose

Donald R. Liggett
Eine neue Stufe des mentalen Trainings

Aus dem Amerikanischen von Theo Kierdorf

Dritte Auflage, 2015

Mitglieder des wissenschaftlichen Beirats des Carl-Auer Verlags:

Prof. Dr. Rolf Arnold (Kaiserslautern)
Prof. Dr. Dirk Baecker (Friedrichshafen)
Prof. Dr. Ulrich Clement (Heidelberg)
Prof. Dr. Jörg Fengler (Alfter bei Bonn)
Dr. Barbara Heitger (Wien)
Prof. Dr. Johannes Herwig-Lempp (Merseburg)
Prof. Dr. Bruno Hildenbrand (Jena)
Prof. Dr. Karl L. Holtz (Heidelberg)
Prof. Dr. Heiko Kleve (Potsdam)
Dr. Roswita Königswieser (Wien)
Prof. Dr. Jürgen Kriz (Osnabrück)
Prof. Dr. Friedebert Kröger (Heidelberg)
Tom Levold (Köln)
Dr. Kurt Ludewig (Münster)
Dr. Burkhard Peter (München)
Prof. Dr. Bernhard Pörksen (Tübingen)
Prof. Dr. Kersten Reich (Köln)

Prof. Dr. Wolf Ritscher (Esslingen)
Dr. Wilhelm Rotthaus (Bergheim bei Köln)
Prof. Dr. Arist von Schlippe (Witten/Herdecke)
Dr. Gunther Schmidt (Heidelberg)
Prof. Dr. Siegfried J. Schmidt (Münster)
Jakob R. Schneider (München)
Prof. Dr. Jochen Schweitzer (Heidelberg)
Prof. Dr. Fritz B. Simon (Berlin)
Dr. Therese Steiner (Embrach)
Prof. Dr. Dr. Helm Stierlin (Heidelberg)
Karsten Trebesch (Berlin)
Bernhard Trenkle (Rottweil)
Prof. Dr. Sigrid Tschöpe-Scheffler (Köln)
Prof. Dr. Reinhard Voß (Koblenz)
Dr. Gunthard Weber (Wiesloch)
Prof. Dr. Rudolf Wimmer (Wien)
Prof. Dr. Michael Wirsching (Freiburg)

Umschlaggestaltung: Uwe Göbel
Satz und Grafik: Drißner-Design u. DTP, Meßstetten
Printed in Germany
Druck und Bindung: KN Digital Printforce GmbH, Stuttgart

Dritte Auflage, 2015
ISBN 978-3-89670-434-4
© der deutschen Ausgabe 2004, 2015 Carl-Auer-Systeme Verlag
und Verlagsbuchhandlung GmbH, Heidelberg
Alle Rechte vorbehalten

Die Originalausgabe diese Buches erschien unter dem Titel
"Sport Hypnosis", Human Kinetics, United States of America, 2000
Copyright © 2000 by Donald R. Liggett

Bibliografische Information der Deutschen Nationalbibliothek:
Die Deutsche Nationalbibliothek verzeichnet diese Publikation
in der Deutschen Nationalbibliografie; detaillierte bibliografische
Daten sind im Internet über http://dnb.d-nb.de abrufbar.

Informationen zu unserem gesamten Programm, unseren Autoren
und zum Verlag finden Sie unter: www.carl-auer.de.

Wenn Sie Interesse an unseren monatlichen Nachrichten aus der Vangerowstraße haben,
können Sie unter http://www.carl-auer.de/newsletter den Newsletter abonnieren.

Carl-Auer Verlag GmbH
Vangerowstraße 14
69115 Heidelberg
Tel. +49 6221 6438-0
Fax +49 6221 6438-22
info@carl-auer.de

Inhalt

Zum Geleit ... 10
Vorwort ... 11
Danksagung ... 14

TEIL I: EINBEZIEHUNG DER HYPNOSE IN DAS MENTALE TRAINING ... 15

1. Entmystifizieren der Hypnose ... 16
Die Ursprünge der Hypnose ... 16
Medizinische Anwendungen der Hypnose im 19. Jahrhundert ... 17
Hypnose heute ... 17
Die Debatte über die Trance ... 19
Charakteristika einer Trance ... 22
Hypnotisiert werden ... 26
Selbsthypnose lehren ... 31

2. Eine neue Qualität des mentalen Trainings ... 33
Die generelle Vernachlässigung des mentalen Trainings ... 33
Wozu das mentale Training nützlich ist ... 34
Informationslücke ... 35
Hypnose und mentales Training ... 35
Die Rolle des Sportpsychologen ... 36

TEIL II: DER EINSATZ DES MENTALEN TRAININGS ZUR ENTWICKLUNG SPEZIFISCHER FÄHIGKEITEN ... 39

3. Anspannung auflösen ... 40
Jacobsons Entspannungsübung ... 40
Leichte Trance ... 41
Suinns visuell-motorische Verhaltensprobe ... 42
Allgemeine Empfehlungen ... 47

Bensons „Entspannungsreaktion" ... 49
Hypnotische Entspannung ... 51
Zu starke Entspannung ... 53
Den Entspannungsgrad beeinflussen ... 54
Entspannung und Schmerz ... 57

4. Imaginieren einer perfekten Leistung ... 58
Der Wert der bildlichen Vorstellung ... 58
Geeignete Vorstellungen ... 61
Hypnose und bildliche Vorstellung ... 63
Innere und äußere Bilder ... 67
Die Unterscheidung zwischen inneren und kinästhetischen Bildern ... 68
Die Macht kinästhetischer Bilder ... 68
Identifikationsbilder ... 69

5. Energie mobilisieren ... 75
Technik ist trotzdem wichtig ... 75
Hypnose verstärkt die Energie ... 76
Teamarbeit ... 78
Weshalb diese Technik ihren Zweck erfüllt ... 80
Automatisches Erreichen bestimmter Leistungen ... 81

6. Motivation fördern durch das Definieren von Zielen ... 82
Weshalb es wichtig ist, sich Ziele zu setzen ... 82
Was Ziele bewirken ... 83
Wichtige Elemente des Setzens von Zielen ... 84
In Trance Ziele setzen ... 87
Erinnerungen an die Zukunft ... 89
Wie Hypnose bei der Definition von Zielen und beim Aufbau von Erinnerungen an die Zukunft von Nutzen sein kann ... 94

7. Optimieren des Erregungsgrades ... 96
Erregung oder Angst ... 96
Das Yerkes-Dodson-Gesetz ... 98
Hanins „Zone optimaler Funktionsfähigkeit" ... 98
Somatische und kognitive Angst ... 100
Das Katastrophenmodell von Fazey und Hardy ... 100
Uneståls „idealer Leistungszustand" ... 102
Lösen des Erregungsproblems ... 103
Mit der Zwerchfellatmung vertraut werden ... 107
Theoretische Begründung ... 108

Nichthypnotische Techniken ... 110
Integration der Beeinflussung des Erregungsgrades ... 113

8. Ausschalten von Ablenkungen ... 114
Fokusbreite ... 114
Die Beziehung zwischen Fokus und Erregung ... 115
Verschiedene Aspekte, die man während einer sportlichen Aktivität im Blick behalten sollte ... 116
Der Beitrag der Hypnose ... 119

9. Innere Stärke erlangen ... 120
Das Selbstvertrauen stärken ... 120
Die Macht des inneren Selbstgesprächs ... 121
Ziele erweitern ... 123
Der Umgang mit Misserfolgen ... 124
Erlernter Optimismus ... 125
Der Gegensatz zwischen Optimismus und Pessimismus ... 126
Die rational-emotive Therapie von Albert Ellis ... 129
Ichstärkende Skripts ... 130
Hypnose zur Ich-Stärkung ... 135

10. Schmerz lindern ... 136
Schmerzbeeinflussung durch Hypnose ... 136
Vorteile und Probleme der Schmerzlinderung mithilfe von Hypnose ... 138
Arten von Schmerz ... 140
Physische und affektive Aspekte von Schmerz ... 142
Der Einsatz von Hypnose zur Schmerzlinderung ... 142

11. Selbstheilungskräfte aktivieren ... 145
Die Macht der Selbstheilung ... 145
Definition des Begriffs „psychosomatisch" ... 145
Physiologische und psychologische Ursachen ... 146
Psychische Ursachen ... 146
Körperliche Verletzungen ... 151

Teil III: Fallbeispiele ... 157

12. Der Quarterback ... 158
Sich auf Spiele eines höheren Niveaus einstellen ... 158
Semiprofessioneller Football ... 159

Davids Probleme ... 159
Die Ergebnisse der Therapie ... 164

13. Der Fußballspieler ... 166
Die Darstellung von Lewis, dem Coach ... 166
Die Diagnose des Therapeuten ... 169
Die Therapie ... 170
Das Resümee des Coachs ... 174
Nachtrag des Therapeuten ... 175

14. Der Kajak-Fahrer ... 177
Den Schlag verändern ... 177
Externale und internale Vorstellungsbilder ... 178
Methoden zur Erzeugung kinästhetischer
   Reaktionen ... 178
Sich das Kajakfahren vorstellen ... 180
Selbsthypnose lehren ... 182
Fokus und Konzentration ... 182
Die Resultate der Therapie ... 183

15. Der Stabhochspringer ... 185
Den Schneid verlieren ... 185
Einen guten Sprung visualisieren ... 186
Visualisieren des letzten Wettkampfs ... 186
Die Hilfe des Trainers sichern ... 187
Suggerieren adäquater Selbstinstruktionen ... 187
Visualisieren eines Trampolins ... 188
Ziele setzen ... 188
Die Resultate der Therapie ... 189
Kommentar zum Abschluss ... 190

16. Die Basketball-Spielerin ... 191
Was Freiwürfe beinhalten ... 191
Identifizieren einer erfolgreichen Technik ... 192
Demonstration der Macht des
   inneren Selbstgesprächs ... 193
Die Induktion mit der Erfolg versprechenden
   Verfahrensweise verknüpfen ... 193
Selbsthypnose lehren ... 194
Arbeit auf dem Spielfeld ... 194
Resultate der Therapie ... 196
Weshalb dieses Verfahren wirkt ... 196

Gedanken zum Abschluss ... 198
    Gedanken zur Hypnose ... 198
    Zutaten für Erfolg ... 198
    Reaktionen auf Hypnose ... 199
    Psychische Gefahren der Hypnose ... 200
    Hypnoseausbildungen ... 201
    Ein Hinweis für Nichthypnotiseure ... 201
    Der Placebo-Effekt ... 201
    Gedanken zum mentalen Training ... 203
    Ein Sportler ist mehr als ein Muskelpaket ... 203
    Spaß und Freude sind unverzichtbar ... 204
    Mein Postskriptum ... 205

Anhang ... 206
    Wie man Sportlern die Angst
        vor der Hypnose nehmen kann ... 206

Glossar ... 214
Anschriften zur Hypnoseausbildung ... 216
Literatur ... 217
Über den Autor ... 221

Zum Geleit

Donald Liggett hat Recht: Die mentale Vorbereitung und Nachbereitung von Training und Wettkampf spielen für den Spitzenathleten von heute eine bedeutende, ja unverzichtbare Rolle. Insofern ist es sehr begrüßenswert, dass die Möglichkeiten des mentalen Trainings hier sehr seriös, umfassend und unvoreingenommen dargestellt werden.

Die Lektüre dieses Buches ist jedem anzuraten, der in irgendeiner Form mit dem Leistungssport zu tun hat – als Athlet, als Trainer, als Arzt oder Therapeut oder auch als Berater bzw. Funktionär. Jedem von ihnen wird das umfangreiche Wissen, das in diesem Buch enthalten ist, eine große Hilfe sein, im Training und Wettkampf erfolgreicher zu sein und Probleme wie z. B. psychische und physische Überlastungserscheinungen zu vermeiden.

Viel Spaß beim Lesen und Umsetzen!

Dr. Thomas Wessinghage
Damp, Mai 2004

Vorwort

Der Raum ist überfüllt, Menschen lachen hysterisch, und Sie können nicht anders, als selbst mitzulachen. Es kommt nicht alle Tage vor, dass man einen Freund vor einer großen Menschenmenge auf einem Stuhl stehen sieht, der auf Kommando wie eine Ente quakt. Während Sie dies miterleben, nehmen Sie sich vor, sich auf gar keinen Fall jemals hypnotisieren zu lassen.

In solchen Situationen stellen Bühnenhypnotiseure ihre Künste auf Kosten der Hypnotisierten zur Schau. Aufgrund derartiger „Vorführungen" haftet der Hypnose ein etwas billiger und zweifelhafter Ruf an. Die Aussicht, auf diese Weise vorgeführt zu werden, wird wohl niemanden begeistern.

Viele im sportlichen Bereich Tätige kennen Hypnose nur aus dieser in der Öffentlichkeit sehr verbreiteten Perspektive. Sie sehen einen Hypnotiseur, der Macht über einen Menschen gewinnt und den Betreffenden dazu bringt, vor Publikum lächerliche und beschämende Dinge zu tun. So etwas ist nicht gerade geeignet, das Interesse von Sportlern an den Möglichkeiten der Hypnose zu wecken, und bringt sie kaum auf den Gedanken, dass diese ihnen helfen könnte, ihre sportlichen Leistungen zu verbessern.

Die andere Seite der Hypnose ist weniger bekannt. Psychotherapeuten und Ärzte nutzen sie zur Behandlung psychischer und medizinischer Probleme.

Zwar wird heute allgemein anerkannt, dass Hypnose in der Medizin wie auch in der Psychotherapie sehr nützliche Dienste leisten kann, doch ist immer noch nur wenigen klar, dass Sportler durch hypnotische Techniken zusätzliche Kräfte mobilisieren können – und noch weniger Menschen machen von dieser Möglichkeit Gebrauch.

Dieses Buch beschäftigt sich mit der konstruktiven Seite der Hypnose und insbesondere damit, wie sie Sportlern von Nutzen sein kann. Teil I vermittelt einen Überblick über mentales Training und Hypnose, wobei Charakteristika der Hypnose, die das mentale Training wirksamer machen können, im Mittelpunkt stehen.

Teil II informiert darüber, wie Hypnose verschiedene Aspekte des mentalen Trainings verstärken kann. Dabei beschäftigt sich jedes Kapitel mit einer auf die Entwicklung einer bestimmten Fähigkeit zielenden Komponente des mentalen Trainings, mit ihrer Bedeutung für Sportler sowie der Möglichkeit, die Wirkung der betreffenden Technik durch Hypnose zu verstärken. Aus den Beschreibungen geht hervor, wie Sportler mithilfe von Hypnose stärker von Entspannung, Imagination und der Festlegung von Zielen profitieren können und wie es dadurch möglich wird, einen leistungsfördernden Erregungszustand zu erreichen, die Konzentrationsfähigkeit zu fördern, Schmerzen zu lindern und Heilungsprozesse zu unterstützen. Im Rahmen der Auseinandersetzung mit diesen Themen werden Beispiele für die erfolgreiche Anwendung der verschiedenen Techniken angeführt, und es wird auf Untersuchungen verwiesen, die den Wert der beschriebenen Vorgehensweisen belegen. Außerdem schildere ich Beispiele aus der Literatur, aus dem Erfahrungsschatz anderer Sportpsychologen und aus meinen persönlichen Erlebnissen mit Aktiven vieler Sportarten. Die Beispiele beziehen sich auf viele verschiedene Stufen sportlicher Leistungsfähigkeit, womit veranschaulicht wird, dass Hypnose Sportlern aller Leistungsstufen helfen kann, ihre Leistungen zu verbessern.

Die Arbeit an verschiedenen mentalen Fertigkeiten wird in Teil II jeweils isoliert beschrieben. Tatsächlich jedoch verbinden Therapeuten in den meisten realen Situationen mehrere Techniken, um Sportlern zu helfen, ihre Leistungen zu verbessern. Deshalb vermittelt Teil III einen umfassenden Eindruck davon, wie man verschiedene hypnotische Techniken bei der konkreten Arbeit mit Sportlern anwenden und miteinander kombinieren kann. Die Arbeit mit einem jungen Quarterback zielte darauf, ihm zu helfen, seinen physiologischen Erregungsgrad zu beeinflussen, Vorstellungsbilder zu nutzen und Ziele zu definieren. In anderen Fallstudien wird beschrieben, wie einem Stabhochspringer geholfen wurde, seine Sprunghöhe zu verbessern; wie ein Wildwasserkajak-Fahrer durch Hypnose seine Imaginationsfähigkeit entwickelte, um mit ihrer Hilfe seine sportliche Technik zu perfektionieren; wie ein Fußballspieler einen äußerst hinderlichen Schmerz der Kniesehne überwand; und wie ein Basketballspieler mittels Hypnose einen höheren Prozentsatz von gelungenen Freiwürfen erzielte. Die beschriebenen Fälle erfassen ein Spektrum, das von jungen Sportlern im Schüleralter über High-School- und Universitätssportler bis zu Olympiateilnehmern und Berufssportlern reicht.

Im Anhang wird in Form eines ausführlichen Skripts beschrieben, wie man Sportlern helfen kann, ihren Widerwillen gegen den Gebrauch von Hypnose zu überwinden, indem man sie darüber informiert, was Hypnose tatsächlich beinhaltet, und indem man ihnen erläutert, wie hypnotische Arbeit tatsächlich funktioniert.

Ich bin begeistert von der Effektivität der Hypnose, und ich hoffe, dass dieses Buch mehr Menschen dazu inspirieren wird, die Möglichkeiten zur Leistungssteigerung, die Hypnose eröffnet, zu nutzen. Die Beispiele sind nicht als exakte Beschreibungen des zu Erwartenden, sondern als Anhaltspunkte zu verstehen. Coachs und Sportpsychologen müssen bei der Zusammenarbeit mit Sportlern immer auf ihre Kreativität zurückgreifen, und dies gilt ganz besonders für den Einsatz von Hypnose. Verstehen Sie die beschriebenen Beispiele als Orientierungshilfen, und setzen Sie bei der Entwicklung eigener Ansätze zur Nutzung von Hypnose im sportlichen Bereich Ihre Kreativität ein.

Ob Sie nun aktiver Sportler, Coach oder Sportpsychologe sind, dieses Buch wird Ihnen helfen, an der Umsetzung mentaler Trainingsziele zu arbeiten. Es zeigt, wie Hypnose zur Verbesserung bereits vorhandener und zur Entwicklung neuer Fähigkeiten genutzt werden kann.

Donald R. Liggett

Danksagung

Viele Freunde haben an der Entwicklung des Konzepts für dieses Buch Anteil genommen. Würde ich sie alle hier aufführen, müsste für die Produktion des erforderlichen Papiers ein weiterer Baum gefällt werden, und das möchte ich aus ökologischen Gründen vermeiden. Statt alle an der Entstehung dieses Buches mehr oder weniger stark Beteiligten hier aufzulisten, möchte ich ihre Namen in den Fallstudien weiterleben lassen. Dabei geht es mir nicht nur darum, die Privatsphäre meiner Klienten zu wahren, sondern auch die meiner unschuldigen Helfer. Wird in einer Fallstudie eine Person mit Vor- und Nachnamen genannt, bezieht sich die Beschreibung tatsächlich auf die Person dieses Namens, und diese hat sich mit der Veröffentlichung ihrer Geschichte unter ihrem wirklichen Namen einverstanden erklärt. Nenne ich hingegen nur einen Vornamen, handelt es sich in der Regel um den Namen von jemandem, der mir bei der Arbeit an diesem Buch sehr geholfen hat – durch Richtigstellen von Irrtümern, durch Anregen von Ergänzungen oder durch Ermutigung während der Zusammenstellung des Materials. Die Hilfe all dieser Menschen ist dem Endergebnis sehr zugute gekommen, und dafür bin ich ihnen allen sehr dankbar. Die Verantwortung für eventuelle Irrtümer liegt natürlich einzig und allein bei mir.

Teil I: Einbeziehung der Hypnose in das mentale Training

Die Entwicklung mentaler Fähigkeiten wird in zunehmendem Maße als wichtiges Element des Trainings von Sportlern angesehen. Heute brauchen entspannte Arbeit an der Verwirklichung sportlicher Leistungsziele und eine von Selbstvertrauen und Zuversicht geprägte Haltung kein Zufallsprodukt mehr zu sein. Vielmehr können Athleten lernen, in die Zone optimaler Funktionsfähigkeit (vgl. Kap. 7, S. 98) einzutreten. Hypnose wird von Sportpsychologen, Coaches und den Sportlern selbst zunehmend zur Optimierung des mentalen Trainings benutzt. Kapitel 1 beschreibt die Charakteristika einer hypnotischen Trance, die beim mentalen Training von Nutzen sind. Kapitel 2 beschreibt, wie Hypnose helfen kann, leistungsverstärkende mentale Fertigkeiten zu entwickeln.

1. Entmystifizieren der Hypnose

Hypnose ist ein äußerst faszinierendes Phänomen der Psychologie und gleichzeitig eines der am wenigsten erforschten.
Hans Jürgen Eysenck, britischer Psychologe (1916–1997)

Obwohl Hypnose Menschen seit tausenden von Jahren fasziniert, ist sich die Wissenschaft bis heute weder darüber im Klaren, was genau eine Trance physiologisch und psychologisch beinhaltet, noch darüber, weshalb Menschen sich in diesem Zustand anders verhalten als sonst. Doch trotz unterschiedlichster theoretischer Erklärungen des Wirkmechanismus der Hypnose ist man sich über die Eigenschaften eines Menschen, der sich in Trance befindet, allgemein einig.

Die Ursprünge der Hypnose

Hinweise auf hypnoseartige Phänomene gibt es in vielen alten Kulturen. Der Autor der Genesis scheint die narkotisierende Wirkung von Hypnose gekannt zu haben, denn er berichtet, dass Gott Adam „in einen tiefen Schlaf" versetzte, um dann aus einer seiner Rippen Eva zu schaffen. Andere antike Quellen lassen vermuten, dass Hypnose vom Orakel in Delphi sowie im Rahmen bestimmter Riten im alten Ägypten benutzt wurde (Hughes a. Rothovius 1996). Die moderne Geschichte der Hypnose begann Ende des 18. Jahrhunderts, als ein österreichischer Arzt, Anton Mesmer, das Interesse an hypnotischen Methoden neu weckte. Mit einem sehr ausgefeilten und eindrucksvollen Ritual, in dem hypnotische Techniken eine wichtige Rolle spielten – er bezeichnete seine Methode als tierischen Magnetismus –, gelangen ihm viele Heilungen medizinischer und psychischer Störungen. Doch weil seine Erfolge dem medizinischen Establishment jener Zeit missfielen, wurde die französische Regierung zur Einsetzung einer Untersuchungskommission aufgefordert. Diesem Komitee gehörte unter anderem Benjamin Franklin an, damals amerikanischer Botschafter in Frankreich, sowie Joseph Guillotin, ein französischer Arzt, der ein Gerät entwickelte, mit dem sich der menschliche Geist unfehlbar vom restlichen Körper „dissoziieren" lässt. Diese Untersuchungskommission gelangte zu der Auffassung, dass Mesmers Behauptungen betrügerisch seien und seine Heilungen nicht auf der Wirkung des von ihm so genannten tierischen Magnetismus beruhten. Damit war Mesmers Karriere in Paris beendet, und die Hypnose spielte in dieser Stadt zumindest für einige Zeit keine Rolle mehr. Erhalten geblieben sind uns aus jener Zeit die Begriffe „Mesmerismus" und „mesmerisieren", die auch heute noch gelegentlich zur Bezeichnung von Hypnose benutzt werden.

MEDIZINISCHE ANWENDUNGEN DER HYPNOSE IM 19. JAHRHUNDERT

Anfang des 19. Jahrhunderts erforschten mehrere britische Ärzte Möglichkeiten, Hypnose zur Heilung und bei chirurgischen Eingriffen zur Betäubung einzusetzen. Als dann Mitte des 19. Jahrhunderts Äther und andere Betäubungsmittel gebräuchlich wurden, erlosch das Interesse an der Nutzung von Hypnose für diesen Zweck fast völlig. Die Schulmedizin hat die Wirksamkeit von Hypnose, wenn überhaupt, stets nur sehr zögerlich anerkannt. Dies gilt für Mesmer wie für jene britischen Ärzte des 19. Jahrhunderts, und viele heutige Sportler und Coaches haben die Wirksamkeit der Hypnose leider auch nicht erkannt.

HYPNOSE HEUTE

In den letzten Jahrzehnten ist das Interesse an der Hypnose neu erwacht. Im Jahre 1957 hat die *American Medical Association* sie offiziell als nützliche und legitime Behandlungsmethode in der Medizin und Zahnheilkunde anerkannt. Zwei Jahre zuvor hatte sich die *British Medical Society* ähnlich geäußert (Crasilneck a. Hall 1985). In der Psychotherapie spielt Hypnose seit langem eine wichtige Rolle. Obwohl sie im Sport immer noch häufig als unzulässige und ein wenig zweifelhafte Methode hingestellt wird, nutzt man sie mittlerweile auch in diesem Bereich zunehmend – manchmal offen, häufiger jedoch in Form von Entspannungsübungen oder von Anleitungen zur Entwicklung von bildlichen Vorstellungen oder Visualisationen. Das Executive Committee der *American Psychological Association*, Abteilung für psychologische Hypnose, hat Hypnose wie folgt definiert.

Definition der Hypnose

Hypnose ist ein Verfahren, in dessen Verlauf ein Arzt, Psychologe oder Wissenschaftler einem Klienten, Patienten oder Versuchsteilnehmer suggeriert, Veränderungen seiner Empfindungen, Wahrnehmungen, Gedanken oder Verhaltensweisen zu erleben. Die vielen verschiedenen Arten hypnotischer Induktionen sind meist mit Suggestionen verbunden, die Entspannung, Beruhigung und Wohlbehagen fördern. Auch die Aufforderung, sich angenehme Erlebnisse vorzustellen oder an diese zu denken, ist gewöhnlich ein Bestandteil hypnotischer Induktionen. Menschen reagieren auf Hypnose unterschiedlich. Einige beschreiben ihre Erlebnisse in Trance als veränderte Bewusstseinszustände. Andere bezeichnen Hypnose als normalen Zustand fokussierter Aufmerksamkeit, in dem sie sich sehr ruhig und entspannt fühlen. Ungeachtet dessen, wie und in welchem Maße sie auf Hypnose ansprechen, empfinden die meisten Hypnotisierten den hypnotischen Zustand als sehr angenehm.

Einige Menschen reagieren sehr stark auf hypnotische Suggestionen, andere weniger stark. Die Fähigkeit solche Suggestionen anzunehmen, kann durch Ängste und Sorgen eingeschränkt werden, die auf weit verbreiteten falschen Vorstellungen von Hypnose basieren. Im Gegensatz zu gewissen Darstellungen in Büchern und Filmen und im Fernsehen verlieren Hypnotisierte keineswegs die Kontrolle über ihre Verhalten. Gewöhnlich bleiben sie sich dessen bewusst, wer sie sind und wo sie sich befinden, und falls nicht gezielt eine Amnesie suggeriert wurde, erinnern sie sich meist an alles, was während der Trance geschehen ist. Hypnose erleichtert es Menschen, Suggestionen anzunehmen, sie zwingt jedoch niemanden dazu.

Hypnose ist keine Therapieform wie Psychoanalyse oder Verhaltenstherapie, sondern kann Therapien unterstützen. Weil Hypnose keine eigenständige Behandlungsmethode ist, reicht eine Hypnoseausbildung allein für therapeutische Arbeit nicht aus. Klinische

Hypnose sollte nur von ausgebildeten Ärzten und klinischen Psychologen eingesetzt werden, die außer ihrer allgemeinen fachlichen Ausbildung die klinische Anwendung von Hypnose erlernt haben, und sie sollten Hypnose auch nur in den Bereichen ihrer klinischen Kompetenz einsetzen.

Man hat Hypnose zur Behandlung von Schmerz, Depression, Angst, Stress, Verhaltensstörungen und vielen anderen psychischen und medizinischen Problemen eingesetzt. Allerdings ist sie nicht bei allen psychischen Problemen und bei allen Patienten oder Klienten von Nutzen. Die Entscheidung, eine Behandlung durch Hypnose zu ergänzen, sollte nur nach Konsultation qualifizierter Ärzte oder Psychologen getroffen werden, die selbst in der Anwendung klinischer Hypnose ausgebildet sind und die deren Grenzen kennen. Abgesehen von der augenblicklichen klinischen Nutzung, wird Hypnose weiterhin erforscht, um Näheres über ihre Wirkung auf Empfinden, Wahrnehmung, Lernen, Gedächtnis und Physiologie herauszufinden. Außerdem wird der Wert von Hypnose bei der Behandlung physischer und psychischer Probleme weiter erforscht.

DIE DEBATTE ÜBER DIE TRANCE

Einige Psychologen bezweifeln, dass dem Konzept der Trance auch nur die geringste Realität zuzubilligen ist. Dabei verweisen sie darauf, dass es bisher nicht gelungen ist, anhand physiologischer Anzeichen zweifelsfrei festzustellen, ob sich ein Mensch in Trance befindet. Außerdem führen sie an, dass auch Menschen, die sich eindeutig *nicht* in Trance befinden, viele der Charakteristika, die dem Trancezustand zugeschrieben werden, zeigen können. Sie behaupten, dass sich Menschen in Trance gemäß den gleichen Prinzipien verhalten wie Menschen im normalen Wachzustand.

Andere Psychologen halten eine hypnotische Trance für einen veränderten Bewusstseinszustand. Nach meiner Erfahrung verhält sich ein Mensch in Trance anders als jemand, der sich nicht in Trance befindet.

Die charakteristischen Verhaltensweisen von Menschen in Trance sind für uns hier von größerem Interesse als eine exakte physiologische Beschreibung des Trancezustandes. Alle an einer ausführlichen Darstellung der physiologischen und psychologischen Aspekte des Trancezustandes Interessierten verweise ich hiermit auf Hughes und Rothovius (1996) sowie Kirsch und Lynn (1995).

Das Wesen einer Trance

Oberflächlich betrachtet, mögen Menschen, die sich in Trance befinden, so wirken, als würden sie schlafen; doch unterscheidet sich hypnotische Trance von Zuständen wie Koma und Schlaf. Die wohl wichtigsten Merkmale von Menschen in Trance sind gewöhnlich – außer einem entspannten Zustand –, dass sie ihre Umgebung wahrnehmen, auf Suggestionen des Hypnotiseurs reagieren und sich später meist an das, was in der Trance geschehen ist, erinnern können.

Eine Trance lässt sich nicht wie mit einem Schalter ein- und ausschalten. Menschen treten allmählich in eine Trance ein und erreichen nacheinander verschiedene Stufen oder Ebenen. Obwohl wir davon sprechen, dass wir uns entweder in Trance befinden oder nicht, geht der Zustand des normalen Wachbewusstseins eher fließend in den Trancezustand über. Wenn wir sagen, dass sich jemand in Trance befindet, meinen wir damit gewöhnlich, dass die Trance des Betreffenden so tief ist, dass er Suggestionen annimmt.

Die Tiefe der Trance

Dass in Zusammenhang mit Trance häufig die Begriffe Ebene oder Tiefe benutzt werden, bedarf einer Erklärung. Ein Mensch, der eine tiefere Ebene der Trance erreicht hat, nimmt Suggestionen meist besser an als jemand, der sich in einer weniger tiefen Trance oder gar nicht in Trance befindet. Das bedeutet: Je tiefer Ihre Trance ist, umso offener sind Sie für Suggestionen. Einige Menschen erreichen sehr leicht eine tiefe Trance, anderen gelingt dies erst nach mehreren Hypnosesitzungen, und manche erleben einen solchen Zustand nie. Nach meiner Erfahrung lassen sich die meisten Ziele, die ich mithilfe einer Trance erreichen will, schon in relativ leichten Trancezuständen realisieren; eine wirkliche tiefe Trance ist nur selten erforderlich.

Hypnotisierbarkeit

Zwischen der Tiefe der Trancezustände, die Menschen erreichen können, und ihren Resultaten bei Standardtests zur Feststellung der

Hypnotisierbarkeit besteht eine gewisse Parallele. Die gebräuchlichsten Tests dieser Art sind die *Stanford Hypnotic Susceptibility Scale* (Weitzenhoffer a. Hilgard 1959) und die *Harvard Group Scale of Hypnotic Susceptibility* (Shor a. Orne 1962). Der Stanford-Test ist für Einzeluntersuchungen gedacht, der Harvard-Test ist ein Gruppentest, der auf der Basis des Stanford-Tests entwickelt wurde. Der Grad der Hypnotisierbarkeit wird in beiden Fällen anhand der Zahl der Suggestionen gemessen, die die Testteilnehmer nach einer standardisierten hypnotischen Induktion annehmen. Demzufolge kann man generell sagen: Je aufgeschlossener Menschen für Hypnose sind, umso tiefere Ebenen der Trance erreichen sie mithilfe der benutzten Standardinduktion, umso tiefer ist die Trance, in die sie eintreten, und umso höher die Wahrscheinlichkeit, dass sie Suggestionen annehmen.

Einige Therapeuten testen die Hypnotisierbarkeit von Sportlern, bevor sie mit ihnen arbeiten. Ich halte es jedoch für sinnvoller, grundsätzlich davon auszugehen, dass die Hypnotisierbarkeit für die Arbeit in jedem Fall ausreicht. Da die Standardtests für die Hypnotisierbarkeit etwa eine Stunde in Anspruch nehmen, wird die konstruktive Arbeit an Zielen erheblich verzögert, wenn man zuerst einen solchen Test durchführt.

Zusammenarbeit

Wenn ein Sportler und ich selbst in der Lage sind, eine Trance zu erreichen, können wir mit der Arbeit beginnen. (Ich spreche hier ganz bewusst von „wir", weil Hypnose auf der Kooperation zweier Menschen basiert, also nicht von einem Menschen mit einem anderen „gemacht" wird.) Wenn es uns nicht gelingt, gemeinsam einen Trancezustand zu erreichen, können wir uns entscheiden, es später noch einmal zu versuchen, oder wir können mit einer anderen Methode des mentalen Trainings arbeiten. Da nach meiner Erfahrung weniger als einer von 20 Sportlern nicht hypnotisierbar ist, greife ich nur sehr selten auf Tests zur Feststellung der Hypnotisierbarkeit zurück. (Anders ist das bei wissenschaftlichen Untersuchungen über Hypnose, wo gewöhnlich der Grad der Hypnotisierbarkeit der Teilnehmer festgehalten wird.)

Charakteristika einer Trance

Sportler können viele Charakteristika der hypnotischen Trance zur Verbesserung ihrer Leistungen nutzen. Wir alle haben diese Zustände, wie sie im Folgenden beschrieben werden, schon in mehr oder minder starkem Maße erlebt, auch ohne in Trance gewesen zu sein. In einer Trance jedoch treten sie deutlicher hervor.

Entspannung

Es ist angemessen, die Entspannung zuerst zu erwähnen, weil sie das deutlichste Merkmal einer Trance ist. Menschen, die aus einer Trance zurückkehren, berichten am häufigsten über ein Gefühl der Entspannung des Körpers und des Geistes. Die in der Trance erlebte Entspannung ermöglicht eine Vielzahl von Behandlungen. Sie ähnelt oberflächlich dem Schlaf, und in die gleiche Richtung verweist auch der Begriff Hypnose, der vom griechischen Wort *hypnos* stammt, dem Namen des griechischen Gottes des Schlafs. Eine hypnotische Trance ist eindeutig etwas anderes als Schlaf – die Entspannung, die beide Zustände kennzeichnet, ist fast die einzige Ähnlichkeit zwischen beiden.

Suggestibilität

Das wichtigste Charakteristikum der Hypnose ist für die meisten Menschen die Bereitschaft der Hypnotisierten, Suggestionen anzunehmen.

Suggestibilität, die Bereitschaft, hypnotische Suggestionen anzunehmen, wird häufig falsch verstanden. Die Hypnotisierten behalten insofern die Kontrolle über das Geschehen, als sie den Suggestionen Widerstand leisten oder ihnen folgen können. Generell geht man davon aus, dass Menschen unter Hypnose keine Handlungen ausführen und sich keine Vorstellungen zu Eigen machen, die ihren moralischen Grundsätzen widersprechen und die ihrem körperlichen Wohl schaden – wobei anzumerken ist, dass sich diese Auffassung nur schwer überprüfen lässt, will man nicht gegen fundamentale ethische Prinzipien verstoßen. Wie soll man ein Experiment auf eine ethisch akzeptable Weise durchführen, bei dem Menschen aufgefordert werden, Dinge zu tun, die ihren Grundsätzen widersprechen oder ihrem physischen Wohl schaden? Fordert man sie andererseits nicht auf, solche Dinge zu tun, wie soll die Untersuchung dann nachweisen, dass sie sich unter Hypnose gegebenenfalls *nicht* doch ethisch fragwürdig oder selbstschädigend verhalten würden?

Konzentration
In Trance können Menschen besser auf etwas fokussieren oder sich konzentrieren, und das ist für Sportler natürlich hochinteressant. Sie können ablenkende Umgebungsreize ignorieren und die Aufmerksamkeit auf spezifische Gefühle und Stimuli sowie auf in der Vergangenheit erlebte oder vorgestellte zukünftige Ereignisse richten. Diese Art von Fokus ähnelt dem geistigen Zustand, in dem wir uns befinden, wenn wir uns einen Film anschauen und wir völlig von der Handlung auf der Leinwand gefangen sind. In solchen Situationen vergessen wir alles außer der Handlung des Films.

Ebenso nützlich ist es vielen Sportlern, auf ein früheres Ereignis fokussieren zu können. Die in einer Trance zugänglichen Einzelheiten ermöglichen, etwas in der Vergangenheit Geschehenes wieder zu erleben und die Faktoren, die in jener Situation zum Erfolg oder Misserfolg führten, wesentlich klarer zu analysieren als im Wachzustand. Das gezielte Fokussieren auf ein früheres Ereignis hat sich auch in der Forensik als sehr nützlich erwiesen. Zeugen eines Unfalls oder Verbrechens können sich in Trance oft an Einzelheiten erinnern, zu denen sie im Zustand des Wachbewusstseins keinen Zugang haben. Allerdings ist die Anwendung der forensischer Hypnose umstritten, und in Deutschland zum Beispiel haben Zeugenaussagen, die unter Hypnose zustande gekommen sind, keinerlei Beweiswert vor Gericht.

Fahren in einem hypnotischen Zustand
Viele von uns kennen vom Autofahren einen Zustand, der diesem fokussierten hypnotischen Zustand ähnelt. Auf einer Strecke, die wir gut kennen, beispielsweise auf dem Weg zur Arbeit, fahren wir automatisch. Manchmal fällt uns sogar selbst auf, dass wir diesen „Autopiloten" benutzt haben – wenn wir zu Hause ankommen und plötzlich merken, dass wir vergessen haben, die Milch mitzubringen.

Imaginationsfähigkeit
In Trance verfügen Menschen über eine stärkere Imaginationsfähigkeit. Dieser Umstand ist für die Forensik problematisch. Hypnoti-

sierte können mit ihrer Vorstellungskraft Lücken in der Erinnerung an tatsächlich Beobachtetes füllen und tun dies oft auch. Deshalb umfassen Beschreibungen eines früheren Ereignisses häufig tatsächliche Erinnerungen und eingebildete Details, und Hypnotisierte können echte Erinnerungen meist nicht vom nur Imaginierten unterscheiden, weil ihnen beides gleichermaßen real erscheint. Dies kann problematisch sein, wenn ein Sportler sich an eine frühere Leistung erinnert, weil er zwar viele Einzelheiten richtig darstellt, seine Beschreibung aber zahlreiche Details enthält, die nicht der Wahrheit entsprechen.

Realitätsbezug
Die durch Hypnose erhöhte Imaginationsfähigkeit ermöglicht Hypnotisierten auch die Verringerung des aktuellen Realitätsbezugs. Beispielsweise akzeptieren sie zeitliche, kognitive und affektive Verzerrungen und nehmen auch logische Inkonsistenzen ohne weiteres hin. Ebenso kann die Fähigkeit, die Zeit verzerrt zu erleben, Turmspringern oder Turnern helfen, einen Sprung oder beim Turnen eine bestimmte Übung anschaulich und in Zeitlupe zu üben.

Die Geschichte sehen
Wir erleben diesen hypnoseähnlichen Zustand intensivierter Imaginationsfähigkeit häufig, wenn wir beim Lesen eines fesselnden Buches in Trance fallen und dann die beschriebene Szene und die daran beteiligten Personen anschaulich vor uns sehen.

Gehirnfunktion
Eine hypnotische Trance ermöglicht den Zugang zu unterschiedlichen Gehirnfunktionen. Dies ist für Psychotherapeuten von besonderem Wert. In diesem Zusammenhang sind zwei Aspekte von Geistesfunktionen von Interesse. Sigmund Freud, der Begründer der Psychoanalyse, postulierte die Existenz eines Unbewussten, in dem ein großer Teil unserer Motivationen und des in der Vergangenheit Erlebten vergraben liegt und für unser Bewusstsein kaum mehr erreichbar ist. Obwohl das Bewusstsein keinen Zugang zu unseren Motivationen hat, üben sie starken Einfluss auf unser Verhalten aus. Diese unbewussten Motivationen sind in Trance besser erreichbar als im normalen Wachzustand. Sie zu verstehen ist für Psychothera-

peuten sehr wichtig und auch bei der Arbeit mit Sportlern oft eine große Hilfe.

Nach einer anderen Theorie erfüllen die beiden Gehirnhälften unterschiedliche Funktionen. Die linke Hemisphäre ist für das logische, rationale Denken zuständig und beschäftigt sich mit Details, wohingegen die rechte Hemisphäre die emotionalen Aspekte abdeckt und sich mit der allgemeinen Organisation – mit der Gestalt einer Situation – befasst. Hypnose ermöglicht einen besseren Zugang zu den mit der rechten Hirnhälfte verbundenen Eigenschaften. Beide Seiten zu erschließen ist in einer Psychotherapie besonders wichtig, aber auch beim mentalen Training von Sportlern von großem Wert. Die Imaginationskraft der rechten Hirnhälfte kann die hypnotischen Bildszenen lebhafter erscheinen lassen und sie dadurch wirksamer machen.

Autonome Kontrolle

Charakteristisch für Hypnose ist außerdem die Fähigkeit, bestimmte autonome Funktionen, beispielsweise Blutkreislauf und Blutdruck, zu beeinflussen. Dieser Aspekt wird häufiger in der Medizin als im Sport genutzt, doch können auch Sportler davon profitieren – beispielsweise wenn es um die Heilung von Verletzungen geht. Die verstärkte Versorgung einer Verletzung mit Blut und anderen heilend wirkenden Körperflüssigkeiten beschleunigt die Genesung. Ebenso nützlich ist Hypnose bei Schmerzen. Diese Möglichkeit, mit ihrer Hilfe Schmerzen zu lindern, wird allgemein anerkannt und ist natürlich für die Sportmedizin wichtig.

Das Phänomen Angst umfasst physiologische und psychologische Aspekte, und in Trance können Menschen lernen, es zu beeinflussen.

Der Placeboeffekt

Als letztes Charakteristikum von Hypnose möchte ich hier den Placeboeffekt erwähnen. Für die meisten Menschen ist es ein sehr beeindruckendes Erlebnis, hypnotisiert zu werden. So wie bei vielen anderen Behandlungsformen ist es auch bei dieser dem Erfolg sehr förderlich, wenn man an die Wirkung der Behandlung glaubt. William Brown (1997) erklärt die Macht der Placebowirkung und fordert nicht nur Ärzte auf, sie stärker zu nutzen. Manchmal reicht schon allein die Überzeugung, eine Methode werde nützlich sein, um die gewünschte Veränderung zu erzielen. Zwar erschwert der Placeboeffekt eine experimentelle Analyse der Wirkung von Hypnose häufig oder macht sie sogar unmöglich, aber er kann die Wirkung einer Trance in der Praxis sehr fördern. Doch auch wenn der Placeboeffekt die Wirksamkeit von Hypnose zum Teil erklären mag, sind die übrigen Charakteristika einer hypnotischen Trance nach meinen Erfahrungen bei der Arbeit mit Sportlern ebenso wichtig.

Alle hier beschriebenen Charakteristika der Hypnose können Sportlern gelegentlich von Nutzen sein. Entspannung, Suggestibilität, Imaginationskraft, Denkprozesse, autonome Funktionen und sogar der Placeboeffekt helfen ihnen, ihre Leistungsziele zu erreichen.

Hypnotisiert werden

Man kann in eine Trance eintreten, indem man mit jemand anderem darauf hinarbeitet – dies wird Fremdhypnose genannt. Oder man versetzt sich ohne Hilfe eines anderen Menschen selbst in Trance – dies ist Selbsthypnose. Zwar ist eine selbst induzierte Trance gewöhnlich nicht so tief wie eine fremdinduzierte, doch kann man vieles mithilfe von Fremdhypnose Erreichbare auch durch Selbsthypnose schaffen.

Selbsthypnose erlernen Sie am leichtesten von jemandem, der Sie schon einmal in Trance versetzt hat. Zwar kann man Selbsthypnose auch ohne Hilfe erlernen, doch fällt das den meisten Menschen schwer. Es gibt auch Bücher zu diesem Thema, aber mir persönlich sind nur wenige Menschen bekannt, die gelernt haben, sich ohne qualifizierte Hilfe selbst in tiefe Trance zu versetzen. Ich bin mir sicher, dass man die Kunst der Selbsthypnose autodidaktisch erlernen kann, denn entsprechende Anleitungen existieren, doch erlernen die meisten Menschen dies offensichtlich leichter von einem Sachkundigen. Eine der besten Beschreibungen des Erlernens von Selbsthypnose enthält Nideffers (1992) Buch *Psyched to win*. Das folgende Beispiel ist ein Selbsthypnose-Skript für Tennis, das Nideffer entwickelt hat. Wenn Sie Coach oder Sportler sind, können Sie es an Ihre Sportart anpassen, und falls Sie Sportpsychologe sind, können Sie es auf den Sport übertragen, auf den Sie sich spezialisiert haben.

Selbsthypnose-Skript[1]

Phase 1

Schließen Sie die Augen, und atmen Sie dreimal tief. Tief einatmen und langsam ausatmen ... Tief einatmen ... und langsam ausatmen ... tief einatmen ... und langsam ausatmen. So ist es gut ... und jetzt entspannen Sie sich, Sie lassen los, und Sie wissen: So tief Sie auch hypnotisiert werden, Sie haben immer die Kontrolle und können auf alles reagieren, worauf Sie reagieren wollen ... So tief Sie auch hypnotisiert werden, Sie werden sich an alles erinnern.

Konzentrieren Sie sich nun zunächst auf Ihren rechten Arm ... Legen Sie den rechten Arm so, dass Ihre Hand offen ist und die Handfläche nach oben weist ... So ist es gut ... Achten Sie jetzt auf die Gefühle in Ihrem Oberarm ... und in Ihrem Unterarm ... in Ihrer Hand ... und in Ihren Fingern. Achten Sie auf Empfindungen, die in Ihrem rechten Arm auftauchen ... Vielleicht spüren Sie einen Windhauch im Haar, vielleicht ein Kribbeln in der Hand oder in den Fingern. Beobachten Sie diese Empfindungen einfach ...

Und nun achten Sie auf das Gefühl der Schwere in Ihrem rechten Arm beim Ausatmen ... Entspannen Sie sich, und nehmen Sie das Gefühl angenehmer, entspannter Schwere in Ihrem rechten Arm wahr, das beim Ausatmen entsteht ...

Legen Sie nun den linken Arm so, dass die Finger geöffnet sind und die Handfläche nach unten weist ... *(Wiederholen Sie diesen Satz, um Zeit zum Reagieren zu gewinnen.)* Beugen Sie das linke Handgelenk leicht ... Gut ... Und achten Sie nun auf die Empfindungen in der linken Hand. Spüren Sie, wie Ihre Hand beim Einatmen leichter wird ... Entspannen Sie sich, und beachten Sie beim Einatmen, dass Ihre Hand sich immer leichter anfühlt, als wollte sie sich erheben ...

Wenn Sie wollen, können Sie in Ihrer Hand ein anderes Gefühl erzeugen. Dazu brauchen Sie nur die richtigen Bilder zu finden ... Tun Sie dies jetzt. Achten Sie nun noch einmal auf Ihre rechte Hand. Wählen Sie ein Bild, das Ihnen hilft, das Gefühl der Schwere in der rechten Hand zu entwickeln. Stellen Sie sich vor, dass Sie die rechte Hand um ein Gewicht schließen, das die Hand herabzieht und sie schwerer macht ... und schwerer ... und schwerer ... Lassen Sie los, und wählen Sie ein Bild, das Sie spüren lässt, Ihr rechter Arm wird mit jedem Ausatmen schwerer und schwerer.

So ist es gut ... Lösen Sie sich nun wieder von dem Bild, und lassen Sie das Gefühl der Schwere los ... Richten Sie die Aufmerksamkeit nun auf den linken Arm. Stellen Sie sich vor, ein Freund streckt diesen Arm aus

---

1 Aus: Nideffer 1992, S. 95–100

und fasst Ihre Hand zwischen Daumen und Zeigefinger an. Und stellen Sie sich bei jedem Einatmen vor, dass Ihr Freund sanft am Handgelenk zieht, das sich dadurch leichter anfühlt ... und leichter ... bei jedem Einatmen zieht Ihr Freund sanft an Ihrem Handgelenk und zieht es höher ... und höher ... und macht es leichter ... und leichter ... Guuut. Achten Sie darauf, wie viel leichter Ihr Handgelenk geworden ist. Wählen Sie nun ein anderes Bild, mit dessen Hilfe Ihr Handgelenk und Ihr Arm noch leichter werden ... Nehmen Sie sich etwas Zeit, und lassen Sie in der linken Hand das Gefühl der Leichtigkeit entstehen ...

Legen Sie hier eine Pause von zwei Minuten ein, in der sich die Gefühle entwickeln können.

Phase 2

Gut. Entspannen Sie sich nun. Wenn Ihr linker Arm sich bewegt hat, dann lassen Sie ihn nun wieder eine angenehme Position finden. Sobald Ihr Arm eine Ruheposition gefunden hat, werden Sie sich sehr wohl fühlen ... Und Sie können dieses angenehme, bequeme Gefühl verstärken, indem Sie von eins bis fünf zählen ... Bei jedem Atemzug werden Sie entspannter, und Ihre Trance wird tiefer. Doch so tief sie auch sein mag, Sie können das Geschehen immer beeinflussen ... Mit jeder Zahl werden Sie entspannter, und Ihre Trance wird tiefer. Doch so tief sie auch werden mag, Sie behalten das Geschehen in jedem Fall in der Hand ...

Eins ... Entspannen Sie alle Muskeln in beiden Armen, in den Fingern ... Händen ... Unterarmen ... und Oberarmen .... Entspannen Sie diese Muskeln völlig, und genießen Sie das angenehme Gefühl der Schwere, das sich beim Ausatmen einstellt und während Sie immer tiefer hinabsinken ...

Zwei ... Entspannen Sie die Muskeln in beiden Beinen ... Entspannen Sie die Muskeln in Füßen und Zehen ... Entspannen Sie die Wadenmuskeln ... Entspannen Sie die Oberschenkelmuskeln ... Sie entspannen alle Muskeln in beiden Armen und beiden Beinen ... Und achten Sie beim Ausatmen ... auf das angenehme Gefühl, tiefer und tiefer zu sinken ... in eine tiefe Trance.

Drei ... Sie entspannen alle Muskeln in der Stirn ... im Gesicht ... und im Kiefer ... Lassen Sie dabei den Mund leicht geöffnet ... So ist es gut ...

Vier ... Sie entspannen die Muskeln im Nacken ... Sie entspannen die Muskeln in den Schultern ... Völlig entspannen und immer tiefer ... tiefer ... und noch tiefer treiben lassen ...

Fünf ... Sie entspannen alle Muskeln im Brustkorb ... im Rücken ... und im Bauch ... Sie entspannen alle Muskeln und genießen die angenehmen Empfindungen einer tiefen Trance ... Lassen Sie einige Augenblicke lang völlig los, und lassen Sie sich mit jedem Ausatmen tiefer und tiefer hinabtreiben ... mit jedem Ausatmen ... tiefer treiben ... und tiefer ...

Lassen Sie hier eine Pause von einer Minute entstehen.

Phase 3 (tennisspezifisch)

Und nun ... Stellen Sie sich vor, Sie sind kurz davor aufzuschlagen ... Während Sie sich auf den Aufschlag vorbereiten, schauen Sie zur anderen Seite des Spielfeldes hinüber ... Sie schauen mit weichem Blick ... und sehen Ihren Gegner darauf warten, den Aufschlag zurückzuschlagen. Gleichzeitig sehen Sie das ganze Spielfeld ... Sie sehen alles ... Und während Sie dort stehen, entscheiden Sie, wo Sie aufschlagen werden ... Sie beschließen, dass Sie an diesem Punkt stehen bleiben und von der Grundlinie aus aufschlagen werden ...

Sie spüren den Ball in Ihrer Hand ... Sie spüren, wie er sich anfühlt, und sein Gewicht ... Sie spüren die Nähte des Balls, die Stellen, wo kein Flaum ist. Achten Sie darauf, wie sich der Schläger, den Sie festhalten, in Ihrer Hand anfühlt ... Achten Sie darauf, wie fest Sie ihn halten. Achten Sie darauf, wie sich sein Druck gegen Ihre Handfläche anfühlt ... und gegen Ihre Fingerspitzen ...

Achten Sie darauf, wie Sie Ihr Körpergewicht verteilen ... Beachten Sie, wie sich Ihr Schwerkraftzentrum in Richtung des vorderen Fußes verlagert, wenn Sie den Ball auf dem Boden aufprallen lassen, um sich auf den Aufschlag vorzubereiten ... Sie fühlen sich sehr wohl und im Gleichgewicht ... Während Sie sich für den Schlag bereitmachen, schrumpft Ihr Fokus auf den Punkt, von dem aus Sie den Ball schlagen werden ... Ihr Fokus verengt sich, und Sie sehen den Ball sehr klar vor sich. Sie sehen den Flaum auf dem Ball ... sehen seine Farbe ... sehen ihn rotieren ... Während Sie den Ball wahrnehmen, spüren Sie, wie Ihr Schläger sich nach vorn bewegt, und Sie sehen ihn in Ihr Blickfeld kommen. Sie sehen, wie er mit dem Ball in Kontakt kommt, und Sie spüren, wie sich Ihr Körpergewicht und Ihr Schwerkraftzentrum nach vorn verlagern, genau im Moment des Ballkontakts ... Jetzt spüren Sie das Durchschwingen Ihres Schlägers.

Dann wird Ihr Fokus schnell wieder weiter, und Sie sehen das ganze Spielfeld. Sie spüren, wie Sie sich erneut zentrieren, während Sie die Beine wieder unter den Körper ziehen. Ihr Schläger ist oben, und Sie sind bereit, ihn in jede Richtung zu bewegen ...

Phase 4 (tennisspezifisch)

So ist es gut. Nun spielen Sie einfach ein paar Punkte, und die Dinge geschehen in normaler Geschwindigkeit ... Lösen Sie sich von Ihrer

Imagination ... Konzentrieren Sie sich völlig auf die Punkte ... Sie spüren und sehen alles so, als ob Sie tatsächlich um die Punkte spielen ... Sie fühlen sich selbstsicher ... haben die Situation im Griff ... Es fällt Ihnen leicht, sich zu bewegen und in Position zu gehen, und Sie spüren, wie sich bei jedem Schlag das Gewicht durch den Ball bewegt ... Es ist, als hätten Sie alle Zeit der Welt, um sich vorzubereiten ... Sie wissen, dass Sie mit dem Ball tun können, was Sie wollen ... Lassen Sie einfach zu, dass Sie spielen, und genießen Sie all die Gefühle und Empfindungen, die sich einstellen, wenn Sie Ihre optimale Leistungsfähigkeit erreicht haben ...

Lassen Sie sich an diesem Punkt zwei Minuten Zeit für mentales Üben.

Phase 5 (tennisspezifisch)

So ist es gut. Sie werden diesen angenehmen Zustand der Trance nun bald verlassen ... Doch Sie können die Gefühle, die Sie haben, wenn Sie beim Spielen in der Zone optimaler Funktionsfähigkeit sind, jederzeit wiedererzeugen ... Sie erreichen dies durch einen tiefen, zentrierenden Atemzug ... indem Sie tief einatmen ... und beim Einatmen auf die Dehnung der Muskeln in Ihrem Bauch achten ... dann Brust-, Hals- und Schultermuskulatur entspannen und sagen: „_____ und _____". *(Fügen Sie hier Ihre beiden Code-Wörter ein.)*

Denken Sie daran: Wenn Sie sich zur Ruhe bringen und Ihre Konzentration verbessern wollen ... können Sie dies durch einen tiefen, zentrierenden Atemzug erreichen ... Und dann sagen Sie sich beim Ausatmen: „_____ und _____".

Stellen Sie sich vor, dass Sie diesen Prozess jetzt durchlaufen ... Stellen Sie sich vor, Sie befinden sich in einem Match unmittelbar vor dem Aufschlag ... Sie spüren den Druck ... Sie fühlen sich im Nacken und um die Schultern ein wenig angespannt ... Sie merken, dass Sie den Schläger ein wenig zu fest halten ... und Sie machen sich Sorgen, ob es Ihnen gelingen wird, Ihren Aufschlag gut zu platzieren. Sie spüren den Druck ... Und schauen nun auf das Spielfeld ... und schauen über das Netz ...

Während Sie über das Netz schauen, atmen Sie tief und zentrieren sich so ... und wiederholen Ihr Code-Wort ... Und achten Sie am Ende des Einatmens auf Ihren unfokussierten Blick ... Sie sehen das gesamte Spielfeld ... Sie fühlen sich wohl ... Wenn Sie wollen, können Sie sich noch einmal durch einen Atemzug zentrieren, unmittelbar bevor Sie Ihren Ball schlagen ... Dann ... während Sie den Ball schlagen, verengt sich Ihr Fokus auf den Punkt, an den Sie den Ball schlagen ...

Lassen Sie sich hier eine Minute Zeit zum mentalen Üben.

Gut ... es ist Zeit, dass Sie zu Ihren gewohnten Aktivitäten zurückkehren ... Dazu zählen Sie von drei bis eins ... Bei drei ... atmen Sie tief ein, halten den Atem einen Augenblick an ... Bei zwei ... strecken Sie die Arme und Beine und atmen aus ... Bei eins öffnen Sie die Augen und sind hellwach ... bereit, all das zu tun, was Sie zu diesem Zeitpunkt normalerweise tun ... Sie fühlen sich gut ... angenehm ... und entspannt ... Also dann ... Drei ... tief einatmen ... Zwei ... Arme und Beine dehnen und ausatmen ... Eins ... die Augen öffnen, und Sie sind hellwach!

Obwohl man durch Fremdhypnose tiefere Trancezustände erreichen kann als durch Selbsthypnose, bringe ich Sportlern häufig Selbsthypnose bei, damit Sie die Trance auch ohne Hilfe einsetzen können. Zwar ist eine selbst induzierte Trance flacher, aber doch so tief, dass Sportler sie zur Förderung der Entspannung, für verstärkende Suggestionen, für die Entwicklung bildlicher Vorstellungen und zur Schmerzlinderung nutzen können.

SELBSTHYPNOSE LEHREN

Selbsthypnose zu lehren erfordert eine tiefere Trance, als ich manchmal in der ersten Sitzung mit einem Klienten erreiche. Deshalb versuche ich dies gewöhnlich erst in der zweiten, es sei denn, der Betreffende hat bereits in der ersten Sitzung einen tiefen Trancezustand erlebt. Bevor ich jemandem beibringe, sich selbst in Trance zu versetzen, übe ich mit ihm, sich schnell in Trance zu versetzen, während ich von fünf rückwärts bis eins zähle.

Wenn ich Klienten in Selbsthypnose unterrichte, lasse ich sie zunächst mit mir zusammen von fünf rückwärts bis eins zählen, um die Trance erneut zu induzieren. Daraufhin suggeriere ich ihnen, dass sie in der Lage sein werden, selbst eine Trance zu induzieren, indem sie von fünf rückwärts bis eins zählen. Dies lasse ich mehrmals wiederholen, um den Klienten zu demonstrieren, dass sie dazu in der Lage sind. Gewöhnlich fällt es ihnen leicht, während der Sitzung in die Trance zurückzukehren, weil sie gerade erst aus der von mir induzierten Trance gekommen sind. Weniger leicht ist dies, nachdem einige Zeit verstrichen ist, beispielsweise wenn die Klienten wieder zu Hause sind oder sie sich in einer veränderten Situation befinden. Meist suggeriere ich, dass sie zu Hause mehrmals versuchen werden, sich in Trance zu versetzen, möglichst noch am Tag, an dem ich es ihnen beigebracht habe.

Berichten sie in der nächsten Sitzung, es sei ihnen schwer gefallen, sich außerhalb unserer gemeinsamen Sitzung selbst in Trance zu versetzen, verstärke ich die entsprechenden Suggestionen und übe in unserer nächsten Sitzung mit ihnen Selbsthypnose. Nachdem wir die Prozedur auf diese Weise ein zweites Mal gemeinsam durchgegangen sind, sind sie meist in der Lage, sich in Trance zu versetzen.

Manchmal sind Klienten besorgt, weil sie glauben, durch die Selbsthypnose würden sie keine so tiefe Trance erreichen wie diejenige, in die ich sie zuvor versetzt hatte. In solchen Fällen erinnere ich die Betreffenden daran, dass ihre Trancen immer tiefer werden, je häufiger ich sie induziere, und erkläre ihnen, dass sie mit ein wenig Übung auch selbst eine tiefere Trance induzieren können werden.

Viele Sportler haben die in den folgenden Kapiteln beschriebenen Fähigkeiten ohne Hypnose entwickelt. Doch kann ein Coach oder Trainer ihre Entwicklung beschleunigen, indem er mit Hilfe der später beschriebenen Entspannungsübungen eine leichte Trance erzeugt. Einige Sportler sind sogar in der Lage, zur Entwicklung dieser Fähigkeiten eine selbst induzierte Trance zu nutzen. Ein in Hypnotherapie ausgebildeter Sportpsychologe jedoch kann es Sportlern mithilfe der im vorliegenden Buch beschriebenen Techniken ermöglichen, diese mentalen Fähigkeiten besonders schnell zu entwickeln.

2. Eine neue Qualität des mentalen Trainings

*„Baseball ist zu 90 Prozent mental,
die andere Hälfte ist physisch."*
Yogi Berra, Baseball-Spieler

Die meisten Menschen können sich an Situationen erinnern, in denen ihre Leistungsfähigkeit aufgrund ihres mentalen Zustandes beeinträchtigt war. Die Ursache kann beispielsweise starke Prüfungsangst oder das Zusammentreffen mit einem Menschen, den sie beeindrucken wollten, gewesen sein. Ein Sportler kann bei sportlichen Wettkämpfen in solche Situationen kommen. Wir wissen zwar, dass unser mentaler Zustand unsere Leistungen beeinflusst, haben aber meist das Gefühl, diesen unsererseits *nicht* beeinflussen zu können. Trotzdem wünschen wir uns Einfluss auf mentale Zustände, die uns hindern, optimale Leistungen zu erzielen.

Die generelle Vernachlässigung des mentalen Trainings

Ich frage Wettkampfsportler häufig, weshalb ihre Leistungen so unterschiedlich ausfallen – ob dies auf Unterschiede ihrer körperlichen Kondition oder ihres mentalen Zustandes zurückzuführen sei. Wie stark sind Leistungsunterschiede mental und wie stark physisch bedingt? Von zeitweiligen gesundheitlichen Problemen sowie anderen nicht beeinflussbaren Faktoren abgesehen, führen die meisten Befragten Leistungsunterschiede auf Veränderungen ihres mentalen Zustandes zurück. Fordere ich sie auf, den Einfluss ihres körperlichen und den ihres mentalen Zustandes zu gewichten, schätzen sie den Anteil des mentalen Faktors gewöhnlich auf über 50 Prozent. Yogi Berras Ausspruch „Baseball ist zu 90 Prozent mental, die andere Hälfte ist physisch" gilt nicht nur für Baseball.

Nun bestätigen zwar die meisten Sportler, dass ihr mentaler Zustand starken Einfluss auf ihre Leistung hat, doch wenn ich sie frage, wie viel Trainingszeit sie auf die mentalen Aspekte ihres Sports verwenden, schätzen sie diesen Zeitanteil kaum jemals auf mehr als fünf Prozent. Nur selten verwenden sie einen erheblichen Teil ihrer Trainingszeit auf die Schulung ihrer mentalen Fähigkeiten, und nur wenige verfügen auch nur über irgendwelche Kompetenzen oder über eine entsprechende Ausbildung in diesem Bereich, obgleich sie ihren mentalen Zustand ebenso trainieren könnten wie ihre körperliche Kondition. Generell jedoch nimmt bei Sportlern mit allgemein wachsender Kompetenz auch das Verständnis für die Bedeutung des mentalen Trainings zu.

Wozu das mentale Training nützlich ist

Das mentale Training betrifft eine Vielzahl von geistigen Fähigkeiten. Von diesen die wichtigste ist natürlich die, während des Wettkampfs in jenen Zustand eintreten zu können, den Sportler manchmal „die Zone" (Zone optimaler Funktionsfähigkeit) nennen. Damit ist das Gefühl gemeint, dass man sich auf dem Gipfel der eigenen Leistungsfähigkeit befindet, was einem ermöglicht, elegant und kompetent zu agieren und besonders gute Leistungen zu erzielen. In diese Zone zu gelangen wird von vielen als etwas rein zufällig Gelingendes angesehen, doch tatsächlich lässt sich die Fähigkeit, sowohl den Entspannungs- als auch den Erregungsgrad zu beeinflussen – Faktoren, die für optimale Aktivität besonders wichtig sind –, durch gezieltes Training erlernen.

Mentales Training beschränkt sich nicht auf die in einem Wettkampf erzielbare Leistung, sondern schließt auch beispielsweise ein, dass man lernt, in der Trainingszeit maximale Ergebnisse zu erzielen. Ein gutes mentales Training hilft Ihnen, sich Techniken effektiver anzueignen und schneller Stärken zu entwickeln. Wenn wir lernen, uns auf das Wesentliche zu konzentrieren und Unwichtiges auszublenden, ist das sowohl für die Wettkampfleistung als auch für das Training von Wert. Imaginationsübungen, die helfen, körperliche Fähigkeiten mental zu trainieren, fördern nicht nur die Entwicklung von Selbstvertrauen, sondern auch die physische Leistungsfähigkeit.

Außerdem kann man durch mentales Training lernen, Schmerzen zu lindern und die Heilung zu fördern. Es gibt zahlreiche Indizien dafür, dass die mentale Einstellung oft die Genesung beschleunigt. Darüber hinaus verringert sie die Frustration infolge von Verletzungen und anderen Faktoren, die die Leistungsfähigkeit mindern. Mit der Entwicklung dieser Kompetenzen befasse ich mich ausführlich in Teil II.

INFORMATIONSLÜCKE

Die Literatur über das mentale Training wächst ständig. Berufssportler (darunter Louganis a. Marcus 1995; Montana a. Weiner 1997) sowie Sportpsychologen und Trainer (darunter Gallwey 1998; Weinberg a. Gould 1999) haben Bücher und Artikel darüber geschrieben. Doch in nur wenigen dieser Publikationen ist von der Nutzung der Hypnose die Rede, obwohl sie die Wirkung vieler der beschriebenen Techniken verbessern könnte. Selbst Sportler, die sich über die Bedeutung des mentalen Trainings im Klaren sind, wissen oft nichts vom potenziellen Nutzen der Hypnose – oder sie sind nicht bereit, ihre Nützlichkeit anzuerkennen.

Viele Methoden mentalen Trainings, die ohne Hypnose arbeiten, sind für die Entwicklung einer durch Härte und Stärke gekennzeichneten mentalen Einstellung zweifellos von großem Wert. Ich werde mich jedoch hier auf die Möglichkeiten der Nutzung von Hypnose zur Verbesserung der sportlichen Leistungsfähigkeit konzentrieren und dabei aufzuzeigen versuchen, wie diese Möglichkeiten als Ergänzung nichthypnotischer Techniken eingesetzt werden können.

HYPNOSE UND MENTALES TRAINING

Nach Auffassung der meisten Sportpsychologen, Coachs und Sportler – und das ist auch meine Sicht – kann es bei der Nutzung von Hypnose im Rahmen des mentalen Trainings nicht um die Behandlung schwerer psychischer Probleme gehen. Menschen, die unter psychischen Störungen leiden, benötigen die Hilfe eines klinischen Psychologen. Hypnose kann Sportlern helfen, Techniken richtig zu erlernen und ihre Konzentrationsfähigkeit, ihr Selbstvertrauen und ihre Willenskraft zu entwickeln, also Persönlichkeitsaspekte, die für das Erzielen maximaler Leistungen besonders wichtig sind. Auf Grund ihrer spezifischen Eigenschaften – Förderung der Entspannung, Verstärkung der Fähigkeit zu fokussieren und der Suggestibilität usw. – vermag Hypnose die Wirkung des mentalen Trainings erheblich zu verstärken.

Die Rolle des Sportpsychologen

Der Sportpsychologe hat die Aufgabe, die mentalen Fähigkeiten des Sportlers zu fördern. Auch der Coach wird seit langem als Experte für die Entwicklung dieser Kräfte bei den Mitgliedern des Teams, das er betreut, angesehen. Zwar sind nicht alle Sportpsychologen in der Lage, die in diesem Buch dargestellten hypnotischen Techniken anzuwenden, doch wird deren Vermittlung auch in die Sportpsychologenausbildung immer stärker einbezogen. Sportler und Coachs können die meisten der beschriebenen Techniken benutzen, wobei ein regulär in Hypnotherapie ausgebildeter Sportpsychologe die angestrebten Ziele häufig effektiver erreichen kann.

Als Sportpsychologe sollte man sich nicht die Rolle des Coachs zu Eigen machen. Ich unterrichte Sportler nicht in körperlichen Techniken, sondern versuche ihnen zu vermitteln, wie sie adäquate mentale Einstellungen und Kompetenzen entwickeln können, um ihr Training möglichst effektiv zu gestalten und dadurch optimale Wettkampfleistungen zu erzielen. Ich halte es für sehr wichtig, eng mit dem zuständigen Coach zusammenzuarbeiten und ihm klar zu machen, was ich mit meiner Arbeit bezwecke, denn dann kann er mir gegebenenfalls wichtige Informationen über die Situation des Sportlers vermitteln, den wir gemeinsam betreuen. Obwohl zwischen der Rolle des Sportpsychologen und der des Coachs ein wichtiger Unterschied besteht, müssen beide einander in ihren Bemühungen ergänzen, um ein optimales Resultat zu erzielen.

Wenn Themen zur Sprache kommen, über die der Sportler mit dem Coach oder mit anderen nicht sprechen will, akzeptiere ich das und verhalte mich entsprechend. Im Sinne der Ethik psychotherapeutischer Arbeit verstehe ich alle Gespräche mit Klienten als vertraulich, es sei denn, ein Klient selbst möchte, dass ich mit bestimmten Personen darüber rede.

Ich kann Sportlern zwar häufig helfen, eine physische Technik zu perfektionieren, doch müssen sie diese bereits kennen, bevor ich mit meiner Arbeit beginne. Oft verstehen sie eine Technik zwar aufgrund der Beschreibung des Coachs, doch ist es ihnen bisher noch nicht gelungen, sie korrekt in die Praxis umzusetzen. Manchmal sind solche Schwierigkeiten auf eine eingefleischte Gewohnheit oder auf eine mentale Blockade zurückzuführen; in anderen Fällen sind derartige Blockaden einfach mit der Komplexität des Vorhabens zu erklären oder mit der real existierenden Schwierigkeit, die gesamte Handlungssequenz im richtigen Timing auszuführen. Wenn ein Sportler offen und kooperativ ist, lassen sich solche Probleme häufig durch Hypnose überwinden.

Die Aufgabe eines Sportpsychologen unterscheidet sich auch von der eines Sportmediziners. Bringt man einem Sportler mit hypnotischen Mitteln bei, Schmerzen zu lindern oder die Heilung von Verletzungen zu fördern, sollte man eng mit dem sportlichen Trainer oder dem Arzt, der das betreffende Rehabilitationsprogramm entwickelt hat, zusammenarbeiten.

Viele bestätigen, dass ein ausgereiftes mentales Trainingsprogramm der Leistungsfähigkeit von Sportlern zugute kommt. Sie wissen, dass mentales Training die Leistungsfähigkeit in vielerlei Hinsicht verbessert – dies betrifft die physische Technik, die Beeinflussung des Erregungs- oder Aktivierungsgrades, die Motivation und noch viele andere beim Sport wichtige mentale Aspekte. Heute ist es für Sportler, Coachs und Sportpsychologen an der Zeit, mithilfe von Hypnose eine neue Qualität mentalen Trainings zu erreichen.

Teil II: Der Einsatz des mentalen Trainings zur Entwicklung spezifischer Fähigkeiten

Mentales Training ermöglicht die Entwicklung vieler Fähigkeiten, über die Sportler verfügen müssen, um vom physischen Training optimal zu profitieren, in Wettbewerben Spitzenleistungen zu erreichen und von Verletzungen schnell zu genesen. Leider bleibt es häufig dem Zufall überlassen, ob und wie diese Fähigkeiten erworben werden. Ein geeignetes Training erhöht jedoch die Wahrscheinlichkeit, dass es gelingt, sie vollständig zu entwickeln. In Teil II dieses Buches werden diese verschiedenen mentalen Fähigkeiten und ihr Wert für Sportler beschrieben, und es wird erklärt, wie Hypnose ihre Aneignung unterstützen kann.

3. Anspannung auflösen

> *You must relax.*
> Originaltitel von Edmund Jacobsons Buch
> *Entspannung als Therapie* (1934)

Dass es für Sportler wichtig ist, mentale und körperliche Anspannung aufzulösen und die Entspannung zu fördern, wird allgemein anerkannt. Entspannung und Stressreduzierung begünstigen nicht nur sportliche Spitzenleistungen, sondern fördern auch die Gesundheit und das allgemeine Wohlbefinden. Dies meint auch Gallwey (1998, S. 19), wenn er schreibt: „Entspannte Konzentration ist der Schlüssel zur Exzellenz in allen Dingen."

Jacobsons Entspannungsübung

Jacobson (1929, 1990) versucht, Menschen einen „Muskelsinn" zu vermitteln. Sie sollen spüren, wie sich Anspannung anfühlt, und außerdem lernen, das Fehlen von Spannung zu erkennen und Spannung abzubauen. Nach Jacobson kann man sich nur entspannen, wenn man jedes Gefühl der Anspannung zu erkennen und aufzulösen vermag. Seine Entspannungstechnik besteht darin, kleine Muskelgruppen in einer vorgeschriebenen Reihenfolge anzuspannen und anschließend wieder zu entspannen. Beispielsweise würde er Sportler im linken Bein nacheinander die Flexoren und Extensoren des Fußes, dann nacheinander die Flexoren und Extensoren des Beins usw. anspannen und entspannen lassen. Allerdings lassen die meisten Coaches, die eine auf Jacobsons Ansatz basierende Entspannungsübung benutzen, ihre Sportler das ganze linke Bein auf einmal anspannen und entspannen. Am gebräuchlichsten ist die im Folgenden beschriebene Variante.

Entspannungsübung für Sportler

Die Mitglieder des Teams liegen bequem auf dem Boden. Dann spannen sie langsam das linke Bein an und entspannen es wieder; ebenso machen sie es mit dem rechten Bein, dem rechten Arm, dem linken Arm, der Brust, dem Bauch, dem Rücken, dem Gesicht usw. Auf diese Weise werden nacheinander alle Teile des Körpers angespannt und wieder entspannt. Dabei werden die Sportler aufgefordert zu spüren, wie sich die Angespanntheit anfühlt, und angehalten, beim anschließenden Entspannen alle Empfindungen der Angespanntheit völlig aufzulösen. Nützlich ist auch, die Teilnehmer beim Entspannen der einzelnen Körperbereiche ausatmen zu lassen.

Nachdem der Zustand der Entspannung erreicht ist, kann der Coach durch entsprechende Suggestionen den Teamgeist und das Selbstvertrauen der Teammitglieder fördern oder sie auffordern, sich Erfolge vorzustellen, beispielsweise den Sieg bei schwierigen Spielen oder die korrekte Ausführung anspruchsvoller Bewegungsabläufe.

Zwar empfehlen verschiedene Autoren unterschiedliche Reihenfolgen, in denen die Muskelgruppen nacheinander angespannt und wieder entspannt werden sollen, doch habe ich keinerlei Anhaltspunkt dafür gefunden, dass die Reihenfolge tatsächlich wichtig ist; ebenso wenig spielt es offenbar eine Rolle, ob *alle* Körperteile angespannt und wieder entspannt werden. Die meisten Sportler erreichen einen Zustand allgemeiner Entspannung, nachdem sie einige wenige Muskelgruppen auf die oben beschriebene Weise betätigt haben. Das Anspannen und Entspannen auch nur einiger Muskelgruppen vermag die Angespanntheit im ganzen Körper zu verringern. Trotzdem wird der Entspannungszustand umso tiefer, je mehr Muskelgruppen angespannt und wieder entspannt werden.

Leichte Trance

Die Skripts für das Anspannen und Entspannen bei diesen Entspannungsübungen ähneln denjenigen der progressiven Entspannung (oder progressiven Relaxation), die zur Induktion von Hypnose verwendet werden. Bei Sportlern, die besonders offen für Hypnose sind, können Entspannungsübungen eine leichte hypnotische

Trance hervorrufen, während andere nur einen entspannten Zustand von Körper und Geist erreichen. Ich bin mir allerdings sicher, dass die Wirkung von Suggestionen im Rahmen dieser Entspannungsübungen hauptsächlich auf eine leichte hypnotische Trance zurückzuführen ist. Wenn Coachs, die diese Technik benutzen, eine gute Ausbildung in der Anwendung hypnotischer Techniken haben, können sie die Möglichkeiten, die diese Entspannungsübungen eröffnen, besser erkennen und nutzen.

SUINNS VISUELL-MOTORISCHE VERHALTENSPROBE

Suinn (1976) hat Jacobsons Entspannungsverfahren in eine feste Form gefasst und dieser den Namen *Visual Motor Behavior Rehearsal* (VMBR) gegeben. Der Sportler folgt dabei einem genau vorgeschriebenen Skript, einer verkürzten Version von Jacobsons (1990) Verfahren. Suinns Version erfordert in der ersten Sitzung etwa 20 Minuten, doch nach drei oder vier Sitzungen sollen viele das Ziel Entspannung in fünf Minuten oder noch schneller erreichen. Wenn der Sportler entspannt ist, beginnt die Phase der Verhaltensprobe. In ihr versucht der Coach, durch Suggestionen Angespanntheit und Ängste seiner Teammitglieder zu verringern, ihren Teamgeist zu fördern oder sie beim Erreichen bestimmter Ziele zu unterstützen. Außerdem können sich Sportler in dieser Phase Aspekte ihrer Leistung, die aus irgendwelchen Gründen besonderer Aufmerksamkeit bedürfen, imaginativ vergegenwärtigen. Suinn empfiehlt, VMBR jeden Tag bzw. mindestens an fünf von sieben Wochentagen auszuführen.

Muskelentspannungsübung

Muskelentspannung wird von Coachs wie von Sportlern deshalb als besonders wichtig angesehen, weil verspannte Muskeln die Koordinationsfähigkeit und die anhaltende Leistungsfähigkeit behindern. Entspannt zu sein ist auch für nichtkörperliche Aktivitäten wichtig (z. B. für die Konzentrationsfähigkeit), weil dadurch die Anfälligkeit für Ablenkungen verringert wird; deshalb benutzen auch viele Führungskräfte diese Entspannungsmethode.

Die im nächsten Abschnitt beschriebenen Anweisungen werden im Rahmen einer Entspannungsübung benutzt. Wie bei allen physischen Übungen ist auch hier das Endziel, dass der Sportler die Kontrolle über die verschiedenen Muskelgruppen erlangt. Im beschriebenen Fall geht es konkret um die Fähigkeit, sich in kurzer Zeit physisch völlig zu entspannen. Nach drei bis vier Übungssitzungen können viele Menschen den Zustand muskulärer Entspannung in fünf Minuten erreichen. Ist dies der Fall, kann man den Teil der Anweisungen, in dem es um die Muskelanspannung geht, weglassen.

Anweisungen zur Entspannung
Bei dieser Übung geht es hauptsächlich darum, die Aufmerksamkeit darauf zu richten, wie es sich anfühlt, wenn Muskeln wirklich angespannt sind, und wie sie im entspannten (oder nicht angespannten) Zustand empfunden werden. Jeder der im Folgenden beschriebenen Schritte hat zunächst zum Ziel, eine bestimmte Muskelgruppe anzuspannen und sie anschließend wieder zu entspannen. Achten Sie genau darauf, wie sich die Muskeln jeweils anfühlen. Halten Sie die Anspannung in den einzelnen Muskelgruppen nur so lange aufrecht, bis Sie wahrnehmen, wie sie sich anfühlt. Bei den meisten Menschen dauert das etwa fünf Sekunden – so lange, wie man braucht, um bis fünf zu zählen. Die Muskelgruppen zu entspannen dauert ungefähr genauso lange. Diese Zeitspanne ist nur ein Schätzwert – lenken Sie sich nicht ab, indem Sie sich zu sehr auf das Zählen konzentrieren oder indem Sie darüber nachdenken, wie viel Zeit wohl inzwischen vergangen sein mag. Spannen Sie die Muskeln so lange an, bis Sie die Anspannung wirklich spüren, und entspannen Sie sie dann wieder.

Die Übung folgt einem bestimmten Muster: rechte Hand (oder dominierende Hand), linke Hand, rechter Bizeps, linker Bizeps, Stirn, Augen, Gesicht, Brust, Bauch, Beine und Füße. Führen Sie sie anfangs für jede einzelne Gruppe zweimal durch, bevor Sie sich der nächsten Gruppe zuwenden. Später können Sie sich das anfängliche Anspannen der Muskeln und die Wiederholungen sparen. Achten Sie nach Abschluss der Übung mit einer Muskelgruppe darauf, dass der betreffende Bereich weiterhin entspannt bleibt; dies können Sie erreichen, indem Sie ihn nicht bewegen. Am Anfang sollten Sie sich die Anweisungen von jemandem vorlesen lassen.

Hände

Machen Sie es sich bequem; am besten legen Sie sich auf den Rücken. Den Kopf können Sie mit einem kleinen Kissen abstützen. Sorgen Sie dafür, dass Sie eine Stunde lang nicht gestört werden. Viele führen diese Übung am Abend unmittelbar vor dem Einschlafen aus. Der Entspannungszustand, den Sie dadurch erreichen, ist eine besonders gute Vorbereitung auf den Schlaf.

Schließen Sie die Augen, damit Ihre Umgebung Sie nicht ablenkt. Und dann formen Sie die rechte Hand zur Faust ... und drücken sie, so fest Sie können, zusammen ... Sie sollen die Anspannung spüren ... Drücken Sie wirklich sehr fest, je fester, desto besser, bis Sie die Anspannung spüren ... Nun entspannen Sie die Hand und lassen die Anspannung abfallen ... spüren Sie, wie sich die Muskeln lockern ... und achten Sie auf den Gegensatz zwischen der Anspannung, die Sie eben noch gespürt haben, und der jetzigen Entspannung, dem Fehlen von Anspannung ... Lassen Sie die Finger sich entspannen ... und dann die ganze rechte Hand.

Wiederholen Sie die Übung für die rechte Hand einmal.

Dann lassen Sie die rechte Hand entspannt und fokussieren auf die linke Hand. Spannen Sie die linke Hand durch Ballen einer Faust an ... sehr fest ... Achten Sie wieder darauf, wie sich die Anspannung anfühlt ... Richten Sie die Aufmerksamkeit darauf, wie sich die Muskeln im angespannten Zustand anfühlen. Gut, und nun entspannen Sie die Hand und versuchen sich den Gegensatz zwischen der soeben empfundenen Anspannung und der jetzigen Entspannung bewusst zu machen ... Nehmen Sie weiter die Entspannung der Muskeln wahr ... in den Fingern ... und in der ganzen Hand.

Wiederholen Sie die Übung für die linke Hand einmal.

Arme (Bizeps)

Belassen Sie Hände und Finger im entspannten Zustand, und wenden Sie sich den Armmuskeln zu. Um sie anzuspannen, beugen Sie den Arm am Ellbogen und bewegen die Hand in Richtung Schulter. Beginnen Sie mit dem rechten Arm.

Beugen Sie den rechten Arm am Ellbogen, und bewegen Sie so die Hand in Richtung Schulter ... Spannen Sie den Bizeps so stark an, wie Sie können ... und richten Sie die Aufmerksamkeit auf die Muskelanspannung ... Spüren Sie so intensiv wie möglich, wie sich das anfühlt ... Und jetzt entspannen Sie sich ... lassen Sie den Arm und die Hand wieder herabfallen ... und empfinden Sie die Entspannung, das Fehlen von

Anspannung ... Spüren Sie, wie sich die Entspannung im Oberarm ausbreitet ... Spüren Sie das Gefühl der Entspannung im Unterarm, in der Hand und in den Fingern.

Wiederholen Sie die Übung für den rechten Arm einmal.

Lassen Sie den rechten Arm nun entspannt, und wenden Sie sich dem linken Arm zu. Spannen Sie den linken Arm an, indem Sie ihn am Ellbogen beugen ... sehr stark, so stark, wie Sie können ... und richten Sie die Aufmerksamkeit auf das Gefühl der Anspannung ... Und dann entspannen Sie sich und lassen den Arm herabfallen .... Achten Sie darauf, wie unterschiedlich sich Anspannung und Entspannung anfühlen ... Lassen Sie die Entspannung auf den ganzen linken Arm übergreifen ... auf den Oberarm ... den Unterarm ... die Hände ... und die Finger.

Wiederholen Sie die Übung für den linken Arm einmal.

Stirn

Wir belassen Hände und Arme nun in einem angenehm entspannten Zustand und wenden uns der Stirn zu. Um die Stirnpartie anzuspannen, müssen Sie die Stirn runzeln ... Runzeln Sie nun die Stirn ... sehr stark ... und achten Sie darauf, wie sich die Anspannung anfühlt ... Und jetzt entspannen Sie sich ... Lassen Sie die Falten wieder glatt werden ... Lassen Sie die Entspannung ihren Lauf nehmen ... sodass die Stirn wieder glatt wird und die gesamte Anspannung von ihr abfällt, als würden Sie mit der Hand über ein Blatt Papier streichen, um es zu glätten.

Wiederholen Sie die Übung für die Stirn einmal.

Augen

Sie lassen die Stirn nun entspannt zurück und wenden sich den Augen zu. Schließen Sie die Augen nun fester als bisher ... fester ... und spüren Sie die Anspannung ... *(Spannen Sie diesen Körperbereich nicht so lange an wie die anderen, um Nachbilder zu vermeiden.)* Und nun entspannen Sie sich ... und halten die Augen weiter auf eine entspannte und angenehme Weise geschlossen ... Achten Sie auch hier darauf, wie unterschiedlich sich Anspannung und Entspannung anfühlen.

Wiederholen Sie die Übung für die Augen einmal.

Gesicht

Lassen Sie die Augen im entspannten Zustand, und wenden Sie sich dem unteren Teil des Gesichts zu. Um diesen Bereich anzuspannen, beißen Sie nun die Zähne zusammen ... Beißen Sie die Zähne so fest zusammen, wie Sie können ... Und achten Sie dabei auf die Anspannung im Bereich der Wangen und der Kiefer ... *(Spannen Sie auch diesen Bereich nicht zu lange an.)* Und nun entspannen Sie sich ... Lassen Sie die Entspannung der Kiefermuskeln zu ... Achten Sie auf das Gefühl der Entspannung, das die Lippen, die Kiefer und den gesamten unteren Teil des Gesichts erfasst ... Lassen Sie die Entspannung einfach zu.

Wiederholen Sie die Übung für den unteren Teil des Gesichts einmal.

Und nun vergegenwärtigen Sie sich den entspannten Zustand Ihrer rechten Hand und der Finger ... und das Gefühl der Entspannung in Ihren Unter- und Oberarmen ... und das Gefühl der Entspannung in der linken Hand und in ihren Fingern ... im Unter- und im Oberarm ... Lassen Sie die Entspannung auf die Stirn übergreifen ... die glatt und frei von Anspannung ist ... dann auf Augen ... Wangen ... Lippen ... und Kiefer.

Brust

Gut, nun werden wir an der Entspannung im Brustbereich arbeiten. Spannen Sie die Brustmuskulatur an, indem Sie tief einatmen und dann den Atem einen Augenblick anhalten ... Achten Sie auf die Anspannung ... Und atmen Sie langsam aus ... und dann wieder normal ... Achten Sie darauf, dass sich die Brustmuskeln immer entspannter anfühlen.

Wiederholen Sie die Übung für die Brust einmal.

Bauch

Nun wenden wir uns dem Bauch zu. Spannen Sie nun den Bauchbereich an ... sehr stark ... Machen Sie sich das Gefühl der Anspannung bewusst ... Und nun entspannen Sie sich ... und lassen das Gefühl der Entspannung zu ... Achten Sie auf den Unterschied zwischen dem Gefühl der Anspannung, das Sie eben noch gespürt haben, und dem Gefühl der Entspannung.

Wiederholen Sie die Übung für den Bauch einmal.

Beine und Füße

Nun fahren wir mit der Entspannung der Beine und Füße fort. Dazu strecken Sie die Zehen so weit nach unten, bis Sie das Hartwerden der

Beinmuskeln spüren ... Nehmen Sie die Anspannung wahr ... *(Um Zehen- oder Fußkrämpfe zu vermeiden, sollte dieser Bereich nur etwa drei Sekunden angespannt werden.)* Und nun entspannen Sie sich ... Lassen Sie die Entspannung zu ... Spüren Sie, wie angenehm sich das anfühlt.

Wiederholen Sie die Übung für die Beine und Füße einmal.

Gut, genießen Sie nun einfach das Gefühl der Entspannung und des Wohlbehagens im ganzen Körper ... Sie fühlen sich gelockert und entspannt in den Händen und Fingern ... Ihre Stirn und Ihre Oberarme fühlen sich angenehm an ... Das entspannte Gefühl schließt auch ... die Augen ... die Wangen ... die Lippen und die Kiefer ein ... Lassen Sie die Entspannung auf die Brust übergreifen ... auf den Bauch ... und auf beide Beine und Füße.

Damit Sie sich noch stärker entspannen, sollen Sie nun tief einatmen und anschließend langsam ausatmen ... Nutzen Sie das rhythmische tiefe Atmen, um einen so entspannten Zustand zu erreichen, wie Sie ihn möchten ... In Zukunft können Sie sich durch tiefes Atmen jederzeit in einen entspannten Zustand versetzen oder Ihre Entspannung vertiefen.

Gut so ... Atmen Sie nun ganz normal weiter.

Abschluss der Übung

Jetzt gleich werde ich rückwärts von drei bis eins zählen. Und wenn ich bei eins angekommen bin, fühlen Sie sich wach und erfrischt ... Sie haben keine Schmerzen mehr ... und können das entspannte Gefühl so lange aufrechterhalten, wie Sie wollen ... Also nun, drei ... Sie werden wacher und wacher ... zwei ... keine Schmerzen mehr ... und eins ... Jetzt können Sie die Augen öffnen.

ALLGEMEINE EMPFEHLUNGEN

1. Beim ersten Ausführen der Entspannungsübung sollte man sich die Anweisungen von jemandem laut vorlesen lassen.
2. Das Vorlesen sollte in normaler Lautstärke erfolgen, und der Vorlesende sollte die Lesegeschwindigkeit dem Übungsfluss anpassen, indem er die Anspannungsübung selbst ausführt. Die einzelnen Muskelgruppen sollen so lange angespannt werden, bis die Anspannung spürbar wird, jedoch nicht so lange, dass Schmerzen, Muskelkrämpfe oder Erschöpfungszustände auftreten.

3. Einige Muskelgruppen (z. B. Augen, Kiefer und Füße) sollten nur etwa drei Sekunden lang angespannt werden, um schmerzhafte Krämpfe zu vermeiden.
4. Hat der Sportler die Übung einmal mithilfe von jemand anders ausgeführt (wie zuvor beschrieben), kann er dies künftig allein tun, indem er die einzelnen Muskelgruppen in der beschriebenen Reihenfolge anspannt und entspannt.
5. Nach drei oder vier Übungssitzungen kann man sich das Anspannen der Muskelgruppen sparen und sich darauf konzentrieren, alle nacheinander zu entspannen oder erschlaffen zu lassen, ebenfalls in der zuvor angegebenen Reihenfolge. Mit ein wenig Übung kann man die ganze Sequenz in fünf Minuten durchgehen, und noch später schaffen manche es in nur einer Minute, den Zustand der Entspannung zu erreichen – sie können sich entspannen, während sie auf einem Stuhl oder Sessel oder am Steuer eines Autos sitzen, und können die Übung auch vor Wettkämpfen ausführen. Die Fähigkeit, bestimmte Muskelgruppen gezielt zu entspannen, lässt sich durch mehrmaliges Wiederholen der Übung erreichen.
6. Tiefenatmung kann als Signal für die Einleitung des Entspannungsprozesses nützlich sein, wenn man lernen will, reflexhaft in den Entspannungszustand einzutreten.
7. Die hier beschriebene Entspannungsübung zielt in erster Linie darauf, einem Einzelklienten beizubringen, wie er bestimmte Muskelgruppen so beeinflussen kann, dass sie in einen entspannten Zustand versetzt werden. Wie bei jeder anderen physischen Übung hängt auch bei dieser das Erreichen des Ziels von stetiger Wiederholung und vom strikten Einhalten der beschriebenen Sequenz ab. Sie einmal täglich an fünf von sieben Wochentagen auszuführen reicht aus. Wird sie häufiger ausgeführt, beispielsweise wirklich jeden Tag, stellt sich der Erfolg schneller ein.

Nach Suinn (1976) hat sich VMBR bei Skilangläufern und Abfahrtsläufern, Biathlon-Teilnehmern und Pistolenschützen als nützlich erwiesen. Zwar erklärt er: „Der Gebrauch von VMBR scheint nicht das Vorhandensein spezieller Kompetenzen vorauszusetzen, wie beispielsweise der Gebrauch von Vorstellungsbildern unter Hypnose sie erfordert" (Suinn 1993, S. 499), doch seine Entspannungstechnik erzeugt ebenso wie die von Jacobson bei vielen Menschen zumindest eine leichte Trance – womöglich eine zumindest teilweise Erklärung ihrer Effektivität. Der entspannte Zustand läßt auch Menschen, die sich nicht in Trance befinden, in den Genuss der Wirkung von Suggestionen kommen.

Bensons „Entspannungsreaktion"

Weil Geist und Körper eine Einheit bilden, kann man nicht nur einen dieser beiden Aspekte unseres Seins entspannen und den anderen im angespannten Zustand belassen. Jacobsons und Suinns Entspannungstechniken zielen auf die Entspannung des Geistes durch Entspannung des Körpers. Der Arzt Herbert Benson (vgl. 1975, 1987, 1996) arbeitet darauf hin, zunächst den Geist und über diesen den Körper zu entspannen. Benson geht es in erster Linie um die Gesundheit, weniger um sportliche Leistungsfähigkeit. Um zu beschreiben, wie nach seiner Vorstellung Krankheiten behandelt werden sollten, benutzt er die Metapher des dreibeinigen Hockers. Dessen erstes Bein steht für Medikamente, das zweite für medizinische Behandlungsmethoden wie chirurgische Eingriffe, und das dritte – mit dem wir uns hier befassen – repräsentiert die Selbstfürsorge des Patienten. Ein wichtiges Element der Selbstfürsorge ist die Entspannung. Benson hat Techniken entwickelt, die zuerst den Geist und dann den Körper entspannen. Benson fand durch seine Untersuchungen heraus, dass regelmäßig ausgeführte Entspannungsübungen der Erhaltung der Gesundheit dienen. Benson: „In den 30 Jahren meiner ärztlichen Praxis habe ich keine eindrucksvollere und universell besser verfügbare Heilkraft kennen gelernt als die Selbstfürsorge und die Selbstheilungskraft des Menschen."

Bensons Grundlage
Bensons Techniken basieren auf der Transzendentalen Meditation (TM), die in den 1960er-Jahren in den USA bekannt und schon bald zur populärsten und von mehreren Millionen Menschen praktizierten Meditationsform wurde. Benson entwickelte in Zusammenarbeit mit Maharishi Mahesh Yogi, dem Begründer und wichtigsten Ver-

treter der TM-Bewegung in den Vereinigten Staaten, seine *Entspannungsreaktion (Relaxation Response)*, die im Grunde nichts anderes als eine vereinfachte Form der TM ist. Benson versuchte, die entscheidenden Elemente der durch die TM bewirkten Entspannung herauszufiltern und das Brimborium, mit dem die TM häufig umgeben ist, wegzulassen. Da jede Entspannungsübung auf Körper und Geist zugleich zielt, kann man sowohl mit der Entspannung des Körpers als auch mit der des Geistes beginnen. Benson beschreibt seine Techniken ausführlich in mehreren Büchern.

Bensons Vorgehensweise
Bensons Verfahren zur Auslösung der Entspannungsreaktion umfasst sieben Schritte:

1. Wählen Sie ein für Sie bedeutungsvolles Fokuswort.
2. Setzen Sie sich bequem und in entspannter Haltung hin.
3. Schließen Sie die Augen.
4. Entspannen Sie die Muskeln.
5. Atmen Sie sanft und natürlich, und wiederholen Sie beim Ausatmen jeweils das in Schritt 1 gewählte Fokuswort.
6. Seien Sie passiv. Falls Gedanken auftauchen, tun Sie sie einfach mit „Ach ja" ab und kehren danach ruhig zu Ihrem Fokuswort zurück. Machen Sie sich keine Sorgen darüber, ob sich der Prozess richtig entwickelt.
7. Setzen Sie dies zehn bis 20 Minuten lang fort.

Danach ist Bensons Entspannungsreaktion erreicht. Er behauptet, diese mache die rechte Gehirnhälfte aufgeschlossener gegenüber Suggestionen – was, wie bereits früher erwähnt wurde, auch für Hypnose gilt. Wie nach der Entspannungsphase von Suinns VMBR wirken nach dem Erreichen von Bensons Entspannungsreaktion alle bildlichen Vorstellungen und Suggestionen stärker.

Wie Suinn empfiehlt Benson, die Übung zum Erreichen der Entspannungsreaktion möglichst häufig auszuführen. Nach seinen Erkenntnissen wirkt es sich sehr positiv auf den allgemeinen Gesundheitszustand aus, wenn man die Übung ein- bis zweimal täglich wiederholt und sie dadurch zu einem festen Bestandteil des Alltagslebens macht.

Obwohl es Benson hauptsächlich um den allgemeinen Gesundheitszustand geht, empfiehlt er die Entspannungsreaktion in seinem Buch *Your Maximum Mind* (1987) auch für sportliche Ziele. Zwar wird sie bisher nicht häufig für die Muskelentspannung eingesetzt, doch wird in der Sportliteratur gelegentlich auf diese Möglichkeit hingewiesen. Whitmark (1998) beispielsweise empfiehlt sie Bodybuildern zur Entspannung.

Hypnotische Entspannung

Die von Jacobson, Suinn und Benson entwickelten Entspannungstechniken sind zwar zweifellos sehr wirksam, doch vermag Hypnose den Zustand der Entspannung wesentlich schneller herbeizuführen. Eine erste fremdhypnotische Induktion dauert meist nicht länger als fünf bis zehn Sekunden. Wenn ich das Gefühl habe, dass der Entspannungszustand, den ich mithilfe der Trance erzeugt habe, nicht besonders tief ist, verwende ich Elemente von Suinns oder Bensons Technik zur Vertiefung der Trance und der Entspannung. Benutze ich Suinns Methode, fordere ich den Sportler auf, langsam eine oder mehrere Muskelgruppen anzuspannen und wieder zu entspannen. Befindet er sich auch nur in einer leichten Trance, gelangt er schon durch das Anspannen und Entspannen einer einzigen Muskelgruppe in einen tieferen Entspannungszustand. Wenn ich Bensons Methode anwende, fordere ich den Sportler auf, einfach bei jedem Ausatmen „entspannen" zu sagen und dann zu spüren, wie sich sein gesamter Geist und Körper immer stärker entspannt. Beide Ansätze können eine Trance vertiefen und Sportler in einen noch entspannteren Zustand versetzen.

Wiederholte Induktion

Wich ich festgestellt habe, kann ich Zeit sparen, indem ich allen Klienten, mit denen ich arbeite, beibringe, schnell in eine Trance einzutreten. Obwohl eine anfängliche Induktion nicht länger als zwei bis fünf Minuten dauert, ist es von Nutzen, eine Trance noch schneller induzieren zu können. Deshalb bringe ich allen meinen Klienten eine schnelle Methode des Wiedereintritts in eine Trance bei. Dies hilft mir, wenn ich mit jemandem zum zweiten Mal arbeite, aber es ist auch schon in der ersten Sitzung von Vorteil, wenn ich Klienten mehrmals in Trance versetzen und wieder aus ihr zurückgeleiten will. Durch mehrfachen Wiedereintritt (Fraktionierung genannt) lassen sich immer tiefere Trancezustände erreichen, ein Verfahren, das ich häufig anwende.

Während der Klient sich in Trance befindet, suggeriere ich, dass ich ihn später fragen werde, ob er bereit ist, sich erneut hypnotisieren zu lassen. Ist er bereit, kann er dies durch Nicken oder durch die Antwort „Ja" zu erkennen geben. Daraufhin sage ich, dass ich von fünf rückwärts bis eins zählen werde (wobei ich zwischen den Zahlen jeweils eine Pause von etwa einer Sekunde lasse). Während des Rückwärtszählens suggeriere ich, dass der Klient im Körper Entspannung empfinden wird. Etwa bei drei sind die Augen dann meist so entspannt, dass sie sich schließen, und bei eins ist der ganze Körper wundervoll entspannt und befindet sich in Trance.

Ebenfalls während der Trance erkläre ich, dass ich die Trance jederzeit beenden kann, indem ich langsam von eins bis fünf zähle. Bei drei oder vier werden sich dann die Augen öffnen, und bei fünf wird der Klient wieder völlig wach. Da Klienten sich manchmal sorgen, sie könnten in einer Trance „stecken bleiben", versichere ich, dass sie die Trance jederzeit wieder verlassen können, indem sie von eins bis fünf zählen. Dann übe ich mit ihnen mehrmals das Eintreten in eine Trance und ihr späteres Verlassen, damit sie sich bei einem schnellen Wiedereintritt ebenso wohl fühlen, wie wenn sie sich selbst aus einer Trance geleiten.

Hypnose wirkt auf Sportler sehr entspannend. Selbst eine gewisse Vertiefung kann in weniger als einer Minute erreicht werden. In der anfänglichen Trance kann man ihnen durch eine posthypnotische Suggestion vermitteln, dass sie bei einer späteren Schnellinduktion in fünf Sekunden oder noch schneller den Zustand der Entspannung erreichen werden. Außerdem können sie sich durch Selbsthypnose in Trance versetzen und in kurzer Zeit auch auf diese Weise den Zustand der Entspannung erreichen.

Der Wert hypnotischer Entspannung

Der entspannte Zustand kommt den meisten anderen Möglichkeiten hypnotischer Arbeit zugute, beispielsweise der Nutzung bildlicher Vorstellungen, der Ich-Stärkung, der Zielfindung, der Schmerzlinderung und dem Erlernen der Fähigkeit, den Aktivierungs- bzw. Erregungsgrad und den Fokus zu beeinflussen. Sind Körper und Geist entspannt, ist der Sportler besser in der Lage, sich eine perfekte Leistung vorzustellen, Suggestionen anzunehmen, sich geeignete Ziele zu setzen und die Steuerung des physischen Erregungsniveaus zu erlernen. Diese Möglichkeiten, den entspannten Zustand zu nutzen, werden in späteren Kapiteln ausführlicher beschrieben.

Abgesehen von der Möglichkeit im entspannten Zustand Suggestionen zu übermitteln, ist auch die Entspannung selbst von Wert, und zwar nicht nur für den allgemeinen Gesundheitszustand. Hypnose kann auch Dehnübungen sinnvoll ergänzen. Wenn Sportler lernen, ihre Dehnübungen in einem leichten Trancezustand auszuführen, erreichen sie schneller und anhaltender einen Zustand der Flexibilität.

Ein Sportler, der entspannt ist und sich in einem flexiblen Zustand befindet, kann die von ihm erwarteten Leistungen problemloser vollbringen und ist weniger anfällig für Verletzungen. Den Begriff „entspannt" jedoch als Beschreibung des Gefühls von Sportlern während eines Wettkampfs zu verstehen ist irreführend. Die angestrebte Entspannung ist nicht jener Zustand wohliger Schlaffheit, der sich durch Suinns VMBR, Bensons Entspannungsreaktion oder durch eine Trance einstellt. Vielmehr verspürt ein entspannter Sportler eine Kraft und Kontrolle, die nicht durch schwächende Anspannungen beeinträchtigt wird und die ihm ermöglicht, seine Aufgabe mit geschmeidigen und fließenden Bewegungen auszuführen. Manche Sportler beschreiben diesen Zustand als *Flow*-Gefühl (Csikszentmihalyi 1990). Hypnose und bildliche Vorstellung können Sportlern helfen, diesen Zustand der Leistungsbereitschaft zu erreichen.

ZU STARKE ENTSPANNUNG

Einen Sportler vor einem Wettkampf zu entspannen ist nicht immer ratsam. Bestleistungen können nur bei einem gewissen Maß von

Anspannung oder auf einem gewissen Energieniveau erzielt werden. Welches Maß von Anspannung diesem Ziel förderlich ist, variiert von Sportler zu Sportler und von Sportart zu Sportart.

Ein Boxer, der wegen seiner übermäßigen Anspannung vor und in den Wettkämpfen besorgt war, lernte, sich zu Beginn des Kampfes zu entspannen. Dies ermöglichte ihm tatsächlich, den Kampf zu genießen, bis er aufgrund seines entspannten Zustandes seine Kampfbereitschaft verlor – und dadurch auch den Wettkampf.

DEN ENTSPANNUNGSGRAD BEEINFLUSSEN

Den Entspannungsgrad beeinflussen zu können ist eine wichtige Fähigkeit. Wie die obige Geschichte über den Boxer zeigt, ist ein geringer Anspannungsgrad nicht immer ein erstrebenswertes Ziel – allerdings gilt das Gleiche auch für einen hohen Anspannungsgrad. Den optimalen Punkt zwischen Anspannung und Entspannung zu erreichen ist deshalb nicht schwierig, weil Sportler sich in Trance *vorstellen* können, *dass* sie ein optimales Erregungsniveau erreichen, und dieses dann *tatsächlich* zu erreichen helfe ich ihnen. In Kapitel 7, *Optimieren des Erregungsniveaus*, werden Möglichkeiten zur Sicherung einer optimalen Aktivierung beschrieben.

Entspannen eines Football-Spielers

In Hypnose kann man Sportlern beibringen, ihren Entspannungszustand zu beeinflussen. Ein Football-Spieler, den wir hier Greg nennen wollen, hatte das Gefühl, in Spielen zu angespannt zu sein. Der Coach hatte mich gebeten festzustellen, ob ich Greg helfen könne, während der Spiele entspannter zu sein. Greg schien sich vor Spielen innerlich hochzuputschen, und er blieb dann während des ganzen Spiels in diesem Zustand erhöhter Anspannung. Er fürchtete, er könnte seinen Kampfgeist verlieren, wenn er sich irgendwann im Laufe des Spiels entspannen würde. Brauchte der Coach im Laufe des Spiels seinen vollen Einsatz, fühlte er sich meist zu erschöpft, um die erforderliche Leistung erbringen zu können. Als ich ihn bei einigen Spielen beobachtete, wirkte er stets völlig aufgedreht, selbst wenn er an der Seitenlinie stand und das angreifende Team beobachtete.

Ich arbeitete mit Greg in einer Einzelsitzung. Zunächst schätzten wir ab, wie viele Minuten lang er während eines Football-Spiels wirklich alle Kräfte brauchte. Da er etwa die Hälfte der Zeit an den Seitenlinien stand, während die Angreifer spielten, und da zwischen den einzelnen Spielzügen Pausen eintraten, berechneten wir, dass er in einem vollständigen Spiel insgesamt nur fünf bis zehn Minuten auf dem Gipfel seiner Leistungsfähigkeit zu sein brauchte. Wenn er sich in den übrigen 50 Minuten, in denen er nicht gefordert war, oder zumindest während eines großen Teils von ihnen entspannen könnte, würde es ihm leichter fallen, während der entscheidenden zehn Minuten das erforderliche Erregungsniveau zu erreichen und aufrechtzuerhalten. Er fürchtete, wenn er sich während der Zeit, in der er nicht aktiv am Spielgeschehen teilnahm, entspannen würde, wäre er möglicherweise nicht in der Lage, rechtzeitig wieder das für seine Spieleinsätze erforderliche Erregungsniveau zu erreichen.

Ich geleitete ihn durch eine Induktion im Sinne der progressiven Entspannung und merkte, dass er für Hypnose empfänglich war. Im Allgemeinen sind Sportler, die ein Problem erkannt haben und glauben, Hypnose könne ihnen bei seiner Lösung helfen, für Trance offen. Da ich mit Entspannung arbeiten wollte, benutzte ich Teile von Suinns Anspannungs-Entspannungs-Skript (siehe oben) zur Vertiefung von Gregs Entspannungs- und Trancezustand.

Wir arbeiteten während dieser Trance zunächst an einem Signal, durch das er sich in den Zustand höchster Aktivierung versetzen konnte. Weil es Gregs größte Sorge war, im entscheidenden Augenblick das Optimum an Energie *nicht* zur Verfügung zu haben, arbeiteten wir zuerst an einer Möglichkeit, dieses Erregungsniveau zu erreichen. Ich forderte ihn auf, sich vorzustellen, er befinde sich während eines Spiels in einem optimalen Erregungszustand. Er sollte beschreiben, wie sich sein Körper und sein Geist anfühlten. Er sah seinen Körper als stark, schnell und strotzend vor Energie und seinen Geist als klar, fokussiert und selbstsicher. Ich fasste seinen Ellbogen an und sagte, diese Berührung werde ihn an die genannten Gefühle erinnern. Dann forderte ich ihn auf, sich erneut zu entspannen, und erklärte ihm, das Signal für die Wiederherstellung dieses Zustandes bestehe in ein paar tiefen Atemzügen, wobei er die Bauchmuskulatur einsetze und bei jedem Atemzug „Fokus" sage. Ich forderte ihn auf, sich dies vorzustellen, ohne den Vorgang mit einer

Spielsituation in Verbindung zu bringen. Anschließend ließ ich ihn die Vorstellung, dass er sich in den gewünschten Erregungsgrad versetze, in Verbindung mit einer Spielsituation wiederholen. Dies taten wir mehrmals, bis er das Gefühl hatte, die starke Aktivierung schnell wieder erreichen zu können. Bei alldem befand sich Greg in einer Trance.

Als er sich in der Lage fühlte, diesen Aktivierungsgrad jederzeit willentlich zu erreichen, begannen wir mit der Arbeit an einem Entspannungssignal. Wir wählten den Ton der Trillerpfeife des Schiedsrichters. Nur weil Greg sicher war, dass er sich jederzeit wieder in den gewünschten Erregungszustand versetzen könnte, vermochte er sich beim Ertönen der Pfeife des Schiedsrichters am Ende eines Spielzuges zu entspannen. Er übte mehrmals in der Vorstellung, sich beim Pfiffsignal zu entspannen und sich anschließend wieder in den für den Spieleinsatz erforderlichen Erregungszustand zu versetzen, bis er sich wohl dabei fühlte, vom einen in den anderen Zustand zu wechseln, und er sich sicher war, dass er dies konnte. Die Imagination bestand zunächst darin, während unserer Sitzung vom entspannten Zustand in den der Aktionsbereitschaft und wieder zurück zu wechseln; doch schon bald war er in der Lage, sich eine konkrete Spielsituation vorzustellen, in der er die festgelegten Signale verwendete, um vom einen Zustand in den anderen zu gelangen.

Als er die Signale dann in seinem nächsten Spiel benutzte, stellte er verblüfft fest, wie schnell und leicht er auch in dieser konkreten Situation vom einen in den anderen Modus wechseln konnte. Einmal war er während des Spiels der Angreifer so entspannt, dass er sich auf die Bank setzen konnte. Das mag zwar nicht besonders eindrucksvoll klingen, doch war es für ihn eine große Veränderung. Er hatte nie verstanden, wie ein Spieler sich während eines Spiels hinsetzen und sich entspannen konnte.

Greg merkte, dass er zur Sicherung seiner Leistungsfähigkeit nicht unbedingt ständig im Zustand erhöhter Anspannung verbleiben musste, und er hatte sogar das Gefühl, er spiele besser, wenn er nicht so angespannt war, insbesondere in den späteren Phasen des Spiels. Als ich nach einem Spiel mit ihm sprach, war er verblüfft und hocherfreut, weil er sich immer noch so frisch wie zu Beginn fühlte. Er glaubte, noch Kraft für ein weiteres Spiel gleich anschließend zu haben. Ich lachte verständnisvoll und fragte ihn, wie er annehmen könne, dass ein Mensch mit so guter Gesundheit wie er nach höchstens fünf- bis zehnminütiger Aktivität erschöpft sein müsse. Er verstand und lächelte. Der Coach, der mich gebeten hatte, Greg bei der Lösung seines Problems zu helfen, war von seiner Leistungsfähigkeit noch am Ende des Spiels begeistert.

ENTSPANNUNG UND SCHMERZ

Entspannung kann auch bei bestimmten Arten von Schmerz nützlich sein. Zwischen Schmerz und Anspannung besteht häufig ein Zusammenhang. Wenn ein verletzter Muskel schmerzt, spannt der Körper ihn meist an. Das wiederum verstärkt den Schmerz, und dieser lässt die Anspannung im Muskeln noch stärker werden. Bei Rückenschmerzen besteht häufig ein solcher Teufelskreis gegenseitiger Verstärkung von Schmerz und zunehmender Anspannung. Hypnose kann sowohl entspannend als auch schmerzlindernd wirken und dadurch diesen Teufelskreis durchbrechen. Gelingt es, verletzte Muskeln zu lockern und zu entspannen, lässt der Schmerz nach. Und durch das Nachlassen des Schmerzes entspannt sich der Muskel noch weiter. Auf diese Weise wird die gegenseitige Verstärkung von Schmerz und Anspannung unterbrochen und der Schmerz gelindert. Außerdem heilt ein entspannter Muskel besser und schneller als ein angespannter.

Die Fähigkeit, den Entspannungszustand zu beeinflussen, ist aus vielen Gründen von Wert. Die Entspannungstechniken von Suinn und Benson machen Geist und Körper fähig, Suggestionen zur Förderung des Genesungsprozesses anzunehmen. Kann ein Sportler sich zum richtigen Zeitpunkt während eines Wettkampfes entspannen, vermag er seine Energie für Situationen aufzusparen, in denen er sie braucht. Außerdem ist Entspannung für viele in anderen Kapiteln dieses Buches beschriebene mentale Fähigkeiten unverzichtbar und spielt bei der Steuerung des Erregungszustandes eine wichtige Rolle. Sich entspannen zu können ist eine wichtige mentale Fähigkeit und für Sportler der Schlüssel zu vielen anderen grundlegenden mentalen Fähigkeiten.

4. Imaginieren einer perfekten Leistung

Sieh deine Zukunft, sei deine Zukunft!
Joe Namath, Quarterback

In der Literatur werden die Begriffe Imagination und Visualisation austauschbar benutzt. Ich persönliche ziehe den Begriff Imagination vor, weil der Begriff Visualisation sich nur auf das Sehen bezieht, und das Sehen ist nur ein Aspekt der Imagination. Andere Aspekte, insbesondere der kinästhetische und der emotionale, sind für die Wirksamkeit der Imagination ebenso wichtig wie der visuelle.

DER WERT DER BILDLICHEN VORSTELLUNG

Viele Sportpsychologen, Leistungssportler und alle gängigen sportpsychologischen Schriften fordern zur Nutzung der Vorstellungskraft auf. Typisch ist die Aussage von Gould und Damarjian (1996, S. 26): „Zunächst einmal möchten wir klarstellen, dass wir an die Macht der Vorstellungskraft und an ihre Bedeutung für die Verbesserung der sportlichen Leistung glauben. Wie wir in diesem Kapitel vermitteln, hat die Forschung eindeutig nachgewiesen, dass Vorstellungen ein wirksamer sportpsychologischer Veränderungsmechanismus sind."

Vorstellungskraft ist von Nutzen, wenn es um die Beeinflussung von Angst (oder des Erregungsniveaus) geht, sie fördert außerdem die Entspannung, verbessert Selbstvertrauen und Motivation und kommt der Leistung zugute, und zwar oft auf nichtspezifische Weise.

Eine Demonstration der Macht von Vorstellungen

Welche Macht Vorstellungen innewohnt, lässt sich sehr leicht zeigen. Fordern Sie jemanden auf, mit Daumen und Zeigefinger einen

Kreis zu formen (siehe Abb. 1) und diesen wie einen Ring festzuhalten, während jemand anders versucht, Daumen und Zeigefinger auseinander zu ziehen (siehe Abb. 2). Wenn die erste Person nicht erheblich stärker als die zweite ist, gelingt es der zweiten mit ziemlicher Sicherheit, den Daumen der ersten von ihrem Zeigefinger wegzuziehen. Anschließend fordern Sie die erste Person auf, sich vorzustellen, dass sich in dem aus Daumen und Zeigefinger geformten Kreis ein starker Stahlring befindet, der die beiden Finger zusammenhält. Hat die erste Person sich dies vorgestellt, und die zweite versucht erneut, Daumen und Zeigefinger der ersten auseinander zu ziehen, wird sich zeigen, dass die Festigkeit des Rings die Stärke der Finger dramatisch beeinflusst. Diese Demonstration erfordert keinen Trancezustand.

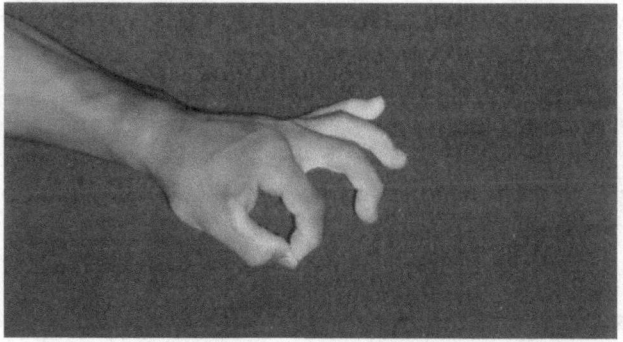

Abb. 1: Mit Daumen und Zeigefinger einen Ring formen

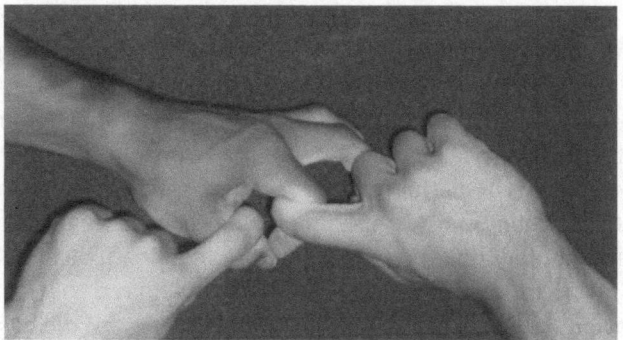

Abb. 2: Die Finger auseinander ziehen

Vorstellungen erleben

Viele Sportler sind sich über die Bedeutung von Vorstellungen beim Training und bei der Festigung ihrer Technik im Klaren. Suinn (1993) zitiert Äußerungen zahlreicher Sportler, die mithilfe von Vorstellungs- oder Imaginationsübungen ihre Leistungsfähigkeit zu verbessern versuchten, unter anderem vom Skifahrer Jean-Claude Killy, vom Golfer Jack Nicklaus, vom Tennisstar Chris Evert, vom Stabhochspringer Dwight Stones und dem *Defensive End* (Football-Spieler) Bill Glass.

Einen neuen Sprung lernen

Greg Louganis (Louganis a. Marcus 1995) hat beschrieben, wie er seine Vorstellungskraft nutzte, wenn er einen neuen Sprung erlernte. Er visualisierte darauf hin, dass jemand den Sprung in Zeitlupe ausführte, sodass er insgesamt etwa drei Sekunden dauerte. Dann analysierte er den Ablauf des Sprungs und schaute sich jedes Element einzeln an. Auf diese Weise ging er den gesamten Prozess durch. Danach versuchte er zu spüren, wie er selbst den Sprung in Zeitlupe ausführte, und je vertrauter er damit wurde, umso mehr steigerte er die Geschwindigkeit.

Wissenschaftliche Untersuchungen über die Kraft bildlicher Vorstellungen

Aus zahlreichen wissenschaftlichen Untersuchungen geht hervor, dass Sportler häufig auf ihre Vorstellungskraft zurückgreifen. Martin und Hall (1995) haben experimentell die Auswirkungen von Vorstellungen auf 39 Golf-Anfänger untersucht. Diejenigen, die ihre Imaginationsfähigkeit nutzten, setzten sich höhere Ziele, hatten realistischere Erwartungen bezüglich ihrer Leistungsfähigkeit, trainierten länger und folgten strikter ihrem Trainingsprogramm. Highlen und Bennett (1983) verglichen die Nutzung von Vorstellungen bei weniger erfolgreichen und erfolgreichen Eliteturmspringern und -ringern: Die erfolgreichen Sportler nutzten sowohl beim Training als auch bei Wettkämpfen in stärkerem Maße ihre Imaginationsfähigkeiten, und ihre inneren Bilder waren lebendiger und klarer.

Martens (1983) listet, abgesehen vom Hinweis auf die bekannte wichtige Rolle der Vorstellungskraft bei der Entwicklung und beim Training motorischer Fähigkeiten und Strategien, noch einige andere Möglichkeiten, bildliche Vorstellungen zu nutzen, auf: zum Setzen von Zielen und zur Leistungsmotivation; um zu lernen, Emotionen zu kontrollieren; um Energie und Aufmerksamkeit zu konzentrieren und zu fokussieren; und um das Selbstvertrauen und die Selbstwahrnehmung zu stärken. Im Anhang zu seinem Artikel beschreibt er die Ergebnisse von 31 Studien, in denen untersucht wurde, wie sich die Imaginationsfähigkeit zur Steigerung der sportlichen Leistungsfähigkeit nutzen lässt.

Obwohl es Hinweise darauf gibt, dass die Imaginationsfähigkeit die kognitiven Aspekte sportlicher Aktivitäten stärker fördert als die motorischen (Ryan a. Simons 1983), sind in den meisten Sportarten sowohl die kognitiven als auch die motorischen Fähigkeiten wichtig, und das Imaginationspotenzial lässt sich in vielen Bereichen nutzen.

Feltz und Landers (1983) haben in einer Metaanalyse, die 60 Studien auswertet, die Auswirkungen der Vorstellungskraft auf die Leistungsfähigkeit untersucht. Obwohl die Autoren auf einige Studien stießen, aus denen keine Auswirkungen der Vorstellungskraft auf die Leistungsfähigkeit hervorgingen (und unter denen sich sogar einige Fälle befanden, in denen sie sich negativ auswirkte), bestätigten die meisten Studien den Wert der Nutzung von Vorstellungen. Am wenigsten signifikant war die Wirkung bei strikten Stärketests (M = 0.20), bei motorischen Aufgaben war sie größer (M = 0.43) und bei Leistungen mit einer kognitiven Komponente am größten (M = 1.44). Außerdem konnte sowohl in frühen als auch in späteren Lernphasen eine positive Wirkung beobachtet werden.

Untersuchungen, die nach der Studie von Feltz und Landers (1983) durchgeführt wurden, stützen die Wirkung der Imaginationsfähigkeit ebenfalls, obgleich einige sie für eher negativ halten. Beispielsweise stellten Tenenbaum et al. (1995) eine geringfügig negative Wirkung auf die Kraftleistung fest – die Leistung, die sich nach den Erkenntnissen von Feltz und Landers am wenigsten durch die Imaginationsfähigkeit beeinflussen lässt.

Geeignete Vorstellungen

Bei der Nutzung der Imaginationsfähigkeit sollte das visualisierte Bild sich auf die angestrebte Leistung beziehen, weil es einen starken Einfluss auf die zukünftige Leistung hat. Obwohl vorgestellter Erfolg nicht immer zu realem Erfolg führt, wirkt es sich mit ziemlicher Sicherheit negativ auf die angestrebte Leistung aus, wenn Sie am eigenen Erfolg zweifeln oder sich vorstellen, dass Sie versagen werden.

Die Beeinflussung von Vorstellungen

Als ich einmal einen Poolbillard-Spieler fragte, ob er Vorstellungsbilder nutze, versicherte er mir, er tue dies seit langem. Er hatte festgestellt, dass er mit ihrer Hilfe herausfinden konnte, ob er einen Stoß erfolgreich ausführen würde oder nicht. Vor jedem Stoß stellte er sich das Resultat vor, und aufgrund des so entwickelten Vorstellungsbildes konnte er zutreffend voraussagen, ob er erfolgreich sein würde. Er sagte, wenn das Bild Erfolg anzeige, wisse er, dass er den Stoß wagen könne; sehe er in dem Bild hingegen einen vergebenen Stoß, wisse er, dass ein schlechtes Resultat zu erwarten sei.

Er sah das Vorstellungsbild also als eine Voraussage an, nicht als Möglichkeit, das Geschehen zu beeinflussen. Ich empfahl ihm, er solle jedes Mal, wenn er sich einen vergebenen Stoß vorstelle, sich diesen noch einmal neu vorstellen und damit so lange fortfahren, bis ein Bild von einem erfolgreichen Stoß auftauche. Dadurch wollte ich ihn dazu bringen, sein Vorstellungsbild als eine Möglichkeit zur Beeinflussung seines Stoßes zu sehen statt als Voraussage über Erfolg oder Misserfolg. Da dieser Mann einen beträchtlichen Teil seines Einkommens durch Poolbillard-Spiel verdiente, war für ihn die Fähigkeit, erfolgreiche Stöße vorauszusagen, sehr wichtig. Ein paar Tage nach unserem Zusammentreffen rief er mich an und sagte mir, am Abend nach unserer Sitzung habe er sich jedes seiner Bilder von einem misslungenen Stoß so lange neu vorgestellt, bis er den Stoß als erfolgreich habe sehen können. Durch die neue Methode hatte er an jenem Abend mehr gewonnen, als er mir an Honorar für die Sitzung bezahlt hatte. Daraufhin überlegte ich mir ernsthaft, ob ich nicht anfangen sollte, mit meinen Klienten Erfolgshonorare auszuhandeln!

Eine Sportlerin zog einen anderen Nutzen aus der Vorstellung von Erfolg. Nachdem sie mehrere Bilder vom perfekten Erreichen des gesteckten Ziels entwickelt hatte, stellte sich bei ihr das Gefühl ein, die Leistung bereits vollbracht zu haben. Dies vermittelte ihr die Zuversicht, dass sie das gleiche Resultat erneut würde erreichen können.

HYPNOSE UND BILDLICHE VORSTELLUNG

Obwohl Imaginationsübungen im Training von Sportlern seit langem eine Rolle spielen, wird nur relativ selten erkannt, was Hypnose zur Verstärkung der Intensität erzeugter Vorstellungen beitragen kann. Da Hypnose von vielen immer noch mit eher gemischten Gefühlen gesehen wird, erkennen und nutzen nur wenige die Möglichkeit, mit ihrer Hilfe bildliche Vorstellungen zu verstärken.

Verstärkung von Vorstellungsbildern in Trance

Zwar entwickeln Menschen häufig Vorstellungsbilder, ohne sich in Trance zu befinden, doch sind solche Bilder, wenn sie in einer Trance entstehen, erheblich lebhafter und wirksamer. In einer kürzlich abgeschlossenen Untersuchung (Liggett 2000) forderte ich Sportler auf, sich viele verschiedene Situationen vorzustellen – wie sie ihre Sportart allein ausübten, wie sie dies vor Zuschauern täten, wie sie zuschauten, während ein anderes Teammitglied einen Fehler macht, und wie sie in einem Wettkampf abschnitten. Die Teilnehmer stellten sich jede dieser Situationen sowohl in Trance als auch ohne Tranceeinfluss vor. Die Hälfte der Teilnehmer baute das hypnotische Vorstellungsbild zuerst auf, die andere Hälfte als Zweites. Ich forderte sie auf, mithilfe einer fünfteiligen Skala anhand von vier Kriterien zu bewerten, als wie lebendig sie das jeweilige Vorstellungsbild empfanden.

1. Wie lebhaft sahen Sie die Bilder?
2. Wie deutlich vermochten Sie das Geschehen zu hören?
3. Wie viel spürten Sie kinästhetisch dabei?
4. Wie stark war die Emotion, die Sie empfanden?

Zu den befragten Sportlern zählten Turner, Mountainbiker sowie Rugby-, Tennis-, Wasserball- und Fußballspieler. Die stärkere Lebendigkeit der unter Hypnose entwickelten Bilder war in allen Fällen signifikant, ganz gleich, ob das Bild unter Hypnose zuerst oder als Zweites aufgebaut wurde, sowie auch unabhängig vom Sport, den sich die Betreffenden vorstellten, und vom Aspekt der bildlichen Vorstellung, den die Forscher jeweils maßen. Abbildung 3 fasst die Resultate dieser Studie zusammen.

Hypnose verstärkte offensichtlich die Lebendigkeit der Bilder. Die Studie gab keinen Aufschluss darüber, ob durch lebendigere Bilder effektivere Vorstellungen entstanden, doch die Logik und meine persönliche Erfahrung lassen mich vermuten, dass dies zutrifft.

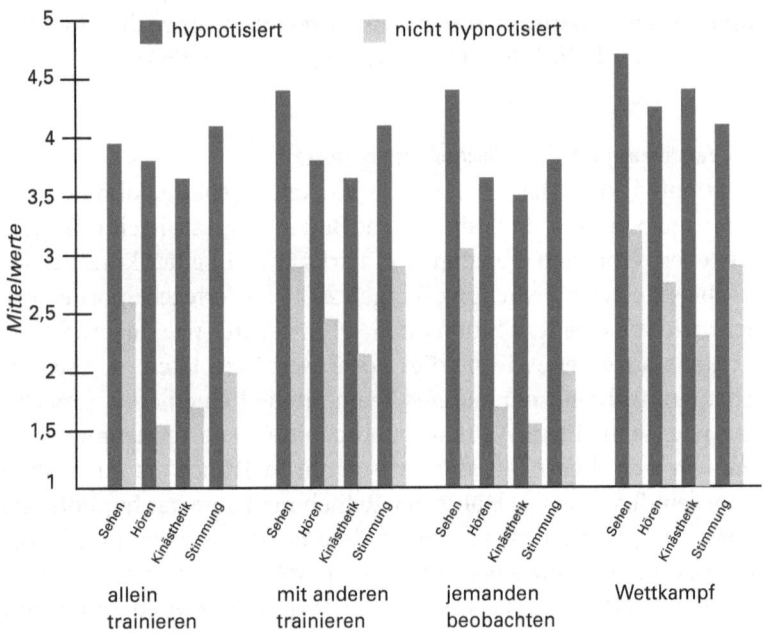

Abb. 3: *Die Wirkung von Hypnose auf die Lebendigkeit bildlicher Vorstellungen*

Mit Hilfe von Vorstellungsbildern in Trance die Realität verlangsamen
Ein weiterer Vorteil der Entwicklung von Vorstellungsbildern in Trance ist, dass der Klient in diesem Zustand den Ablauf des realen Geschehens verlangsamen kann. Die Fähigkeit, Wahrnehmungen zu verzerren, in diesem Fall die Wahrnehmung der Zeit, ist eines der Charakteristika der Trance. Solche Zeitverzerrungen haben bei der Perfektionierung von Handlungen, die der Sportler nicht in Zeitlupe üben kann, ausgezeichnete Dienste geleistet. Zwar kann ein Billardspieler bestimmte Aspekte dessen, was er tut, in Zeitlupe durchgehen, um sie zu perfektionieren, doch vermag ein Turm-

springer einen komplizierten Sprung nur mithilfe der Vorstellung zu trainieren. Sich in Trance innere Vorstellungsbilder in Zeitlupe zu vergegenwärtigen ist eine ausgezeichnete Möglichkeit, diese Art von Technik zu entwickeln. Wie bereits beschrieben, hat Greg Louganis (Louganis a. Marcus 1995) effektiv bildliche Vorstellungen in Zeitlupe genutzt, um einen neuen Sprung zu erlernen, doch wäre er damit möglicherweise noch erfolgreicher gewesen, wenn er dies in Trance getan hätte.

In den anschließend beschriebenen Fällen entwickelten die Protagonisten die bildlichen Vorstellungen in Trance. Zwar können auch nicht in Trance entwickelte innere Bilder ihren Zweck erfüllen, doch habe ich festgestellt, dass in Trance entwickelte wesentlich lebendiger sind. Deshalb ziehe ich es gewöhnlich vor, Klienten zur Entwicklung solcher Bilder in Trance anzuleiten.

Fall I: Einen doppelten Salto rückwärts perfektionieren

Ein Bodenturner brauchte Hilfe, um einen doppelten Salto rückwärts mit Drehung zu perfektionieren – ein Kunststück, an dem er schon seit fast zwei Jahren gearbeitet hatte (Liggett a. Hamada 1993). Obwohl ihm das Timing klar war, schaffte er es so gut wie nie, den Ablauf auch tatsächlich so zu gestalten, dass ihm der Salto gelang. Er war zwar nicht sonderlich davon überzeugt, dass Hypnose ihm helfen würde, doch erklärte er sich bereit, es damit zu versuchen. Bei der Arbeit mit ihm benutzte ich eine Induktion, die auf der Methode der progressiven Entspannung basiert. Es fiel ihm leicht, in Trance zu gehen, und ich hatte nicht den Eindruck, dass eine Vertiefung nötig war (wobei im Fall der progressiven Entspannung ohnehin nicht klar ist, wann die Tranceinduktion endet und die Vertiefung beginnt).

In der Trance forderte ich ihn auf, sich genau zu vergegenwärtigen, wie die Übung korrekt ausgeführt werden müsste. Anschließend leitete ich ihn an zu spüren, wie er die Übung langsam ausführte – so langsam, dass ihm das Timing genau richtig gelang. Der Bodenturner beschrieb den Vorgang, während er sich vorstellte, er führe die Übung in Zeitlupe aus. Dies wiederholte er mehrmals. Sobald er spürte, wie das Timing völlig korrekt sein musste, fragte ich ihn, ob er sich den Salto in einer etwas höheren Geschwindigkeit ausgeführt vorstellen und auch dabei das korrekte Timing einhalten könne. Es gelang ihm, die bildliche Vorstellung des Vorgangs allmählich in immer höherer Geschwindigkeit ablaufen zu lassen, wobei das Timing und der formelle Ablauf stets korrekt blieben, bis er den Salto in der Vorstellung schließlich in normaler Geschwindigkeit ausführen konnte. Dann stellte er sich, immer noch in Trance, vor, er wiederhole den Salto mehrmals in normaler Geschwindigkeit, bis die korrekten Reaktionen gut verankert waren. Nach der Sitzung, die keine volle Stunde dauerte, konnte er den Salto in der Realität fünfmal nacheinander ausführen, und später baute er ihn in seine Bodenturnsequenz ein.

Fall II: Auflösung einer mentalen Blockade
Bei zwei weiteren Turnern benutzte ich eine etwas andere Technik. Beide hatten sich schmerzhafte Verletzungen zugezogen, der eine bei einem Abgang, der andere bei einem Absprung, und waren anschließend nicht mehr in der Lage, diese Bewegungen auszuführen. In beiden Fällen bestand die beeinträchtigende Blockade bereits seit sechs Monaten – also länger als die körperliche Genesung von den Verletzungen. Beide hatten vor, die Übungen in ihre Kür einzubauen, sahen sich jedoch nicht in der Lage, sie auch nur zu trainieren. Beide hatten versucht, ihre Blockaden mithilfe von bildlichen Vorstellungen zu überwinden, allerdings noch nicht mit hypnosegestützter Visualisation.

Ich arbeitete mit den beiden Turnern separat. Da beide fast verzweifelt darauf aus waren, die Übungen wieder ausführen zu können, waren sie für Hypnose empfänglich. In Trance ließ ich sie in die Wettkampfsituation zurückkehren, in der sie sich die Verletzung zugezogen hatten, und sie entwickelten das Gefühl, sie befänden sich in jenem Wettkampf. Ich forderte sie auf, an dem Punkt, an dem sie den entscheidenden Fehler gemacht hatten, die Sequenz zu unterbrechen, den Handlungsablauf ein wenig „zurückzuspulen", so wie man ein Videoband zurückspult, die Bewegung zu korrigieren und die Sequenz dann erfolgreich zum Abschluss zu bringen. Anschließend leitete ich sie dazu an, das Gefühl zu entwickeln, dass sie die Übung bei diesem Anlass erfolgreich mehrmals ausführten, und die aufgrund des Erfolgs entstehende Selbstsicherheit zu spüren. Nachdem sich die beiden die erfolgreiche Ausführung der Übung in der Verletzungssituation vorzustellen vermochten, leitete ich sie an ihre mehrmalige Ausführung in ihrer Übungshalle und schließlich in einem zukünftigen Wettkampf zu visualisieren. Nach ihrer Rückführung aus der Trance konnten beide die Übung in der Realität ausführen und fühlten sich dabei einigermaßen wohl.

Anschließend sprach ich mit ihnen, um zu analysieren, wie die Technik wirkte. Beide konnten sich noch an alles, was geschehen war, erinnern. Sie sagten, schon vor ihrer Arbeit mit mir sei ihnen intellektuell klar gewesen, dass sie die jeweilige Übung eigentlich ausführen können müssten, ohne sich zu verletzen, doch wenn sie es dann wirklich versucht hätten, hätte eine mentale Blockade, eine Angst, sie daran gehindert. Nach der Sitzung war beiden intellektuell immer noch klar, dass sie sich beim letzten Versuch, die Übung auszuführen, verletzt hatten, doch irgendwie existierte bei ihnen eine Erinnerung daran, dass sie die Übung seit dem Unfall mehrmals erfolgreich ausgeführt hatten. Deshalb war ihnen emotional klar, dass sie dazu in der Lage waren.

Diese Veränderung im rechtshemisphärischen und linkshemisphärischen Denken ist erklärlich. Die intellektorientierte linke Hirnhälfte wusste, dass es möglich war, die Übung auszuführen, doch die emotional orientierte rechte erinnerte sich an die Verletzung und fokussierte auf die Gefahr. Im Konfliktfall erweisen sich die Emotionen fast immer als stärker als der Intellekt. Die erfolgreiche Ausführung der Übung in Trance hatte der emotional orientierten rechten Hirnhälfte klar gemacht, dass es ungefährlich sei, sie erneut auszuführen.

Innere und äussere Bilder

Es gibt zwar keine allgemein akzeptierten Bezeichnungen für unterschiedliche Arten bildlicher Vorstellung, aber man kann durchaus mehrere Arten voneinander unterscheiden. Manche beinhalten nur das mentale Proben einer Handlung. Der sie entwickelt, beschreibt mental die Einzelschritte oder sieht sich, als würde er auf einen Fernsehbildschirm schauen. Mittlerweile ist es gebräuchlich, von *externalen Vorstellungsbildern* zu sprechen, wenn es nur um diese Art geistiger Bilder geht.

In anderen Fällen sieht ein Mensch beim Visualisieren, was man durch eine am Kopf befestigte Kamera sehen würde, und spürt in manchen Fällen gleichzeitig eine kinästhetische Reaktion. Bilder, die von einer kinästhetischen Reaktion begleitet werden – derjenige, der die Bilder produziert, spürt dann gleichzeitig eine Muskelbewegung –, sind wirksamer. Weinberg und Gould (1999) nutzen *internale Vorstellungsbilder*, was bedeutet, dass derjenige, der die Vorstellung aufbaut, das sieht, was er während seiner Aktivität sehen würde, und die Handlung manchmal auch gleichzeitig kinästhetisch spürt. Findet eine kinästhetische Reaktion statt, sieht ein Beobachter meist, dass die Muskeln der Visualisierenden kontrahieren oder zucken, manchmal leicht, manchmal kräftig.

DIE UNTERSCHEIDUNG ZWISCHEN INNEREN UND KINÄSTHETISCHEN BILDERN

Jim Bauman (persönliche Mitteilung), Sportpsychologe am *U. S. Olympic Training Center*, San Diego, unterscheidet zwischen drei Arten von Vorstellungsbildern. Die erste entspricht den bereits beschriebenen externalen Bilder. Im zweiten Fall sieht der Sportler, was er während der Ausführung seines Sports sehen würde, wenn sich an seinem Kopf eine Kamera befände. Die dritte Art von Bildern entspricht jenen kinästhetischen Bildern, die ich internale Bilder nenne. Mithilfe dieser drei Kategorien lässt sich das Wesen bildlicher Vorstellungen erfassen.

DIE MACHT KINÄSTHETISCHER BILDER

Kinästhetische Bilder sind für die Perfektionierung einer sportlichen Technik am wirksamsten. Deshalb versuche ich, bei der Erzeugung von Vorstellungsbildern eine kinästhetische Reaktion zu fördern. Bandura (1986, S. 61 f.) stellt in einer von ihm entwickelten Theorie zur Erklärung der Wirksamkeit kinästhetischer Bilder fest, dass das Gehirn bei der Produktion kinästhetischer Bilder Signale an die Muskeln übermittelt, die auch bei der realen Ausführung der betreffenden Prozesse in Aktion treten. Weil der Visualisierende wahrscheinlich Bilder von einer perfekten Leistung produziert, ist die Entwicklung von Vorstellungsbildern einer Aktivität häufig von größerem Wert als das physische Trainieren des betreffenden Vorgangs. Bandura vertritt die Auffassung, dass Vorstellungsbilder der Leistung zugute kommen, weil sie eine adäquate kognitive Situation für die betreffende Aktivität schaffen, indem sie die Aufmerksamkeit von belastenden und störenden Gedanken auf nützlichere lenken oder die wahrgenommene Selbstwirksamkeit stärken. Natürlich ist auch körperliches Training notwendig, doch ist die Arbeit mit bildlichen Vorstellungen eine wichtige Ergänzung dazu. In den früher in diesem Kapitel geschilderten Beispielfällen habe ich kinästhetische Bilder benutzt, um die angestrebten Resultate zu erzielen.

Wenn ich den Prozess der Bilderzeugung beschreibe, ziehe ich es vor, Sportler aufzufordern, eine Leistung abzubilden *(to image)*, statt dazu, sie sich vorzustellen *(to imagine)*. Nach meinem Empfinden lässt dieser subtile Unterschied das Erlebnis und das dadurch entstehende Bild als realer erscheinen. Ich habe diese Hypothese zwar nicht formell getestet, aber ich arbeite damit und gehe davon aus, dass sie zutreffend ist.

IDENTIFIKATIONSBILDER

Bei einer weiteren Art von Imagination entwickelt der Sportler, der die bildlichen Vorstellungen aufbaut, eine Identifikation mit etwas oder jemandem, das oder der über Eigenschaften verfügt, die er sich aneignen möchte. Er kann sich mit einer berühmten Persönlichkeit, einem Tier, einem leblosen Objekt oder einer Maschine identifizieren, falls diese die angestrebten Eigenschaften aufweisen.

Ein Bild von einem Experten entwickeln

Man kann Sportlern durch Anleitung zum Entwickeln von Identifikationsbildern helfen, Technik und Kraft eines Experten zu kopieren. Dies ist wahrscheinlich die bekannteste Art bildlicher Vorstellungen. Junge Basketballspieler werden zu Michael Jordan, Boxer zu Mike Tyson oder Evander Holyfield, und Eiskunstläufer zu Michele Kwan. Solche bildlichen Vorstellungen sind mehr als bloßes So-Tun-als-ob; sie helfen Sportlern, ihre Leistungsfähigkeit weiterzuentwickeln. Die Technik des Experten zu imaginieren (sie sozusagen auf sich selbst abzubilden) und dann mit ihm zu verschmelzen ermöglicht Sportlern, in den entscheidenden Muskeln ihres Körpers die korrekte Ausführung bestimmter Bewegungen zu spüren. Eine hypnotische Trance ist dazu nicht unbedingt notwendig, sie verstärkt die Wirkung der Bilder aber erheblich.

Bill Russell (Russell a. Branch 1979, S. 66 f.), der fünfmal den Titel des *Most Valuable Player* der NBA erhielt und in die *Hall of Fame* des Basketball aufgenommen wurde, beschreibt, wie er Bilder nutzt: „An jenem Abend arbeitete ich an Aufzeichnungen von vielen Spielen, unter anderem daran, wie McKelvey einen *Offensive Rebound* in den Korb legte. Das ist für große Leute nicht besonders schwierig, aber im Gegensatz zu McKelvey hatte ich es nicht richtig raus. Weil ich eine genaue Vorstellung von seiner Technik im Kopf hatte, fing ich an, mit diesem Bild zu spielen, indem ich die Szene mehrmals zurückspulte und dann jedes Mal einen Teil von mir an McKelveys Stelle setzte. Schließlich sah ich mich in der gesamten Szene und ließ sie immer wieder vor mir ablaufen. Als ich dann zu spielen begann, packte ich einen *Offensive Rebound* und legte ihn in den Korb, genauso wie McKelvey. Es schien die natürlichste Sache der Welt zu sein, fast als würde ich in einen Film eintreten und eine vorgegebene Rolle spielen. Als diese Imitation funktionierte und der Ball in den Korb fiel, konnte ich mich kaum beherrschen. Ich war so aus dem Häuschen, dass ich das Gefühl hatte, aus der Halle zu schweben. Wenn ich in der Vergangenheit einmal versucht hatte, etwas von jemand anderem zu kopieren, ließ ich den Ball vom Arm rollen oder machte sonst irgendeinen Unsinn. Nun war es mir zum ersten Mal gelungen, etwas vom Kopf in den Körper zu befördern. Das wirkte so leicht."

Die von SyberVision (1996) produzierten Videos sind gute Beispiele dafür, wie effektiv es sein kann, sich einen Experten vorzustellen. Auf jedem dieser Bänder sind Experten für bestimmte Sportarten zu sehen, die typische und wichtige Bewegungen perfekt ausführen. Es gibt von SyberVision Aufnahmen für Ski, Golf, Tennis, Baseball und andere Disziplinen. Auf einem Band für Ski beispielsweise ist ein Experte zu sehen, der die perfekte Ausführung eines bestimmten Schwungs vorführt. Die Beobachter schauen ihm zu und fühlen sich in die Ausführung der Bewegungen ein. Sie sehen die korrekte Haltung verschiedener Körperbereiche und stellen sich gleichzeitig vor, wie sie die Bewegung ausführen. Beispielsweise wird zuerst gezeigt, wie sich die Knie verhalten sollen, und die Zuschauer schauen sich dies an und stellen sich dann die korrekte Haltung und Bewegung der Knie vor. Dann wird gezeigt, wie Hände und Arme sich bewegen sollten. Nachdem die Experten diesen Schwung vorgeführt haben, verfahren sie mit einer anderen Bewegung ebenso. Jedes Mal werden die Zuschauer aufgefordert, beim Anschauen der Aufnahmen eine kinästhetische Reaktion (internale Bilder) zu erleben.

Obwohl auf den Bandaufnahmen von Hypnose keine Rede ist, würde es der Zielsetzung dieser Arbeitsweise wahrscheinlich sehr zugute kommen, wenn die Zuschauer sich in einer selbst induzierten Trance befänden.

Sich ein Tier vorstellen

Obwohl es häufig nützlich ist, einen anderen Sportler zu visualisieren, kann auch ein Tier, das eine Eigenschaft verkörpert, die ein Sportler sich aneignen möchte, ein geeignetes Visualisationsobjekt oder Vor-Bild *(image)* sein. Muhammad Alis „Schwebe wie ein Schmetterling, steche wie eine Biene" ist ein Beispiel für bedeutsame Tierbilder.

Ein Panther sein

Ein *Football Lineman* einer College-Mannschaft hatte Geschwindigkeitsprobleme beim 40-Yard-Sprint. Als ich ihn bei 40-Yard-Wettläufen beobachtete, wirkte er sehr angespannt. In Spielen war er lockerer und entwickelte mehr spielerische Leichtigkeit. Die Angespanntheit schien immer dann aufzutreten, wenn er beim 40-Yard-Run mit der Uhr gestoppt wurde. Ich forderte ihn auf, sich ein schnelles Tier vorzustellen, und er wählte einen schwarzen Panther. (Sportler wählen in solchen Fällen meistens Raubkatzen wie Geparden, Panther usw.) Er sollte in Trance beobachten, wie der Panther beim Laufen Kraft und Entspanntheit miteinander verbindet – er sollte sehen, dass die Beinmuskulatur des Tiers sich nur im Moment der Kraftanwendung anspannt und sich beim Abheben des Beins vom Boden wieder entspannt und wie geschmeidig die Katze läuft. Ich forderte den Läufer auf, die Empfindung zu entwickeln, er laufe selbst, und dann allmählich mit dem Panther zu verschmelzen – diese Kraftmobilisierung und die gleichzeitig Entspannung nachzuempfinden, mit dem Panther zu verschmelzen und zu spüren, wie er mit der für die Raubkatze charakteristischen Kombination von Kraft und Entspannung geschmeidig läuft. Dies tat er zunächst in Zeitlupe und beschleunigte dann allmählich den Ablauf. Nachdem er sich mehrmals mithilfe dieser Technik den 40-Yard-Sprint vorgestellt hatte, konnte er sie beim realen Lauf anwenden.

Obwohl er vorher immer über 5,00 Sekunden gebraucht hatte, lief er die Strecke nun in 4,85 Sekunden. Dies war ein stämmiger *Lineman*, und auch wenn 4,85 Sekunden für 40 Yards keine besonders großartige Zeit sind, ist dies doch immerhin ein ehrenvolleres Ergebnis als 5 Sekunden oder mehr. Später gelang es ihm, die Laufzeit noch um weitere 0,2 Sekunden zu verbessern, indem er sich wiederholt sich selbst als Panther vorstellte. So wie viele Sportler, die lernen, sich während ihrer sportlichen Aktivität zu entspannen, war auch er verblüfft darüber, dass er sich trotz der höheren Geschwindigkeit weniger angestrengt fühlte. Bisher hatte er versucht durch größere Anstrengung schneller zu werden; deshalb war er überrascht, als er feststellte, dass die Verbesserung ausgerechnet durch eine Verringerung der Anstrengung eintrat.

Andere Arten bildlicher Vorstellung

Manchmal ist es von Vorteil, wenn ein Sportler sich etwas anderes als ein lebendiges Vorbild vorstellt – nämlich eine Maschine mit einer Eigenschaft, die er sich aneignen möchte. Ein Langstreckenläufer hatte das Problem, dass er an einem bestimmten Punkt seiner Läufe regelmäßig außer Atem kam. Ich forderte ihn auf, sich eine Maschine vorzustellen, die nie ermüdete. Er wählte eine Dampflok, die unermüdlich weiterfuhr. In Trance identifizierte er sich mit der Energie dieser Lokomotive, indem er sich in sie hineinversetzte. Es gelang ihm, bei seinen Wettkämpfen mithilfe dieses Bildes über den kritischen Erschöpfungspunkt hinwegzukommen.

Sprung zum Erfolg

Ein Stabhochspringer hatte Schwierigkeiten, beim Absprung genügend Sprungkraft zu mobilisieren. Nach einer Hypnoseinduktion forderte ich ihn auf, sich vorzustellen, er springe von einem Trampolin statt vom festen Boden. Er war vorher Turmspringer gewesen, und da er in dieser Sportart ein Trampolin benutzt hatte, war ihm der Absprung von einem Trampolin bekannt. Ich empfahl ihm, sich vorzustellen, er springe von einem Trampolin hoch, wenn er von der Rampe zum Hochsprung ansetze. Ich ließ ihn diese Bildvorstellung mehrmals aufbauen und empfahl ihm, sich den Absprung vom Trampolin bei einem realen Hochsprung am Stab vorzustellen. Später berichtete er, er habe bei seinen Sprüngen deutlich den Absprung vom Trampolin gespürt. Beim nächsten Wettkampf sprang er 30 cm höher als jemals zuvor. (Dies kann allerdings nicht allein der Bildvorstellung eines Trampolins zugeschrieben werden, da er außerdem generelle Schwierigkeiten mit der Wettkampfsituation gehabt hatte und wir auch daran gearbeitet hatten. Der Fall wird ausführlicher in Kapitel 15 beschrieben.)

Der Wirkmechanismus des weiter oben beschriebenen Experiments mit Daumen und Zeigefinger sowie die Leistungssteigerung des Läufers lassen sich aufgrund der gegenläufigen Aktivität jener Muskeln erklären, die Agonisten und Antagonisten genannt werden. Wenn die Versuchsteilnehmer Daumen und Zeigefinger zusammendrücken, spannen sie alle Muskeln beider Finger an – die Muskeln, die die Finger zusammenhalten, und diejenigen, die sie auseinander ziehen. Stellen sie sich dann einen Stahlring vor, benutzen sie nur die Agonisten – die Muskeln, die gebraucht werden, um den Ring zu erhalten. Wird in beiden Situationen die gleiche Kraft aufgewendet, um den Ring zu sprengen, haben diejenigen, die mit ihren Fingern den Ring formen, gewöhnlich das Gefühl, sie müssten erheblich weniger Kraft aufwenden, wenn sie sich den Stahlring vorstellten. Das scheint deshalb so zu sein, weil sie nur die Agonisten zu aktivieren brauchen.

Ebenso spannte auch der Läufer bei den Übungsläufen für die 40-Yard-Sprints wesentlich mehr Muskeln als wirklich notwendig an – diejenigen, die es ihm tatsächlich ermöglichten, schnell zu laufen, und andere, die seiner Laufgeschwindigkeit und seinem Krafteinsatz eher hinderlich waren. Er wirkte beim Laufen ungelenk und unbeholfen. Indem er sich entspannte, fließende Bewegungen vorstellte, gelang es ihm, die volle Kraft seiner Beinmuskeln zu nutzen. Aufgrund dessen hatte er das Gefühl, beim Laufen wesentlich weniger Mühe aufwenden zu müssen, wenn er sich den Panther vorstellte.

Die Nutzung von Vorstellungsbildern scheint Sportlern am besten zu helfen, ihre Antagonisten zu entspannen. Wenn man jemanden auffordert, diese Muskeln zu entspannen, entgegnet der Betreffende meist: „Wie soll ich *das* denn machen?" Weil es so sinnvoll ist,

ist es ungeheuer wichtig, die Vorstellungskraft zu nutzen. Nach meiner Erfahrung ist die Arbeit mit bildlichen Vorstellungen in Trance erheblich wirksamer als die alleinige Nutzung von Vorstellungsbildern. Die beiden Turner mit den mentalen Blockaden, ihr Kollege, der den doppelten Salto rückwärts erlernen wollte, der Langstreckenläufer, der Stabhochspringer und der Football-Spieler hatten allesamt versucht, Vorstellungsbilder ohne Hypnose zu nutzen, und alle stellten fest, dass die Kombination der Vorstellungsbilder mit Hypnose es ihnen ermöglichte, ihre Ziele zu erreichen.

5. Energie mobilisieren

> Manche Menschen behaupten, dass wir nur zehn Prozent
> unserer Gehirnzellen benutzen. Was wäre, wenn das Gleiche
> auch für unsere Muskelzellen gelten würde?

In einigen Sportarten erfordert Erfolg eine starke und gut kontrollierte plötzliche Mobilisierung von Energie. Beispiele hierfür sind unterschiedliche Kombinationen von Stärke und Kontrolle – ein Schlag mit einem Golfschläger erfordert sowohl gewaltige Kraft als auch ein hohes Maß an Präzision in der Zielrichtung; bei einem Kugelstoß muss die Energie zwar ebenfalls gezielt und fast explosionsartig eingesetzt werden, doch spielt die präzise Ausrichtung der Kraftwirkung bei dieser Sportart keine so große Rolle. Hypnose kann helfen, alle erforderlichen Muskeln zu aktivieren und die plötzlich frei werdende Energie zu kanalisieren.

TECHNIK IST TROTZDEM WICHTIG

Wenn hier die Bedeutung der Kontrolle über die Energie beim Golfspiel und beim Kugelstoßen hervorgehoben wird, soll damit keineswegs abgestritten werden, dass bei diesen Sportarten auch die sportliche Technik eine wichtige Rolle spielt. Gemeint ist wirklich nur, dass es beim Kugelstoßen weniger wichtig als beim Golfspiel ist, die Richtung, in die der Ball bzw. die Kugel fliegt, möglichst genau zu kalkulieren und zu beeinflussen. Ein Baseball-Spieler erklärte einmal, weshalb er Baseball und nicht Golf spiele, indem er darauf hinwies, dass ein Home-Run in jedem Fall gut ist, ganz gleich, ob er über den linken oder den rechten Spielfeldzaun fliegt, wohingegen beim Golf ein Schlag immer genau „auf die 2. Base" (also mittig) erfolgen muss.

Weitere sportliche Aktivitäten, die eine explosionsartige Energieentfaltung (Explosivkraft) und eine gute Technik erfordern, sind

Hochsprung, Stabhochsprung und Gewichtheben. Obwohl es in diesem Kapitel um die Verbesserung des punktuellen Energieeinsatzes geht, sollte man die Notwendigkeit einer guten Technik bei solchen Aktivitäten niemals unterschätzen.

HYPNOSE VERSTÄRKT DIE ENERGIE

Hypnose kann die punktuelle Energiemobilisierung (Schnellkraft) in zweierlei Hinsicht verstärken: erstens durch Vergrößerung der mobilisierbaren Energiemenge und zweitens, indem sie die Einbeziehung aller relevanten Muskeln fördert.

Freisetzen maximaler Energie

Sportler, die so viel Energie wie möglich aktivieren wollen, sollten zunächst einmal wissen, dass ihnen das Maximum an Energie beim Ausatmen zur Verfügung steht. Somit ist der Gipfelpunkt der Energiewirkung beim Kugelstoßen und beim Hochsprung im Augenblick des Ausatmens zu erwarten. Das Gleiche gilt übrigens für Liegestütze. Atmen Sie aus, wenn Sie sich hochstemmen, und atmen Sie ein, wenn Sie wieder zu Boden sinken.

Den Energievorrat vergrößern

Um möglichst viel Energie nutzen zu können, sollten Sportler beim Einatmen das Gefühl entwickeln, dass Energie von außen in ihren Körper strömt. Sofern dies im konkreten Fall möglich ist, atmen sie nach dem ersten tiefen Einatmen aus, anschließend wieder ein und führen schließlich beim zweiten Ausatmen die sportliche Aktivität aus. Das Timing, in dem diese beiden Atemzüge ausgeführt werden, ist von Sportart zu Sportart unterschiedlich. Ein Hochspringer kann an der Rampe einatmen und ausatmen, bevor er Anlauf nimmt, dann während des Laufs einatmen und schließlich beim Sprung wieder ausatmen. Ein Kugelstoßer hingegen atmet vor dem Stoß ein und wieder aus, dann erneut ein und während des Stoßes zum zweiten Mal aus. Durch entsprechende Suggestionen in Trance kann man das Gefühl der Kraft, das Sportler beim tatsächlichen Sprung oder Wurf haben, verstärken.

Energie mobilisieren

Den ganzen Körper nutzen

Zwar scheinen an derartigen sportlichen Aktivitäten nur wenige Muskeln beteiligt zu sein, doch kann man durch eine entsprechende Technik den gesamten Körper in die allgemeine Kraftmobilisierung und in die gezielte punktuelle Mobilisierung von Schnellkraft einbeziehen und so bewirken, dass die genutzte Energie von allen Muskeln gleichzeitig zur Verfügung gestellt wird. Alle Muskeln des Körpers und insbesondere alle des Rumpfes kommen bei einem Golfschlag ebenso zum Einsatz wie bei einem Kugelstoß. Wenn man sich bei der Ausübung dieser Sportarten beispielsweise ausschließlich auf die Armmuskeln verlässt, kann man nicht das höchstmögliche Maß an Kraft einsetzen und die Aktivität nicht ausreichend steuern. Die Energie muss von allen relevanten Muskeln gleichzeitig bereitgestellt werden. Oft beschreiben Coaches zwar die Technik korrekt, doch leiten sie die Sportler, die sie betreuen, nicht dazu an, deren Wirkung auf die eingesetzten Muskeln zu spüren. Die Energiemobilisierung kann durch den Aufbau innerer Bilder unter Hypnose gefördert werden.

Lange Schläge

In diesem Zusammenhang ist das Beispiel des Golfs wichtig. Tiger Woods ist weder besonders groß noch ausgesprochen muskulös, doch um seine langen Schläge beneiden ihn viele andere Golf-Profis. Er schafft solche Distanzen nur, indem er die Kraft seines ganzen Körpers nutzt – die seiner Arme, seines Rumpfes und seiner Beine. Bei einem guten Golfschlag verhält sich der Körper wie eine zusammengedrückte Sprungfeder. Alle Teile dieser „Feder", angefangen von den Fußsohlen bis zum Endpunkt des erhobenen Schlägers, müssen die Kraft des Schlags unterstützen. Die vielen Empfehlungen für eine korrekte Haltung beim Golf – Halten Sie den Arm steif, verteilen Sie das Körpergewicht auf beide Füße, verlagern Sie das Gewicht, wenn der Schläger zum Boden schwingt, schwingen Sie durch, halten Sie den Ellbogen im richtigen Winkel! usw. – dienen dazu, alle Muskeln des Golfers von den Zehen bis zu den Handgelenken und Fingern zu einer koordinierten Kraftentfaltung zu veranlassen. Auf die Haltungsveränderung zu fokussieren erfordert den Einsatz zusätzlicher Muskeln; nicht *nur* auf die Haltungsveränderung zu fokussieren hilft, die erforderlichen Muskeln zu aktivieren.

TEAMARBEIT

Die Möglichkeit, durch Aktivierung einer größeren Zahl von Muskeln zusätzliche Kraft zu mobilisieren, gibt es in vielen Sportarten. Es ist nicht Aufgabe des Sportpsychologen, geeignete Techniken zur Leistungsverbesserung zu kennen oder zu lehren. Das wäre angesichts der vielen Sportarten, mit denen sie bei ihrer Arbeit zu tun haben, gar nicht möglich. Für Technik ist der Coach zuständig. Man kann Sportlern nur helfen, ihre Technik zu verbessern, wenn sie die richtige Technik bereits kennen und wenn sie sich darüber im Klaren sind, was sie tun müssen. Deshalb muss ein Sportpsychologe, der die Möglichkeiten der Hypnose nutzen will, eng mit einem kompetenten Coach zusammenarbeiten, damit sichergestellt ist, dass der Sportler versteht, was er tun soll. Nur unter dieser Voraussetzung kann er einem Sportler helfen, ein inneres Bild der korrekten Technik zu entwickeln und dadurch ihre Wirkung besser zu verstehen. Die Möglichkeit der Arbeit mit Vorstellungsbildern wird in Kapitel 4 ausführlich erläutert.

Zusammenarbeit

Gewöhnlich versuche ich mit dem Coach und dem Sportler gemeinsam technische Schwachstellen aufzuspüren, auf die ich mich dann in meiner Arbeit mit dem Sportler konzentriere. Bei einer Technikempfehlung geht es meist um eine Haltungsveränderung. Das eigentliche Problem ist häufig, dass ein Körperteil seinen Beitrag nicht in der erforderlichen Weise leistet. Beispielsweise kann er überanstrengt worden sein oder aus anderen Gründen völlig passiv bleiben. Hat der Coach dem Sportler eine Technikempfehlung gegeben, vergewissere ich mich, ob letzterem wirklich klar ist, was er tun soll. Zwar bewirken Technikkorrekturen nicht zwangsläufig, dass zusätzliche Muskeln in die Aktivität einbezogen werden, doch ist dies oft ihr Sinn und Zweck, und meist ist es auch tatsächlich von Nutzen, wenn der Sportler spürt, dass ein bestimmter Muskel oder eine Muskelgruppe stärker eingesetzt wird.

Hypnose kann auch bei der Aneignung einer neuen Technik nützlich sein. Der Sportler muss diese verstehen und sich darüber im Klaren sein, welche Muskeln sie beansprucht. In solchen Fällen fordere ich den Klienten nach der Induktion auf, tief zu atmen, bevor er sich vorstellt, wie er die neue Technik anwendet. Ich leite ihn dazu an zu spüren, wie seine Lunge und sein Brustkorb sich beim Einströmen der Luft mit Energie füllen. Beim langsamen Ausatmen soll er sich dann vergegenwärtigen, wie der Energiestrom die entscheidenden Muskeln erreicht, und sich gleichzeitig vorstellen, wie er die neue Technik anwendet. Ich empfehle Klienten in solchen Fällen, sich die Ausführung der Technik mehrmals in Folge bildlich vorzustellen und die Kraft zu spüren, die vom neu eingesetzten Muskel oder (häufiger) der neu genutzten Muskelgruppe erzeugt wird. Durch das mehrmalige Aufbauen des entsprechenden inneren Bildes wird der Vorgang zu einer Routineaktivität.

Kugelstoßer

Meine Arbeit mit einem Kugelstoßer, der einer Universitätsmannschaft angehörte, veranschaulicht diese Methode der Energiemobilisierung. Lee wollte seinen Wurf verbessern. Er war Football-Spieler und wollte sich durch Kugelstoßen außerhalb der Football-Saison in Form halten. Er hatte sich für das Kugelstoßen entschieden, weil er diesen Sport als für den Muskelaufbau besonders geeignet ansah, denn er hatte schon in der High School Erfahrungen damit gesammelt, allerdings noch nie ernsthaft daran gearbeitet. Obwohl er die korrekte Stoßtechnik beherrschte, war er nicht in der Lage, im Rumpf und in den Beinen die Kraft zu mobilisieren, die er brauchte. Sein Coach war der Meinung, dass er beim Kugelstoßen seine Rumpfmuskeln nicht einsetze. Ich forderte Lee in einer Trance auf zu spüren, wie er beim tiefen Einatmen Energie aufnehme. Beim Ausatmen werde sich diese Energie im ganzen Körper ausbreiten – insbesondere in alle Rumpfmuskeln, die er beim Kugelstoßen brauche. Beim anschließenden erneuten Einatmen werde noch mehr Energie in jene Muskeln strömen, und beim dritten Ausatmen sollte er sich dann die Ausführung des Stoßes in Zeitlupe vorstellen. Er übte diese Vorstellungssequenz einige Male, beschleunigte sie jedes Mal ein wenig und reagierte in den zuvor bei den Stößen nicht völlig aktivierten Rumpfmuskeln allmählich immer stärker kinästhetisch.

Anfänglich saß Lee beim Einatmen und während er die Ausbreitung der Energie im ganzen Körper zu spüren versuchte. Da sich eine Trance meiner Meinung nach leichter induzieren lässt, wenn Klienten sitzen, lasse ich sie den Beginn der Arbeit gewöhnlich in sitzender Haltung erleben. Da sich jedoch schon bald herausstellte, dass Lee sich den Kugelstoß besser im Stehen vorstellen konnte, stand er im weiteren Verlauf der Arbeit. Bei „Sitzungen" auf dem Sportplatz, in denen er den Kugelstoß tatsächlich ausführte, empfand er es als völlig natürlich zu stehen, während er die hypnotischen Vorstellungsbilder aufbaute.

Nachdem es gelungen war, Lees Rumpfmuskulatur stärker in die Stoßbewegung einzubeziehen, arbeiteten wir ähnlich an einer besseren Nutzung seiner Beinmuskulatur. Nachdem er mehrmals entsprechende innere Vorstellungen aufgebaut hatte, empfand er den Kraftbeitrag seines Rumpfes, seiner Beinmuskeln und seiner Arme als stärker. Diese Wirkung intensivierten wir in mehreren Sitzungen weiter. Ich forderte Lee auf, beim praktischen Kugelstoßen die Atemtechnik zu benutzen, die ich ihm beigebracht hatte.

Unmittelbar nach jeder unserer Sitzungen wandte er die mental neu geübten Veränderungen in seinem physischen Training an. Er berichtete über sein Gefühl, dass der Stoß nun tief aus seinem Körper und sogar aus seinen Wadenmuskeln komme. Etwas Ähnliches hatte er auch vor unseren gemeinsamen Bemühungen gelegentlich gespürt, aber nun war dieses Gefühl wesentlich stärker.

Beim nächsten Wettkampf konnte er seine Stoßweite mithilfe der neu erlernten Technik gegenüber seiner vorherigen persönlichen Bestleistung um etwas mehr als zehn Prozent steigern. Nach längerem Üben dieser neuen Technik lernte er es noch besser, Energie einzuatmen und dann ihre Ausbreitung in alle wichtigen Muskeln zu spüren. Er sagte, da ihm nun klarer vor Augen stehe, dass er bei einem Stoß seinen gesamten Körpers einsetzen müsse, spüre er beim realen physischen Stoß die Bewegung der Kraft von den Füßen durch den gesamten Körper bis in die Fingerspitzen. Mithilfe dieser Übungspraxis gelang ihm eine stetige Verbesserung seiner Stoßweite.

Weshalb diese Technik ihren Zweck erfüllt

Hypnosesitzungen verstärken mehrere in der beschriebenen Situation wirksame Faktoren. Weil das tiefe Einatmen mehr Sauerstoff in den Körper befördert, können die Muskeln mehr Kraft mobilisieren.

Aufgrund der intensivierten Wahrnehmung der eingesetzten Muskeln ist die Wahrscheinlichkeit ihrer tatsächlichen Nutzung erheblich höher. Und wenn eine starke Anstrengung mit dem Ausatmen koordiniert wird, lässt sich mehr Kraft aktivieren, als wenn der Krafteinsatz beim Einatmen erfolgt. All dies trägt zur Steigerung der Leistungsfähigkeit bei.

Wenn Sie dieses System nutzen wollen, müssen Sie sich darüber klar werden, was Sie durch die Aktivierung aller relevanten Muskeln bezwecken wollen. Technikveränderungen werden oft so dargestellt, als gehe es dabei nur darum, dass ein Arm in einer bestimmten Position gehalten wird oder dass die Zehen auf eine bestimmte Weise gekrümmt sind. Tatsächlich geht es bei solchen Veränderungen jedoch darum, mehr Kraft zu mobilisieren. Sportlern ist manchmal nicht klar, was eine angestrebte Veränderung bewirken soll – und zuweilen ist dies noch nicht einmal dem Coach klar. Er gibt eine bestimmte Empfehlung, weil einige Experten, deren Ansichten er schätzt, diese ebenfalls befürworten.

Automatisches Erreichen bestimmter Leistungen

Ein fähiger Sportler generiert seine Leistung in einer Wettkampfsituation fast automatisch. Beim Erlernen einer Technik kann man die Aufmerksamkeit auf die Atmung, die Armhaltung oder andere Einzelheiten richten, aber in der Wettkampfsituation haben Gedanken an solche Details nichts zu suchen. Techniken muss man so gut beherrschen, dass der Körper die Regie vom Verstand übernimmt. Die Leistung kommt im Idealfall so automatisch zustande, dass manche Sportler behaupten, sie ließen bei Wettkämpfen den Kopf ganz zu Hause. Die perfekte Anwendung von Techniken darf im Wettkampf keine Aufmerksamkeit binden. Neu erlernte Techniken in einer – selbst oder fremdinduzierten – Trance zu üben kann ihre Automatisierung sehr fördern. So ließ ich den im obigen Beispiel beschriebenen Kugelstoßer die Nutzung sämtlicher Muskeln so oft in Trance spüren, bis er diese Art, den eigenen Körper einzusetzen, automatisiert hatte.

6. Motivation fördern durch das Definieren von Zielen

*Wenn du keinen Traum hast,
wie soll dann ein Traum von dir in Erfüllung gehen?*
Liedtitel aus dem Musical *South Pacific*

Sich Ziele zu setzen und zu erwarten, dass man sie erreicht – Erinnerungen an die Zukunft zu entwickeln –, ist eine sehr wichtige geistige Fähigkeit. Ich habe bereits darauf hingewiesen, dass das Unbewusste und die in der rechten Gehirnhälfte beheimateten emotionalen Funktionen in Trance zugänglicher sind. Deshalb sind Ziele, die in Trance festgelegt werden, nützlicher, und die Erinnerung an das Erreichen solcher Ziele motiviert Sportler sehr stark. Das mit der Verankerung von Zielen und Erinnerungen in Trance verbundene Gefühl der Verpflichtung kann die Leistungsfähigkeit erheblich stärken.

Weshalb es wichtig ist, sich Ziele zu setzen

Man kann einen trainierenden Sportler mit einem Segelboot vergleichen. Beide benötigen, auch wenn sie sich in einem guten physischen Zustand befinden, „Wind" (Motivation) zur Unterstützung der gewünschten oder erforderlichen Bewegung, wobei die Fahrtrichtung des Bootes davon abhängt, ob die Segel richtig gesetzt sind und ob das Steuerruder (die Zielorientierung) entsprechend ausgerichtet ist. Werden Segel und Steuerruder richtig eingesetzt, fährt das Boot mit der Kraft des Windes in die gewünschte Richtung. Ziele zu setzen ähnelt dem Setzen der Segel und dem Ausrichten des Steuerruders. Selbst wenn ein Sportler über viel Energie und Enthusiasmus verfügt, können seine Aktivitäten ziellos sein, falls er sich keine spezifischen Ziele gesetzt bzw. wenn er keine Richtung definiert hat, die er einschlagen will. Er bewegt sich dann entweder in eine Richtung, die ihm absolut nicht von Nutzen ist, oder er irrt völlig ziellos umher.

Ganz offensichtlich erreichen Sportler, die sich spezifische Ziele setzen, schneller Fortschritte als jene, die dies nicht tun. Darauf weisen die meisten Coachs im Training hin. Beim Definieren von Zielen ist es wichtig, sich messbare Ziele zu setzen, die einerseits über dem bisher gewohnten Leistungsniveau liegen, andererseits aber erreichbar bleiben. Natürlich ist das leichter gesagt als getan. Ein zu leicht erreichbares Ziel motiviert nicht, und ein zu schwer erreichbares wirkt entmutigend. Coachs und Sportpsychologen können Sportlern durch individuelle Betreuung helfen, geeignete Ziele zu finden.

Der eigenen Arbeit einen Sinn geben

Ich erlebte einmal ein gutes Beispiel für den Wert des Setzens von Zielen, als ich mit einer Gruppe von jungen Turnerinnen im Alter von 9 bis 13 Jahren arbeiten sollte. Um die Gruppe ein wenig kennen zu lernen, bat ich jede der Turnerinnen, mir eine bestimmte Übung zu nennen, an der sie arbeitete. Daraufhin nannten alle eine oder zwei solcher Übungen, nur eines der Mädchen nicht. Es murmelte zwar etwas vor sich hin, nannte aber nichts Konkretes; schließlich sagte diese junge Turnerin, eigentlich gehe es ihr nur darum, besser zu werden. In einem Gespräch, das ich unmittelbar nach dieser ersten Begegnung mit dem Coach der Turnerinnen führte, erklärte dieser mir, nun sei ihm endlich klar geworden, weshalb dieses Mädchen auf ihn so unmotiviert wirke. Später half ich ihr zusammen mit dem Coach, zwei Übungen auszuwählen, die sie in ihre Bodenturnsequenz einbauen wollte. Eine Woche später berichtete der Coach verblüfft darüber, wie positiv sich diese Maßnahme auf ihre Einstellung beim Training ausgewirkt habe. Die dadurch bewirkte Verbesserung war nicht nur bei ihrer Arbeit an den beiden Übungen zu erkennen, sondern auch in anderen Trainingssituationen. Spezifische und erreichbare Ziele zu setzen hatte offenbar ihre gesamte Einstellung dem Training gegenüber verändert.

Was Ziele bewirken

Cox (1994) nennt vier Aspekte der Leistungsverbesserung durch das Setzen von Zielen:

1. Durch das Setzen von Zielen wird die Aufmerksamkeit auf eine Aufgabe fokussiert. Hat ein Sportler ein Ziel vor Augen, beschäftigt er sich genauer mit seiner Leistung und mit Möglichkeiten, sie zu verbessern.
2. Das Setzen von Zielen intensiviert die Bemühungen des Sportlers. Wenn ihm der Sinn und Zweck seines Tuns klar ist, bemüht er sich intensiver, seine Ziele zu erreichen.
3. Klare Ziele bewirken, dass Sportler in ihrem Bemühen, diese Ziele zu erreichen, beharrlicher werden. Die mit dem klaren Sehen konkreter Ziele verbundene Fokussiertheit und Konzentration lässt das Training als interessanter erscheinen und immunisiert den Übenden gegen Ablenkungen.
4. Klare Ziele spornen zur Auseinandersetzung mit den augenblicklich benutzten Strategien und zur Entwicklung neuer an. Steht einem Sportler ein Ziel vor Augen, sucht er nach effektiveren Möglichkeiten, es zu erreichen.

Abgesehen von diesen vier Aspekten wirken das Erreichen eines bestimmten Ziels sowie das Spüren von Fortschritten auf dem Weg zu ihm verstärkend. Sportliches Training ist manchmal sehr langweilig, weil es zahllose Wiederholungen erfordert. Das Setzen von Zwischenzielen und ihr Erreichen machen die Trainingsarbeit interessanter. Sich kurzfristige, schnell erreichbare Ziele zu setzen ist insbesondere für junge Sportler wichtig, die gerade erst mit dem Training in einer Sportart beginnen.

Wichtige Elemente des Setzens von Zielen

Menschen können sich Ergebnis- und Leistungsziele setzen, die sowohl kurzfristig als auch langfristig sein können und die spezifisch und messbar sein sollten. Das Ziel, ein besserer Turner zu werden oder schneller zu laufen, vermag nicht viel zu bewirken, weil es zu allgemein ist. Bei der Definition von Zielen sollte nicht nur ein bestimmtes angestrebtes Verhalten oder eine entsprechende Fähigkeit definiert, sondern auch zeitlich festgelegt werden, wann das Gewünschte erreicht sein soll. Außerdem müssen Ziele von Zeit zu Zeit revidiert und durch anspruchsvollere ersetzt oder, falls die bisherigen nicht erreicht wurden, modifiziert werden.

Ergebnis- und Leistungsziele

Ziele können das Erreichen bestimmter Leistungen oder Resultate oder Ergebnisse beinhalten. Ein Leistungsziel kann beispielsweise der Vorsatz sein, dass ich meine Laufzeit um zehn Prozent verbessern will. Als Zeitraum für das Erreichen dieses Ziels könnten zwei Wochen festgelegt werden. Auch die Qualifikationszeit für eine bestimmte Liga oder für den nächsten nationalen Wettkampf kann ein Leistungsziel sein.

Ein Ergebnisziel hingegen bezieht sich auf einen bestimmten Wettkampf – beispielsweise auf den Sieg im 400-Meter-Lauf beim Wettkampf am kommenden Sonntag. Ergebnisziele können auch nützlich sein, wenn sie weniger hoch gesteckt sind, als einen Wettkampf zu gewinnen. Ziele wie beispielsweise beim Basketball das Erreichen von fünf *Steals* pro Spiel oder beim Fußball von fünf guten Schüssen auf das Tor sind Beispiele für enger gesteckte Ergebnisziele. Wie bei Leistungszielen sollte auch bei Ergebniszielen ein Zeitrahmen festgelegt werden: Bei welchem Wettkampf oder Match wollen Sie Ihr Ziel erreichen?

Leistungsziele sind gewöhnlich effektiver als Ergebnisziele, weil der Sportler realen Einfluss darauf hat, ob er eine bestimmte Leistung erreicht, wohingegen das Erreichen eines Ergebnisziels auch von der Leistung der Konkurrenten abhängt. In manchen Bereichen ist es allerdings schwierig, Leistungsziele festzulegen. Beispielsweise ist dies für Boxer schwieriger als für Turner; aber auch Boxer sollten und können sich sinnvolle Leistungsziele setzen.

Gewinnen, auch wenn man verliert

Ein Boxer kann sich das Leistungsziel setzen, 75 Prozent der Schläge zu landen oder in zehn Prozent der Fälle den linken Arm zu benutzen. Ob solche Ziele erreicht werden, lässt sich messen und somit verifizieren. Deshalb können Boxer Leistungsziele auch dann erreichen, wenn sie den Wettkampf verlieren.

Kurzfristige und langfristige Ziele

Sportler sollten sich sowohl kurzfristige als auch langfristige Ziele setzen. Häufig setzen sie sich viele kurzfristige Ziele mit jeweils geringen Leistungszuwächsen.

Zollweise zum Erfolg

Ein Speerwerfer überlegte sich, welche Distanz er werfen müsste, um den Bezirkswettkampf zu gewinnen. Die Aufgabe wirkte auf den ersten Blick unlösbar. Dann zählte er die Wochen bis zu dem Wettkampf und rechnete aus, dass er nur sechs Zoll (ca. 15 cm) pro Woche zulegen müsste, was, noch weiter unterteilt, nur ein Zoll pro Tag war. Dieser eine Zoll pro Tag erschien ihm erreichbar, und aufgrund dieser Strategie erschien es ihm als möglich, letztendlich die Bezirksmeisterschaft zu gewinnen – ein langfristiges Ergebnisziel.

Die Fortschritte auf dem Weg zum Ziel verfolgen

Nach der Definition eines Ziels sollten die erreichten Fortschritte genau verfolgt werden. Spezifische Verhaltensziele und die Festlegung eines Zeitrahmens, innerhalb dessen sie erreicht sein sollen, ermöglichen eine genaue Erfolgsmessung. Ein Ziel wie das der jungen Turnerin, einfach besser zu werden, ohne dass ein messbares Verhalten, das erreicht werden soll, und ein Zeitrahmen definiert werden, ist weniger Erfolg versprechend als eine klare Aussage darüber, dass man zu einem bestimmten Zeitpunkt ein konkretes Verhaltensziel erreicht haben will. Der erwähnte Speerwerfer beispielsweise könnte seine Fortschritte von Tag zu Tag verfolgen.

Revidieren von Zielen

Ziele müssen revidiert werden, wenn sie erreicht oder verfehlt worden sind, insbesondere wenn es sich um kurzfristige Leistungsziele handelt. Der Speerwerfer beispielsweise brauchte sein Ziel, einen Zoll täglich zuzulegen, nicht zu verändern, solange er im Plan blieb; allerdings beziehen sich viele kurzfristige Ziele auf eine spezifische Leistung, also nicht auf stetige minimale Leistungszuwächse. Ist die Zeitspanne, in der das Ziel erreicht sein sollte, abgelaufen und das gewünschte Resultat ist nicht eingetreten, muss das Ziel revidiert werden.

Mit anderen über Ziele sprechen

Sportler sollten sich gut überlegen, inwieweit sie andere Menschen über ihre Ziele informieren. Im Allgemeinen wirkt sich dies positiv aus. Dass sie nicht mit anderen Teammitgliedern, die gleichzeitig ihre Konkurrenten sind, über ihre Ziele sprechen wollen, ist verständlich, aber vielleicht können sie sich vorstellen, mit ihren Eltern oder mit engen Freunden darüber zu sprechen. Diejenigen, mit denen sie darüber sprechen, können ihnen helfen, die Ziele stets im Auge zu behalten und sie so zu verstärken, dass sie erreichbar werden. Um immer wieder an ein angestrebtes Ziel zu denken, kann man dieses in großen Buchstaben auf ein Blatt Papier drucken und es an der Innenseite einer Schranktür oder an einem Spiegel befestigen. Immer wieder an das gesteckte Ziel erinnert zu werden fördert die Motivation.

Ich möchte dem noch hinzufügen, dass Sportler Kollegen helfen können, indem sie sie loben, wenn sie ihre Ziele erreicht haben.

IN TRANCE ZIELE SETZEN

Wie andere mentale Techniken erfordert auch das Setzen von Zielen zwar nicht zwingend den Gebrauch von Hypnose, doch wirkt sich eine Trance günstig auf die Entwicklung leistungssteigernder und angemessener Ziele aus. Vielleicht haben die rechte Gehirnhälfte und das Unbewusste eines Menschen eine klarere Vorstellung von dessen Fähigkeiten als seine linke Gehirnhälfte und sein Bewusstsein. Jedenfalls beinhalten die Ziele, die sich in Trance herauskristallisieren, gewöhnlich angemessene (weder zu starke noch zu geringe) Herausforderungen und werden später vom Bewusstsein gut angenommen.

Eine Trance fördert nicht nur die Formulierung besserer Ziele, sondern hilft auch, kreative Möglichkeiten zum Erreichen der gesteckten Ziele zu entdecken. Wenn ein Sportler sich schwer zu erreichende Ziele setzt, ist es nach meinen Erfahrungen nützlich, ihn in Trance zu fragen, welche Veränderungen er für notwendig hält, um diese Ziele zu erreichen. Oft nennen die Betreffenden dann Dinge, die ihnen außerhalb der Trance nicht klar waren.

Die Langstreckenläuferin

Meine Arbeit mit Amy, einer Langstreckenläuferin, veranschaulicht, wie wichtig konkrete Ziele sind. Amy war trotz harter Arbeit enttäuscht von der nur zögerlichen Verbesserung ihrer Laufleistung. Die 50 Mitglieder der Gruppe, mit der sie trainierte, liefen jeden Mittwoch und Samstag, und jedes Mal erreichte sie auf Platz 25 plus oder minus ein bis zwei Plätze das Ziel. Weil es ihr nicht gelang, ihre Position innerhalb der Gruppe zu verbessern, litten allmählich ihre Motivation und ihr Interesse am Langstreckenlauf, und sie dachte schon daran, das Team zu verlassen. Der Coach versuchte, ihr vor Augen zu führen, dass sie als Studentin im zweiten Jahr gegen Studenten des dritten und vierten Jahres lief und dass sich die Zeiten *aller* Läufer, natürlich auch ihre, jede Woche leicht verbesserten. Aber das reichte ihr nicht. Ihr Empfinden war, obwohl sie sich so intensiv bemühe, wie sie könne, zahle sich ihr Bemühen nicht aus. Sie wisse einfach nicht, was sie sonst noch tun könne, um ihre Leistung zu verbessern, und das entmutige sie.

In Trance setzte sie sich das Ziel, sich beim Lauf in der folgenden Woche um fünf Plätze zu verbessern. Zwar ist die Festlegung eines konkreten Platzes beim Zieleinlauf genau genommen ein Ergebnisziel, doch handelte es sich dabei in ihrem Fall, da sie Woche für Woche mit den gleichen Kollegen lief, fast um ein Leistungsziel. Während sie noch in Trance war, fragte ich sie, was sie tun könne, um diesen Fortschritt zu erreichen. Ich empfahl ihr, sich möglichst klug zu verhalten, statt um jeden Preis das Letzte aus sich herauszuholen, was bisher ihre Strategie gewesen war. Daraufhin fielen ihr mehrere Möglichkeiten ein, ihre Laufstrategie zu verändern, über die sie vorher noch nie nachgedacht hatte. Einige hatten wahrscheinlich ihr Coach und Teamkollegen vorgeschlagen, und sie hatte diese zwar bisher nicht in die Tat umgesetzt, sie aber offenbar doch irgendwo registriert. Andere entstammten vermutlich einer unbewussten oder rechtshemisphärischen „Analyse" ihres Laufstils. In diesem Zusammenhang möchte ich darauf hinweisen, dass in Trance andere und zweifellos auch mehr Gehirnfunktionen verfügbar sind als im normalen Wachzustand. Wir probten – und das heißt visualisierten – diese Veränderungen, während sie sich weiter in Trance befand, und sie bezog sie bei den nächsten Läufen in ihre Laufstrategie ein. Tatsächlich erreichte sie auf diese Weise das gesteckte Ziel: Sie wurde beim Lauf in der folgenden Woche Neunzehnte.

Nach diesem Erfolg trafen wir uns zu einer weiteren Hypnosesitzung, in der sie sich für die nächste Woche ein neues Ziel setzte:

mindestens Fünfzehnte zu werden. Wieder fielen ihr zweckdienliche Möglichkeiten, ihren Laufstil zu verbessern und ihre Energie effektiver zu nutzen, ein, und sie probte sie in Trance durch Visualisieren. Zwar erreichte sie das gesteckte Ziel diesmal nicht ganz, doch wurde sie immerhin Siebzehnte, verbesserte sich also erneut gegenüber dem vorherigen Lauf. Nun fürchtete ich, sie könnte sich entmutigt fühlen, weil sie den 15. Platz nicht erreicht hatte. Doch sie empfand die erneute Verbesserung um zwei Plätze als einen beachtlichen Erfolg. In der nächsten Sitzung, in der wir an der Zieldefinition arbeiteten, beschloss sie, innerhalb der folgenden beiden Wochen Zehnte zu werden. Wieder veränderte sie ihren Laufstil und ihre Strategie in verschiedenen Punkten, und tatsächlich gelang es ihr, ihr Ziel zum festgelegten Zeitpunkt zu erreichen. Ich weiß nicht, woher sie die Verbesserungsvorschläge hatte, doch fest steht, dass es ihr erst in unseren Trancesitzungen gelang, sie zu nutzen.

Durch die Arbeit an der Zieldefinition in Trance gelang ihr nicht nur eine erhebliche Leistungssteigerung, sondern sie hatte fortan auch viel mehr Freude am Laufen. Die Befriedigung, die sie empfand, weil sie ihre Ziele erreicht hatte, wirkte sich ungeheuer positiv auf ihre Begeisterung für den Langstreckenlauf aus. Schon seit sie das erste Ziel erreicht hatte, hatte sie keinen Gedanken mehr darauf verschwendet, ihr Team zu verlassen.

ERINNERUNGEN AN DIE ZUKUNFT

Damit Sportler aus der Definition von Zielen maximalen Nutzen ziehen können, sollte man sie auf die guten Gefühle hinweisen, die sie nach dem Erreichen ihrer Ziele empfinden werden. Diese können zum leidenschaftlichen Verfolgen der Ziele anspornen. Deshalb ist es bei der Arbeit an der Zielfindung wichtig, die Klienten aufzufordern, sich in Trance vorzustellen, sie hätten ihre Ziele zu einem bestimmten zukünftigen Zeitpunkt erreicht. Sie sollen sich das befriedigende Gefühl des Erfolgs vergegenwärtigen, die Freude daran, etwas geschafft zu haben. Diese vorweggenommene Befriedigung stärkt die Motivation und weckt Begeisterung für die Arbeit am angestrebten Ziel, die während des Trainings erhalten bleibt und es beflügelt.

In der Formulierung „Erinnerungen an die Zukunft" gelangt dieses Konzept zum Ausdruck. Wenn Sportler sich anspruchsvolle Ziele stecken und sich die starken positiven Gefühle vorstellen, die sich beim Erreichen dieser Ziele einstellen werden, wirken Zielvisionen befähigend. Sich das Erreichen des Ziels und das Gefühl des Stolzes auf das Erreichte sowie die Anerkennung und Befriedigung, die dem folgen, vorzustellen – mit anderen Worten: Erinnerungen an zukünftige Erfolge zu entwickeln – ist ein wichtiger Bestandteil meiner Arbeit mit Sportlern an der Zieldefinition. Und weil Bilder unter Hypnose viel lebendiger sind, ist die Nutzung der Trance zum Aufbau von Bildern eine wichtige Möglichkeit, solche Erinnerungen an die Zukunft und eine Leidenschaft für das angestrebte Ziel zu entwickeln.

Die Wirkung auf die Motivation

Die Macht der Motivation, die aus dem Spüren eigener Erfolge resultiert, zu verstehen war ein Aspekt der Arbeit von McClelland (1955) bei seinen Untersuchungen über Leistungsstreben. Er stellte fest, dass erfolgreiche Menschen einen starken Leistungswillen haben. Außerdem erkannte er, dass Menschen mit einem starken Leistungsstreben sich gewöhnlich nicht nur Ziele setzen, sondern sich auch vorstellen, dass sie diese Ziele erreichen, und sich die guten Gefühle vergegenwärtigen, die durch das letztendliche Erreichen der Ziele hervorgerufen werden. Wenn Menschen solche anschaulichen Bilder von zukünftigen Erfolgen entwickelt haben, erscheinen ihnen ihre Ziele erreichbarer, und sie halten es für lohnend, sie anzustreben. Die mit dem Erreichen eines bestimmten Ziels verbundene Befriedigung zu spüren ist für Sportler eine wichtige Motivation.

Nachdem ein Klient sich Ziele gesetzt hat, leite ich ihn in Trance dazu an, sich die vielen positiven inneren Empfindungen vorzustellen, die er bei Erreichen des Ziels erleben wird. Auch fordere ich ihn dann auf, die Anerkennung anderer zu spüren. Lässt er Interesse an der Anerkennung seines Coachs, seiner Eltern, seiner Freunde oder anderer Personen erkennen, sollte man ihm vorschlagen, sich auch die anerkennenden Gesten und Äußerungen dieser Personen vorzustellen. In diese Zukunftsvorstellung sollten alle Aspekte von Erfolg einbezogen werden, die dem Klienten wichtig sind. Je mehr Aspekte des Erfolgs einbezogen werden, umso stärker ist die positive Wirkung des Zukunftsbildes. Am wichtigsten ist natürlich das Gefühl des Stolzes auf den Erfolg, das der Sportler selbst angesichts seiner eigenen Zukunftsvision entwickelt.

Diese bildliche Vorstellung des eigenen Erfolgs fördert das Erreichen kurzfristiger wie langfristiger Ziele. Verstärkung spielt für die Motivation jedes Sportlers eine wichtige Rolle. Die aus dem Erreichthaben des angestrebten Ziels resultierende Verstärkung vorwegzunehmen gibt der Motivation einen starken Impuls.

Joe Montana (Montana a. Weiner 1997) empfiehlt, Erinnerungen an die Zukunft auf folgende Weise zu speichern: „In einer Krise sollten Sie sich auf Ihren mentalen Ansatz konzentrieren, bevor Sie sich mit Ihrem physischen Verhalten auseinander setzen. Visualisieren Sie spezifisch und realistisch, dass das, was Sie zu tun gedenken, Ihnen helfen wird, sich von einem gestressten in einen zuversichtlichen und entspannten Zustand zu versetzen. Das ist kein Fantasieren, sondern Proben."

Die Wirkung auf das Selbstvertrauen

Indem sich Sportler Erfolge vorstellen, üben sie, das Erreichen eines schwierigen Ziels als echte Möglichkeit anzusehen. Dies kommt ihrer Selbstsicherheit zugute und motiviert sie dazu, die Energie zu mobilisieren, die sie brauchen, um das gesteckte Ziel zu erreichen. Nachdem sich eine Sportlerin einen angestrebten Erfolg vorgestellt hatte, war sie sicher, dass sie das imaginierte Ziel beim bevorstehenden Wettkampf erreichen konnte, weil sie das Gefühl hatte, es bereits einmal erreicht zu haben.

Der Freistilschwimmer

Die Geschichte eines High-School-Schwimmers ist ein weiteres Beispiel für die starke positive Wirkung der Vorstellung des Erreichens schwieriger Ziele. Der Student hatte sich auf Wettkämpfe im 500-Yard-Freistilschwimmen spezialisiert. Seine persönliche Bestzeit waren 6,17 Minuten, und in letzter Zeit lagen seine Ergebnisse ziemlich konstant zwischen 6,17 und 6,25. Durch die 6,17 hatte er sich für die Bezirksmeisterschaft qualifiziert, die etwa eine Woche nach unserer Sitzung stattfinden sollte. Während er in Trance war, fragte ich ihn: „Wie gut werden Sie in der Bezirksmeisterschaft abschneiden?"

„Ich werde es in sechs ...", dann trat eine lange Pause ein. Offenbar dachte er darüber nach, wie viele Sekunden er hinzufügen sollte.

Ich fragte ihn noch einmal: „Welche Zeit werden Sie in der Bezirksmeisterschaft schwimmen?"

Wieder antwortete er: „Sechs ..." und verstummte.

In diese längere Pause hinein sagte ich, als sei es die selbstverständlichste Sache der Welt: „Sie meinen also, dass Sie die Strecke in glatten sechs Minuten schaffen werden."

Dem widersprach er, doch gab ich zu bedenken, irgendetwas in ihm zögere offenbar, den sechs Minuten irgendwelche Sekunden hinzuzufügen.

Er dachte ein wenig darüber nach, und bevor er eine längere Zeitspanne hätte nennen können, fuhr ich fort: „Vielleicht gibt es in Ihnen etwas, das sagt, Sie können es in glatten sechs Minuten schaffen." Wieder dachte er nach, sagte aber nichts. Dann fragte ich ihn: „Was müssen Sie anders machen, um es in glatten sechs Minuten zu schaffen?"

„Ich müsste bei jeder Bahn eine Sekunde schneller werden." (Um dem Leser das Rechnen zu ersparen: Die fünfhundert Yards bedeuteten 20 Bahnen, da das Becken 25 Yards lang war.)

„Wie würden Sie das machen?"

„Ich müsste schneller wenden."

„Könnten Sie ein bisschen schneller wenden? Wissen Sie, wie Sie schneller wenden könnten, und wären Sie dazu in der Lage?"

„Ja, ich weiß, wie man das macht, und ich kann es auch."

„Könnten Sie dadurch pro Bahn eine Sekunde einsparen?"

„Nein, das glaube ich nicht."

„Was könnten Sie denn sonst noch tun, um diese Sekunde zu gewinnen?"

„Ich weiß, dass ich nach den Wettkämpfen jedes Mal noch Energie übrig habe. Ich könnte also ein wenig mehr Kraft in jeden Zug legen und außerdem stromlinienförmiger schwimmen."

„Würden diese beiden Veränderungen ausreichen, um pro Bahn eine Sekunde einzusparen?"

Fast erstaunt und mit einem Ausdruck echter Freude antwortete er: „Ja, ganz bestimmt!"

„Sie werden es in glatten sechs Minuten schaffen?"
„Ich kann ... ich werde es schaffen!"
Dann ließ ich ihn visualisieren, wie er bei mehreren Bahnen schneller wendete, stromlinienförmiger schwamm und bei jedem Zug ein wenig mehr Energie aufwandte. Neues Selbstvertrauen wurde erkennbar, als er sich vorstellte, wie er diese Bahnen jeweils eine Sekunde schneller schwamm. Während dieser Visualisation stoppte ich mit einer Uhr die Zeit, und er visualisierte tatsächlich jede Bahn eine Sekunde schneller als vorher.

Sein Selbstvertrauen entfaltete sich zu voller Stärke, als er sich vorstellte, wie großartig er sich fühlen würde, wenn (ich beharrte auf diesem „wenn", statt ein „falls" zu akzeptieren) er die 500 Yards in glatten sechs Minuten schaffen würde. Er stellte sich auch vor, wie der Coach ihm gratulieren und seine Teamkollegen ihm ihre Anerkennung zeigen würden. Das Beste jedoch war, dass seine Eltern bei diesem Wettkampf anwesend sein würden; deshalb stellte er sich ihren Stolz und ihre Begeisterung angesichts seines Erfolgs vor. Wir verbrachten einige Zeit damit, diese Erinnerungen an die Zukunft zu genießen, indem wir jeder mehrmals einen Besuch abstatteten. Es fiel ihm nicht schwer, die Bilder von diesen guten Gefühlen, die er nach dem Wettkampf haben würde, aufrechtzuerhalten, weil diese Gedanken so angenehm waren. Die Motivation, die dadurch bei ihm entstand, war offensichtlich intensiv und angenehm anregend. Er war entschlossen, sein Ziel zu erreichen.

Bei der Bezirksmeisterschaft schwamm er die 500 Yards in 5,58 – also fast genau eine Sekunde pro Bahn schneller als seine bisherige persönliche Bestzeit! Ich war glücklich zu sehen, dass er all die Anerkennung tatsächlich bekam, die er sich vorgestellt hatte – seine Erinnerungen an die Zukunft. Zufällig saß ich während des Wettkampfs in der Nähe seiner Eltern. Sie waren erstaunt und begeistert über seinen Erfolg. Er hatte ihnen gesagt, er würde die 500 Yard in glatten sechs Minuten schwimmen. Seine Selbstsicherheit hatte sie verwundert, und sie hatten ihm nicht widersprochen, sich aber nicht vorstellen können, dass er dies schaffen könnte. Meiner Meinung nach waren die Visualisationen – die Erinnerungen an den zukünftigen Erfolg – die Kraft, die ihn zu einer neuen persönlichen Bestzeit antrieben.

Uneståhl (1986, S. 291) zitiert den Olympia-Schwimmer Pär Arvidsson: „Wenn Sie mehr als ein halbes Jahr lang in Ihrem inneren geistigen Raum einen perfekten Wettkampf geschwommen sind, können Sie darauf vertrauen, dass Ihr Körper in der Realität genauso schwimmt." Gute Sportler haben gelernt, durch klare, konkrete, spezifische und mutige multisensorische Bilder der Zukunft ihr Schicksal zu beeinflussen.

Das Entwickeln von Erinnerungen an die Zukunft ist für kurzfristige Ziele ebenso nützlich wie für langfristige. Der Sportler muss die Befriedigung spüren, die geringfügige Verbesserungen beim Training erzeugen – beispielsweise kleine Verbesserungen der Laufzeit bzw. der Weite eines Kugelstoßes oder Speerwurfs. Den Sportler die Gefühle vorab erleben zu lassen, die er haben wird, wenn er seine Ziele erreicht, ist eine wichtige Ergänzung der Zielfindung. Diese Erinnerungen an die Zukunft können beim Training und bei Wettkämpfen sehr motivierend wirken.

Wie Hypnose bei der Definition von Zielen und beim Aufbau von Erinnerungen an die Zukunft von Nutzen sein kann

Während aller Gespräche im gerade zitierten Beispiel befand sich der Schwimmer in Trance. Dadurch blieb sein Fokus auf den Wettkampf gerichtet, und ich konnte ihn durch einige Suggestionen unterstützen, doch er selbst steuerte die Techniken bei und akzeptierte die gewählten Ziele und die Vorgehensweise. Sich die Auswirkungen des Erfolgs, die Erinnerungen an die Zukunft, vorzustellen war für ihn in Trance ein wesentlich klareres und machtvolleres Erlebnis, als es im Zustand des normalen Wachbewusstseins gewesen wäre. Hypnose erhöht die Intensität und Effektivität der Nutzung bildlicher Vorstellungen signifikant.

Die Nutzung von Erinnerungen an die Zukunft widerspricht implizit der verbreiteten Überzeugung, dass die Vergangenheit die Zukunft determiniert. Unsere Zukunftsvisionen vermögen die Zukunft wesentlich stärker zu beeinflussen, als wir ihnen gewöhnlich zutrauen. Sie wirken sich auf unser gegenwärtiges Verhalten stärker aus als Erinnerungen an früher Erlebtes.

Die meisten Coaches und Sportler brauchen nicht erst aufgefordert oder daran erinnert zu werden, sich Ziele zu setzen. Allerdings nutzen nur wenige dazu die volle Kraft ihres Geistes – ihre linke und ihre rechte Gehirnhälfte –, indem sie sich Ziele setzen und Möglichkeiten wahrnehmen, diese Ziele in Trance zu erreichen. Coachs, die mit Entspannungstechniken wie Suinns VMBR arbeiten, können effektiv Ziele definieren, systematisch an der Verbesserungen von Leistungen arbeiten und nutzbringende Erinnerungen an die Zukunft erzeugen, nachdem sie die Sportler, die sie betreuen, in einen entspannten Zustand versetzt haben.

7. Optimieren des Erregungsgrades

*Wenn sie gut war, war sie wirklich sehr gut,
aber wenn sie schlecht war, war sie furchtbar schlecht.*
Henry Wadsworth Longfellow, *There Was a Little Girl*

Sportler schätzen das Erlebnis, sich mit ihren Leistungen in der *Zone* (optimaler Funktionsfähigkeit) zu bewegen, und sie erinnern sich an schlechtere Leistungen in Situationen, in denen dies nicht der Fall war. Auch wenn wir die oben beschriebenen Extreme nicht erleben mögen, ist der Ausdruck „furchtbar" für den Zustand, in dem wir uns befinden, wenn wir nicht jene „wirklich sehr gute" Leistung erreichen, von der wir wissen, dass wir dazu in der Lage sind, für unser Gefühl durchaus angebracht. Ob wir „in der Zone" sind, hängt von unserem Erregungs- oder Aktivierungsgrad ab – von der Energie oder der Spannkraft, die uns beim Sport (oder bei anderen Aktivitäten) zur Verfügung steht. Ist unsere Erregung zu stark, machen wir Fehler, und unsere Leistung wird schlechter. Ist unser Erregungsgrad zu niedrig, erreichen wir die für eine Spitzenleistung erforderlichen Voraussetzungen nicht, und sie kommt nicht zustande.

Erregung oder Angst

Einige Sportpsychologen benutzen den Begriff Erregung, andere den Begriff Angst. Obwohl beide manchmal austauschbar benutzt werden, handelt es sich nicht um das Gleiche. Angst hat einige negative Konnotationen, die dem Begriff Erregung fehlen. Bei dem Begriff Angst stehen die mentalen Aspekte des Phänomens, um das es uns hier geht, im Vordergrund, bei Erregung hingegen die physiologischen. Zwar kann man Angst leicht mit einem hohen Erregungsgrad in Verbindung bringen, doch ist ein solcher Bezug bei einem niedrigen Erregungsniveau schwer vorstellbar.

Zwar mag ein Psychologe das eine wie das andere Wort benutzen, doch beschäftigen sich die meisten Theorien sowohl mit den kognitiven als auch mit den physiologischen Aspekten des Phänomens. Manche Psychologen vermeiden die Verwendung des Begriffs Erregung wegen seiner sexuellen Konnotation, doch ungeachtet dessen erscheint er mir als die treffendste Wahl. Die häufigere Benutzung des Begriffs Angst hängt vielleicht mit der Tatsache zusammen, dass es mehr validierte Tests für die Messung von Angst als für die Messung von Erregung gibt. Ich werde jedoch in der folgenden Darstellung jeweils den Begriff verwenden, den der Forscher benutzt, dessen Arbeit ich beschreibe. Bei meiner eigenen Arbeit mit Sportlern spreche ich von Erregung. Ich halte die Konnotationen dieses Begriffs, selbst wenn man deren sexuellen Anteil berücksichtigt (oder vielleicht gerade seinetwegen), für positiver als die mit dem Begriff Angst verbundenen.

Um das Problem zu veranschaulichen, das Sportler mit ihrer Erregung haben können, beschreiben Weinberg und Gould (1999) eine Studie, in der ein Coach seine 400-Meter-Läufer zunächst aufforderte, alles zu geben, was sie geben könnten – 110 Prozent. Ein paar Tage später forderte er sie auf, die gleiche Distanz mit 95 Prozent ihrer Kraft zu laufen. Merkwürdigerweise waren die Zeiten beim zweiten Lauf besser als die beim ersten, bei dem sie „110 Prozent" Energie mobilisieren sollten. Zur Erklärung dieser Merkwürdigkeit äußerten die Forscher die Vermutung, dass die Untersuchungsteilnehmer bei dem Versuch, 110 Prozent Leistung und entsprechende Erregung zu mobilisieren, zu viele Muskeln zu stark angespannt hatten, nicht nur die Agonisten, die Läufern helfen, ihre Leistungsziele zu erreichen, sondern auch die Antagonisten, die den Agonisten entgegenwirken. Als die Untersuchungsteilnehmer beim zweiten Versuch aufgefordert worden waren, 95 Prozent ihrer Leistungsfähigkeit zu mobilisieren, waren die Antagonisten entspannt geblieben, und die Agonisten hatten ihre Aufgabe ohne diesen Widerstand erfüllen können. Deshalb hatten die Sportler ihre Energie effizienter nutzen und schneller laufen können.

Das Yerkes-Dodson-Gesetz

Die früheste Untersuchung über die Wirkung der Erregung stammt von Yerkes und Dodson (1908). In ihrem Experiment testeten sie die Lernleistung von Ratten in einem niedrigen, einem mittleren und einem hochgradigen Erregungszustand. Sie stellten fest, dass eine mittlere Erregung – im Gegensatz zu einer sehr niedrigen und einer sehr hohen – schnelleres Lernen ermöglicht. Außerdem stellte sich heraus, dass das optimale Erregungsniveau bei Aufgaben verschiedener Schwierigkeitsgrade unterschiedlich war, und sie fanden eine geschlechtsspezifische Differenz hinsichtlich der optimalen Erregung. Aufgrund ihrer Arbeit entwickelten sie ein Modell, das sich in Form eines umgekehrten U darstellen lässt. Dieses wurde zur Grundlage der meisten späteren Versuche, das beobachtete Phänomen zu erklären. Zwar wurde die entsprechende Theorie mehrfach modifiziert und infrage gestellt, doch wird die Grundidee, die in der grafischen Darstellung eines umgekehrten U zum Ausdruck gelangt, weiterhin allgemein akzeptiert – dass die Leistung bis zu einem bestimmten Punkt entsprechend der jeweiligen Zunahme der Erregung steigt, von diesem Punkt ab jedoch jede weitere Verstärkung des Erregungsgrades die Leistung beeinträchtigt. Spätere Untersuchungen ergaben, dass jeder Sportler einen individuellen optimalen Erregungsgrad hat und dass jeder Mensch konstant bei einem für ihn charakteristischen Erregungsgrad die besten Leistungen erzielt, wohingegen die Leistungsfähigkeit abnimmt, wenn die Erregung unter oder über diesem Wert liegt. Mittlerweile wird dieser optimale Wert eher als ein Bereich gesehen, d. h. als eine Zone (das ist die „Zone optimaler Funktionsfähigkeit"; siehe auch den nächsten Abschnitt).

Hanins „Zone optimaler Funktionsfähigkeit"

Yuri Hanin (1980, 1995) hat diesen optimalen Leistungszustand als *Zone of Optimal Functioning* (ZOF) bezeichnet und ihn mit der Zustandsangst *(state anxiety)* des Sportlers in Verbindung gebracht. Diese Zustandsangst hat er mit einer russischen Adaptation von Spielbergers (1983) *State-Trait Anxiety Inventory* (STAI) gemessen. Die ursprüngliche Hypothese des umgekehrten U verfeinernd, entwickelte Hanin die Auffassung, dass das optimale Angstniveau ein Bereich ist – genauer gesagt, ein Bereich, der vier Punkte auf dem STAI zu beiden Seiten des Optimalniveaus eines Sportlers einschließt. Dieses optimale Angstniveau, einen bei jedem Sportler individuellen Wert, bezeichnete er als *individuelle Zone optimaler Funktionsfähigkeit* (IZOF). Ein Sportler befindet sich in dieser Zone, wenn sich seine Zustandsangst in diesem kleinen Bereich bewegt. Wie wichtig es ist, sich bei sportlichen Leistungen in diesem Optimalbereich zu bewegen, zeigt eine andere von Hanin (1995, S. 109) zitierte Studie, die zu dem Ergebnis kam, dass „bei einem extrem wichtigen Wettkampf 75 Prozent der erfolgreichen Sportler sich innerhalb der 64 Punkte des ZOF-Bereichs bewegten und 67 Prozent der weniger erfolgreichen Sportler außerhalb dieses Bereichs." Er empfiehlt, hinsichtlich des Bereichs der 64 Punkte keine falschen Schlüsse zu ziehen, da er möglicherweise bei einigen Sportlern größer und bei anderen kleiner sei.

Hanin (1995) zitiert verschiedene Studien, aus denen hervorgeht, dass viele Sportler optimale Leistungen bei einem niedrigen Angstniveau erzielen (einer Studie zufolge 38 Prozent, einer anderen zufolge 48 Prozent), dass andere ihr Optimum bei mittelstarkem Angstniveau erreichen (nach einer Studie 37 Prozent, nach einer anderen 22 Prozent) und dass wieder andere durch ein hohes Angstniveau zu Optimalleistungen angespornt werden (einer Studie gemäß 25 Prozent, nach einer anderen 30 Prozent). Dies sollten Coachs bedenken, die alles daransetzen, die Mitglieder ihres Teams unmittelbar vor einem Wettkampf auf das höchstmögliche Erregungsniveau zu bringen.

In seiner Untersuchung aus dem Jahre 1980 geht Hanin darauf ein, wie man Sportlern helfen kann, in Wettkämpfen ihre individuelle Zone optimaler Funktionsfähigkeit (IZOF) zu erreichen. Er empfiehlt mehrere Möglichkeiten, den Zustand unmittelbar vor einem Wettkampf zu optimieren. Dazu zählen:

- die subjektive Bedeutung der bevorstehenden Aktivität zu beeinflussen,
- das Vertrauen des Sportlers darauf, dass er die bevorstehende Aufgabe erfolgreich bewältigen kann, zu stärken,
- die Zahl der Personen, auf die der Sportler seine Aufmerksamkeit verteilt, einzuschränken,
- durch Einflussnahme auf die Kommunikation und Interaktion der Teammitglieder untereinander und mit dem Coach ein positives soziales Umfeld zu schaffen.

In Hanins Text von 1995 geht es nur in zwei Sätzen des letzten Absatzes (S. 116) um das Erreichen der IZOF. Dort heißt es: „Dieses

Modell ermöglicht Spitzensportlern und ihren Coachs, Managern und Sportpsychologen, Ansätze zur Verbesserung von Leistungen durch Beobachtung der eigenen Emotionen zu entwickeln und darüber zu diskutieren. Sein realitätsbezogener theoretischer Rahmen ebnet den Weg zu einem besseren Verständnis und zu einer wirksameren Beeinflussung der Leistung und des emotionalen Erlebens von Sportlern – ob positiv oder negativ – mittels Veränderungen der kurz- und langfristigen Zielsetzung." Hanins Ausführungen wurden von vielen praktisch tätigen Sportpsychologen gelesen und akzeptiert, doch hat er sich leider nur sehr spärlich darüber geäußert, *wie* Sportler ein optimales Angstniveau erreichen können, und er hat auch kaum Anregungen zu entsprechenden weiterführenden Untersuchungen gegeben.

SOMATISCHE UND KOGNITIVE ANGST

Einige neuere Theorien unterscheiden die Auswirkungen kognitiver und physiologischer Angst. Kognitive Angst hängt mit der Besorgnis hinsichtlich der eigenen Leistungsfähigkeit zusammen – mit der Möglichkeit, dass die Selbstachtung oder der gute Ruf des Betroffenen Schaden nehmen könnte. Somatische Angst schließt physiologische Symptome wie verschwitzte Handflächen, einen höheren Puls und Kurzatmigkeit ein. Wie zu erwarten, besteht zwischen kognitiver und somatischer Angst eine Beziehung, doch sind beide nicht identisch. Krane (1993) hat zwischen ihnen eine bescheidende Korrelation von 0.67 festgestellt. Außerdem bestätigte diese Forscherin, dass Sportler die besten Leistungen erreichen, wenn sie sich in ihrer individuellen Zone optimaler Leistungsfähigkeit (Hanins IZOF) befinden. Sowohl bei kognitiver als auch bei somatischer Angst sinkt die Leistung signifikant ab, sobald das optimale Angstniveau überschritten wird, und – wenn auch nicht so stark – bei *Unter*schreitung der IZOF.

DAS KATASTROPHENMODELL VON FAZEY UND HARDY

Ein weiterer Ansatz, der zwei Arten von Angst unterscheidet, ist das von Fazey und Hardy (1988) entwickelte Katastrophenmodell. Ist die kognitive Angst gering, ergibt die grafische Darstellung der physiologischen Angst im Verhältnis zur Leistung die Form eines umgekehrten U. Ist die kognitive Angst hingegen stark, gleicht die Darstellung einer im nächsten Augenblick brechenden Welle. Die Leistung steigt zunächst parallel zur Angst an, bis ein Gipfelpunkt erreicht ist, doch kurz danach sinkt die Leistung ins Bodenlose. Um den Gipfelzustand wieder zu erreichen, muss die somatische Angst so weit abgebaut werden, dass sie wieder derjenigen im Augenblick der optimalen Leistungsfähigkeit entspricht (siehe Abb. 4).

Eine andere Forschergruppe (Gould et al. 1987) bezieht die beiden Arten von Angst separat auf die Leistungsfähigkeit. Sie entdeckte eine negative lineare Beziehung zwischen kognitiver Angst und Leistung: Wird die kognitive Angst stärker, sinkt die Leistung. Nach ihrer Erkenntnis wirkt nur die somatische Angst entsprechend der bekannten Form eines umgekehrten U auf die Leistung.

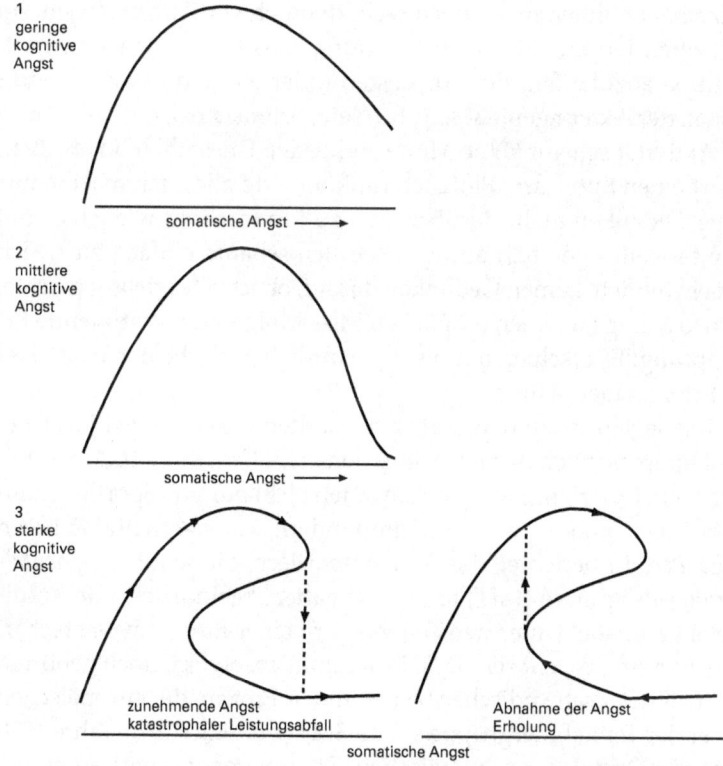

Abb. 4: *Leistungsangst im Verhältnis zur somatischer Angst bei drei Stärken kognitiver Angst*

Uneståls „Idealer Leistungszustand"

Lars-Eric Uneståhl (1986b) hat mit seinem Konzept eines idealen Leistungszustandes (ILZ; im Orig. *Ideal Performance State* – IPS) einen anderen Weg gewählt. Ihm geht es darum, Sportler in diesen Zustand zu versetzen. Er definiert den ILZ, indem er einige seiner Charakteristika beschreibt. Sportler, die mit ihm gearbeitet haben, berichten, der ideale Leistungszustand gleiche einem veränderten Bewusstseinszustand – ähnlich einem hypnotischen Zustand. Man ist darin intensiv auf eine begrenzte Zahl aufgabenbezogener Stimuli fokussiert und von allem anderen dissoziiert, fast als befände man sich in einem Tunnel. Nach einer mithilfe des ILS erreichten guten Leistung können sich Sportler an das Geschehen häufig kaum erinnern, ganz im Gegensatz zu einer mittelmäßigen Leistung, deren Einzelheiten ihnen meist noch recht deutlich vor Augen stehen. Im ILZ verändert sich die Wahrnehmung: Das Geschehen scheint in Zeitlupe abzulaufen, der Torpfosten (oder ein anderes Ziel) wirkt größer, der Akteur genießt sein Tun sehr, Schmerz existiert nicht, und die Aktivität scheint keine Mühe zu kosten. Uneståhl (ebd., S. 35 f.) zitiert einen Sportler: „Plötzlich funktionierte alles. Ich machte mir keine Gedanken mehr darüber, was zu tun war und wie ich es tun könnte – alles geschah automatisch. Ich schaute einfach zu ... Ich verschwendete keinen Gedanken darauf, ob ich alles richtig machte, ebenso wenig auf einen möglichen Misserfolg und auf drohende Erschöpfung. Es erschien mir als die natürlichste Sache der Welt, dass ich Erfolg haben würde."

Im Gegensatz zu den vorher erwähnten Forschern geht es Uneståhl hauptsächlich darum, Menschen zu helfen, ihren ILZ zu erreichen. Sein Programm wird in Schweden nicht nur von Sportlern häufig genutzt, sondern auch bei Schulkindern, Managern und anderen eingesetzt. Er berichtet, dass er bei Sportlern, die sein *Inner-Mental-Training*-Programm (IMT) absolviert hatten, beeindruckende Resultate erzielt habe. Unter den Teilnehmern einer Europameisterschaft hatte nur ein Prozent sein IMT-Programm absolviert, doch gehörten 30 Prozent der schwedischen Sieger und 37 Prozent der europäischen Sieger der Teilnehmergruppe an, die IMT praktizierte. Im Jahre 1980 hatte ein Drittel der schwedischen Olympiamannschaft an einem IMT-Training teilgenommen, und zwei Drittel der Medaillengewinner praktizierten IMT (Uneståhl 1986b).

Uneståhl behauptet, der ILZ lasse sich am leichtesten in einem veränderten Bewusstseinszustand erreichen und aufrechterhalten. Das IMT-Programm, das er entwickelt hat, um Sportlern zu helfen, den ILZ zu erreichen, ist sehr umfangreich. Eine der darin verwendeten Techniken befördert den Sportler durch Induktion progressiver Entspannung in eine Trance. Die Suggestionen beinhalten häufig das Hinabsteigen einer Treppe (eine Vertiefungstechnik) und den Eintritt in einen „inneren Raum des Geistes", einen angenehmen Ort, den der Betreffende so gestalten und ausschmücken kann, wie es ihm gefällt. In diesem Raum befindet sich außer einem großen Bildschirm eine Kreidetafel, auf die der Sportler schreiben kann. Darauf kann er das Gefühl beschreiben, das er sich für den Rest des Tages wünscht – beispielsweise dass er sich ruhig, entspannt, wach oder wie auch immer fühlen will. Er kann auch eine Aktivität oder eine Technik beschreiben, die er entwickeln will. Nachdem der Vorgang des Schreibens abgeschlossen ist, erscheint auf dem Bildschirm ein Bild des Sportlers, das ihn mit dem gewünschten Gefühl oder bei der Ausführung der betreffenden Handlung zeigt. Indem er das Bild auf dem Bildschirm sieht und sich darin einfühlt, absorbiert er die dargestellte Eigenschaft oder Fähigkeit. Man kann Sportlern helfen, ihren ILZ zu erreichen, indem man sie dazu anleitet, sich durch Üben in ihrem inneren geistigen Raum die für eine Leistung in diesem Zustand erforderlichen Fähigkeiten und Gefühle anzueignen.

Das IMT-Programm fördert nicht nur die Fähigkeit, den eigenen Erregungszustand zu beeinflussen, sondern zielt auch auf die Nutzung des inneren geistigen Raums, in dem die Fähigkeit, sich körperlich und geistig zu entspannen, die Zieldefinition, das Fokussieren und die Ich-Stärkung geübt werden können – Aspekte, auf die andere Kapitel dieses Buches ausführlicher eingehen.

LÖSEN DES ERREGUNGSPROBLEMS

Ich habe Hypnose auf eine andere Weise genutzt, um Sportlern zu helfen, ihren Erregungsgrad zu beeinflussen und in ihre Zone (IZOF) zu gelangen. Diese Methode steht im Einklang mit allen bereits beschriebenen Methoden.

Sich eine gute Leistung bildlich vorstellen

Der Klient befindet sich in Trance, und ich fordere ihn auf, sich eine Situation vorzustellen, in der er eine schwierige Aufgabe sehr gut ausgeführt hat – sein Erregungsgrad ist genau richtig, und er befindet sich in seiner Zone oder zumindest in ihrer Nähe. Dann lasse ich ihn untersuchen und anschließend beschreiben, wie er seinen Körper und den Zustand seines Geistes empfindet. Gewöhnlich nennt er daraufhin Adjektive wie „entspannt", „stark", „fokussiert", „konzentriert", „zuversichtlich" und „leicht". Die Aufforderung, diese Empfindungen in Worte zu fassen, hilft ihm, sie überhaupt erst einmal zu erkennen und sie dann zu intensivieren. Nachdem er sich die Gefühle im optimalen Erregungszustand vorgestellt und sie erlebt hat, fordere ich ihn auf, eine große Skala zu visualisieren, ähnlich einem riesigen Thermometer, das von 0 bis zum Wert 200 reicht. Hat der Sportler sein Optimum erreicht, zeigt die Skala den Wert 100. Die meisten Klienten können sich ein solches Objekt problemlos vorstellen. Um dies zu überprüfen, frage ich oft: „Welche Farbe hat die Skala?" Und: „Welche Farbe haben die Zahlen?" Werden diese Fragen sofort beantwortet, weiß ich, dass der Betreffende die Skala tatsächlich vor sich sieht und, was noch wichtiger ist, sich in dem entsprechenden mentalen Zustand befindet.

Dies ist das Erregungsniveau, auf dem sich der Klient befindet, wenn er seine Bestleistung erreicht – und dasjenige, das er wieder erreichen muss, wenn seine Aktivierung von diesem Niveau abweicht. Die Verankerung des mit diesem Zustand verbundenen Gefühls in Trance hilft ihm, es später im Laufe dieser Prozedur erneut zu erreichen.

Sich eine schlechte Leistung vorstellen

Der Sportler befindet sich weiter in Trance, wenn ich ihn auffordere, sich eine Situation vorzustellen, in der er aufgrund seiner übermäßig starken Erregung zu keiner guten Leistung mehr fähig war – eine Situation, in der übermäßige Angst oder Erregung einer guten Leistung im Wege stand. Hat er dieses Erlebnis vor Augen, soll er sich vergegenwärtigen, wie Körper und Geist sich anfühlen. Gewöhnlich nennt er dann Adjektive wie „angespannt", „besorgt", „abgelenkt", „unsicher" und „unfokussiert". Stellt er sich in diesem Zustand schließlich die tatsächliche Leistung vor und beschreibt sie, wählt er gewöhnlich Ausdrücke wie „schluderig", „schwach" oder „unter meinem Niveau". Ich weise ihn dann darauf hin, dass die vorgestellte Skala nun 130 oder 140 anzeigt.

Hohe Erregungszustände beeinflussen
Ich erkläre dem Klienten, dass er den auf der Skala angezeigten Wert auf 100 senken kann, indem er langsam und tief einatmet und das Wort „Fokus" oder „konzentrieren" sagt oder ein anderes, mit dem er gewöhnlich den optimalen Zustand beschreibt. Beim langsamen Ausatmen soll er dann sagen: „entspannen", und wenn er vollständig ausgeatmet hat, sinkt die Anzeige um 15 bis 20 Punkte, sodass die Hälfte der Distanz bis zum Wert 100 geschafft ist. Es ist wichtig, beim Einatmen kraftvolle Wörter wie „Stärke" oder „Fokus" zu benutzen und beim Ausatmen sanftere wie „entspannen", „leicht" oder „fließend". Der Grund hierfür ist das beim Einatmen ganz natürlich auftretende Gefühl des Kraftzuwachses und die mit dem Ausatmen assoziierte Empfindung der Entspannung. (Dies widerspricht scheinbar meiner früheren Äußerung, dass beim Ausatmen das Maximum an Energie zur Verfügung steht. Atmet man jedoch langsam aus, erlebt man ein Gefühl der Entspannung. Will man hingegen punktuell eine große Menge Energie mobilisieren, verstärkt plötzliches Ausatmen die Schnellkraft.)

Oft erscheint es mir nützlich, mündlich induzierte hypnotische Suggestionen durch physische Stimuli zu verstärken. Im hier beschriebenen Fall bringe ich dem Sportler bei, ein paar Mal tief in den Bauch zu atmen, um den optimalen Erregungsgrad zu erreichen, weil tiefes Einatmen gewöhnlich ein Gefühl der Stärke und Zuversicht vermittelt, wohingegen durch Ausatmen die bestehende Anspannung meist allmählich verringert wird. Die hypnotische Suggestion hilft, die mit dem tiefen Einatmen verbundenen natürlichen Gefühle zu intensivieren. Wenn ich dem Klienten beibringe, diese Verbindung herzustellen, berühre ich häufig leicht seinen Ellbogen, um ein zusätzliches Signal für den Eintritt in den gewünschten Erregungszustand zu verankern. Das erste Mal berühre ich den Ellbogen, wenn der Sportler die Vorstellung aufgebaut hat, er habe den angestrebten Erregungsgrad erreicht. Später dient die Berührung des Ellbogens als körperliches Signal, mit dessen Hilfe diese Erregungsstärke erneut erreicht werden kann. Das Berühren des Ellbogens nutze ich nur, wenn ich einem Klienten beibringe, dass er durch ein paar tiefe Atemzüge die gewünschte Erregungsstärke erreichen oder die für eine Leistung erforderliche Kraft mobilisieren kann. In diesem Fall verstärkt sowohl das Berühren des Ellbogens als auch das tiefe Atmen die Suggestion. Solche körperlichen Empfindungen sind besonders nützlich, wenn ein Sportler sie selbst hervorrufen kann und wenn mit ihnen der natürliche Drang verbunden ist, die angestrebte Wirkung zu erzielen.

Ich fordere den Sportler auf, sich die Situation, in der seine Aktivierung zu stark war, weiter vorzustellen und dann den Erregungsgrad allmählich so zu verringern, dass er schließlich das optimale Erregungsniveau erreicht. Nach ein oder zwei weiteren tiefen Atemzügen fällt der Wert auf der Skala auf 100, und ein idealerer geistiger und körperlicher Zustand wird erreicht. Wurde die Berührung des Ellbogens als Anker etabliert, kann dieser bei Erreichen des Skalenwertes 100 genutzt werden, um den Zugang zu den optimalen Empfindungen wiederherzustellen. Ich fordere den Klienten dann auf, sich erneut vorzustellen, wie er in jener problematischen Situation, in der er vorher Schwierigkeiten hatte, seinen Sport ausübt. Wird auf der Skala der Wert 100 erreicht – also der optimale Aktivierungsgrad –, vermag der Klient sich eine wesentlich befriedigendere als die beim Erregungsgrad 130 mögliche Leistung vorzustellen.

Es ist für Sportler nützlich, in der Vorstellung mehrere Situationen zu durchleben, in denen sie mithilfe der Atmung in Trance einen zu hohen Erregungsgrad verringern. Dabei geht es nicht nur um die Verringerung der Erregung vor einer sportlichen Aktivität, sondern auch um die entsprechende Beeinflussung eines Zustands freudiger Erregung – beispielsweise während eines Fußballspiels.

Erhöhung des Erregungsgrades

Nach meiner Erfahrung leiden Sportler wesentlich häufiger unter zu starker als unter zu schwacher Aktivierung. Zu geringe Erregung ist bei sportlichen Wettbewerben nur selten ein Problem, wenn auch manchmal beim Training. Wenn ein Sportler erklärt, dass es ihm schwer fällt, morgens aufzustehen, um rechtzeitig zum Training zu erscheinen, versetze ich ihn in Trance und fordere ihn auf, sich die beschriebene Situation vorzustellen. Bei deutlich zu schwacher Erregung suggeriere ich, dass der Wert auf der visualisierten Skala bei 70 oder 80 liegt. Dann fordere ich den Klienten auf, tief einzuatmen, das Wort „Fokus" oder „konzentrieren" auszusprechen und dann zu spüren, wie die Energie einströmt. Währenddessen erkläre ich ihm, dass der Wert auf der Skala nun in Richtung 100 steigen wird. Während des Ausatmens suggeriere ich dem Sportler, dass sich die aufgenommene Energie in seinem gesamten Körper verteilen wird. Nach ein oder zwei Atemzügen liegt der Wert auf der Skala dann bei 100, und Erregung und Energie haben das gewünschte Niveau erreicht. Auch hier trägt das Berühren des Ellbogens zur Wiederherstellung des optimalen Erregungsniveaus bei.

Mit dem Wort „entspannen" muss man vorsichtig umgehen; Sportler sollten sich nicht schwach und kraftlos fühlen, sondern eine fließende und kraftvolle Leichtigkeit oder das *Flow* genannte Gefühl spüren. Das Wort „entspannen" verwende ich grundsätzlich nur, wenn ich mir sicher bin, dass damit im betreffenden Fall die Konnotation Fließen, also nicht Schwäche, verbunden ist.

Die Klienten sollten in Trance mehrmals Situationen visualisieren, in denen die Erregung zu stark ist, und mehrere Situationen, in denen es zu schwach ist. Die tiefen Atemzüge und die Signalworte, mit deren Hilfe sie den Skalenwert auf 100 bringen können, sollten sie so lange üben, bis der Vorgang fast automatisiert ist. Außerdem sollten sie erleben, um wie viel besser ihre Leistung beim Skalenwert 100 ist, im Gegensatz zu dem, was bei einem Skalenwert von 70 oder 130 möglich ist.

Mit der Zwerchfellatmung vertraut werden

Viele Sportler dehnen die Brust und ziehen den Bauch ein, wenn sie aufgefordert werden, tief zu atmen. Wenn ich dies beobachte, versuche ich den Betreffenden die Zwerchfellatmung beizubringen. Nach einer kurzen Lektion in Physiologie – einer Aufklärung über die Rolle des Brustkorbs und des Zwerchfells – ist den meisten klar, dass sie bei gleichzeitigem Weiten des unteren Rumpfbereichs und der Brust erheblich mehr Luft einatmen können.

Wie man Klienten die Zwerchfellatmung beibringen kann

Nach meiner Auffassung bewirkt diese erweiterte tiefe Atmung stets, dass sich der Aktivierungsgrad des Körpers auf den Skalenwert 100 zubewegt und der Körper das optimale Erregungsniveau ansteuert. Sowohl wenn es um die Senkung als auch wenn es um die Erhöhung der Erregung auf 100 geht, suggeriere ich, dass zwei tiefe Atemzüge den Erregungszustand von der Abweichung auf den Wert 100 bringen werden.

Sänger und Spieler von Holzblasinstrumenten beispielsweise lernen, beim Atmen das Zwerchfell einzusetzen, wohingegen Sportler auf diese Möglichkeit nur selten hingewiesen werden, obwohl dies auch ihnen oft helfen kann. Tiefes Atmen befördert nicht nur mehr Sauerstoff in den Körper, sondern kann auch als Signal für die Auflösung übermäßiger Erregung fungieren. Als ich einmal mit einem Turner zu arbeiten begann, fiel mir auf, dass er vor sportlichen Aktivitäten sehr flach atmete. Ich brachte ihm die Zwerchfellatmung bei und empfahl ihm, vor jedem Wettkampf zwei- oder dreimal auf diese Weise tief zu atmen. Zu seiner Überraschung beruhigte dies sein Nervensystem und vermittelte ihm zu Beginn seiner Vorführung ein Gefühl der Stärke.

THEORETISCHE BEGRÜNDUNG

Einen Sportler in Trance eine eigene Spitzenleistung visualisieren zu lassen, damit er sich das Gefühl vergegenwärtigt, in der Zone zu sein, steht sowohl im Einklang mit Yerkes' und Dodsons Theorie des umgekehrten U als auch mit dem Ansatz der IZOF und des ILZ. Jedes dieser Systeme ermöglicht Sportlern, ihr optimales Erregungsniveau festzustellen, indem sie sich eine frühere optimale Leistung in Erinnerung rufen und sie sich bildlich vorstellen. Hanin stellt die IZOF eines Sportlers (die individuelle ZOF) fest, indem er den Betreffenden auffordert, seine Zustandsangst im Augenblick optimaler Funktionsfähigkeit zu beurteilen. Dazu füllt er, während er sich an den Zustand erinnert, den STAI-Fragebogen aus. Seine IZOF ist der Wert des Resultats ± 4 Einheiten auf der STAI-Skala. Eine Untersuchung Hanins (1980) zeigt, dass die spätere Erinnerung eines Sportlers an die Zustandsangst mit der tatsächlichen Zustandsangst im Augenblick des Geschehens sehr stark (0.6 bis 0.8) korreliert.

Leider ermöglicht die Kenntnis des STAI-Wertes nicht automatisch, die optimale Erregung zu erreichen. Im Gegensatz zu Hanin fordert Uneståhl Sportler zu Trance auf, sich einen idealen Erregungszustand zu vergegenwärtigen.

Den optimalen Erregungszustand erreichen
Ich lasse Sportler den idealen Erregungszustand als den Wert 100 auf der imaginierten Skala definieren (eine willkürlich festgelegte Größe), verbunden mit dem Ziel, diesen Wert später wieder zu erreichen. Dabei ist es unwichtig, ob dieser individuell mit 100 assoziierte Wert für andere Sportler niedrig, mittelhoch oder hoch ist. Entscheidend ist, dass er für den Klienten, mit dem ich gerade arbeite, der ideale Wert ist. Wenn ich einen Sportler auffordere, sich vorzustellen, welchen Aktivierungsgrad er erreichen muss, um zu einer optimalen Leistung in der Lage zu sein, und ich ihm erkläre, dass der Wert 100 für jeden Menschen einen anderen Erregungsgrad beinhaltet, interessiert mich nicht, ob dieser Wert, verglichen mit demjenigen anderer Klienten, niedrig oder hoch ist.

Yerkes' und Dodsons Konzept des umgekehrten U ist von mehreren Autoren kritisiert worden. Die Einwände betreffen meist falsche Annahmen, beispielsweise dass die ursprüngliche Theorie vom umgekehrten U beinhalte, ein mäßiges Angstniveau sei für alle Sportler gleichermaßen gut oder ein bestimmter Erregungsgrad für alle Sportler gleichermaßen optimal. Mehrere Studien, so Raglin und Turner (1993), widerlegen die von Yerkes und Dodson entwickelte Hypothese vom umgekehrten U, indem sie nachweisen, dass nicht alle Sportler bei mäßigem Erregungsniveau die besten Leistungen erbringen. Hanin hat gezeigt, dass die optimale Aktivierung ein für jeden Sportler einzigartiger Wert ist. Nun könnte man zwar meinen, das beste Niveau für einen Golfer müsse niedriger liegen als für einen Boxer, doch tatsächlich spielen individuelle Unterschiede eine wichtigere Rolle als Unterschiede zwischen verschiedenen Sportarten. Alle Sportler scheinen sich eine Situation vorstellen zu können, in der sie sich in einem optimalen Erregungszustand befanden, sowie eine Situation, in der ihr Aktivierungsgrad zu stark oder zu schwach war. Ich kann Sportlern durch posthypnotische Suggestionen helfen, ihr optimales Erregungsniveau zu erreichen.

Cox (1994) erwähnt verschiedene Theoretiker, die der Auffassung sind, dass somatische Angst schnell abnimmt, sobald die Leistung erbracht wird, wohingegen kognitive Angst stark bleiben oder fluktuieren und während der gesamten sportlichen Aktivität belastend wirken kann. Deshalb müssen Sportler lernen, ihr Erregungsniveau immer wieder zu überprüfen und es zu korrigieren, wenn die Gefahr einer Beeinträchtigung ihrer Leistungsfähigkeit besteht.

Die Beeinflussung des Erregungsniveaus während einer sportlichen Aktivität ist ein wichtiger Aspekt der Trancearbeit. Auf diese Weise können Sportler konsistent eine optimale Leistung erreichen.

Nichthypnotische Techniken

Die hier beschriebene Verfahrensweise kann verändert und – zumindest in einem begrenzten Maße – auch ohne Unterstützung und ohne Hypnose benutzt werden. Zunächst sollte man sich dazu mithilfe von Bensons oder Suinns Entspannungstechnik in einen entspannten Zustand versetzen. Ist dieser erreicht, kann man sich die eigenen Empfindungen in der Zone und im Zustand übermäßiger Aktivierung vorstellen. Man kann üben, übermäßige Erregung durch langsames, tiefes Atmen abzubauen. Zwar wirken Suggestionen in Trance stärker, doch kann ein Sportler, der allein arbeitet, üben, die Empfindung aufzubauen, dass sein Erregungsgrad sinkt, und auf diese Weise seine persönliche Methode der Angstreduzierung entwickeln.

Wie man beim Tennis eine Krise überwindet

Tennis spielte in Jans Leben eine wichtige Rolle. Sie war in der Tennismannschaft ihrer Universität eine der führenden Spielerinnen gewesen. Vor fünf Jahren hatte sie ihre Ausbildung abgeschlossen, war mittlerweile verheiratet und spielte in einem von ihrem Health-Club organisierten Team. Sowohl im Einzel als auch im Doppel hatte sie sich immer gut geschlagen und war eine der Stützen des Teams gewesen, bis sie aufgrund von Krankheitsfällen in der Familie und wegen ehelicher Probleme in eine emotionale Krise geriet. Sie hatte weniger Zeit und Energie für das Training erübrigen können, und darunter hatte ihre Leistung gelitten. Die persönlichen Probleme waren zwar mittlerweile behoben, doch hatte sie ihren vorherigen Enthusiasmus noch nicht wiedergewonnen und ihre gewohnte Form nicht wiedererreicht.

Ermutigt durch ein Teammitglied, das mich kannte, rief Jan mich an. Sie beschrieb ihr Problem und sagte, weil es ihr an Enthusiasmus oder Energie für das Training fehle, erziele sie keine guten Resultate. Natürlich wirke sich dies auch auf ihre Leistung bei Wettkämpfen aus, bei denen ihr Nervosität zum Verhängnis werde. Offensichtlich spiele sie nicht mehr wie früher, denn sie verliere gegen Konkurrenten, die sie vorher problemlos geschlagen habe.

Jans Situation erschien mir als klares Beispiel für eine unzureichende Fähigkeit, den eigenen Erregungszustand zu beeinflussen. Beim Training war er zu niedrig, bei Wettkämpfen zu hoch. Trotzdem spielte sie immer noch gern Tennis und hatte das Gefühl, dadurch körperlich fit zu bleiben, was ihr offenbar wichtig war. Sie glaubte, Arbeit mit Hypnose könnte ihr helfen, ihre Formkrise zu überwinden.

Zunächst brachte ich ihr die Zwerchfellatmung bei, die sie sehr schnell erlernte. Nachdem sie diese beherrschte, lachte sie über ihre frühere Gewohnheit, den Bauch flach zu halten. Sie ließ nun zu, dass er sich von Zeit zu Zeit ausdehnte, um die Aufnahmefähigkeit ihrer Lunge zu vergrößern.

Nachdem Jan gelernt hatte, korrekt zu atmen, stellte ich fest, dass sie leicht hypnotisierbar war. Sie fiel sehr schnell in Trance und vermochte sich in diesem Zustand vorzustellen, dass sie gut spiele. Sie fühlte sich wunderbar, stark und leicht. Sie sah den Wert auf der vorgestellten Erregungsskala bei 100, beschrieb die Farbe der Skala und ließ auch sonst erkennen, dass ihr das Bild der Skala lebendig vor Augen stand. Ich verankerte dieses innere Bild, indem ich ihren Ellbogen berührte.

Danach beschäftigten wir uns, während sie weiter in Trance blieb, mit einigen Wettkämpfen in jüngster Vergangenheit, bei denen sie schlechtere Leistungen erzielt hatte, als sie eigentlich hätte können. Sie berichtete, sie fühle sich nervös, ängstlich, nicht aktionsbereit und unwohl. Ich suggerierte ihr, der Skalenwert, der die Stärke ihres Erregungszustandes anzeige, liege bei etwa 125 oder 130, woraufhin sie sich die Skala vergegenwärtigte und meine Erklärung bestätigte. Ich ließ sie ihr Spiel beschreiben, und sie benutzte dazu Ausdrücke wie „lahm", „schwach" und „stümperhaft". Ich erklärte ihr, wenn sie tief atme und dabei das Wort „Fokus" ausspreche, werde der Skalenwert um die Hälfte der Distanz in Richtung 100 sinken, und sie werde dann jenes Gefühl der Kompetenz spüren, das ihr wichtig sei. Bei einem anschließenden zweiten tiefen Atemzug werde der Skalenwert auf 100 sinken, und sie werde sich bereit fühlen zu spielen. Ich beobachtete, wie sie die tiefen Atemzüge ausführte, und bemerkte eine deutliche Veränderung ihres Gesichtsausdrucks. Vorher hatte ihr Gesicht schlaff gewirkt, doch nach dem Sinken des Skalenwerts auf 100 wirkte es viel lebhafter als vorher. Ich berührte ihren Ellbogen, um das Gefühl zu verstärken, und forderte sie auf, den Wettkampf (in der Vorstellung) seinen Lauf nehmen zu lassen, um festzustellen, ob sich auch ihr Spiel verändert habe. Und tatsächlich empfand sie es jetzt als ausgezeichnet, akkurat und stark.

Wir wiederholten dies mit mehreren anderen früheren Wettkämpfen, mit deren Resultaten sie unzufrieden gewesen war, und ihr wurde klar, dass sie sich mit ein paar tiefen Atemzügen aus ihrem Formtief befreien konnte.

In unserer zweiten gemeinsamen Sitzung verstärkte ich das in der ersten Sitzung Erreichte, indem ich sie erneut einige Wettkämpfe mit für sie unbefriedigendem Ausgang visualisieren ließ, und anschließend arbeiteten wir an der Mobilisierung ausreichender Energie für ihr Training. Ihr war aufgefallen, dass sie nach unserer ersten Sitzung beim Training wesentlich mehr Enthusiasmus gespürt hatte. Trotzdem hielt sie es für möglich und wünschenswert, ihr Training weiter zu verbessern.

Ich forderte sie auf, sich in einige Trainingssituationen zurückzuversetzen, in denen sie, wie sie sagte, „lahm" gewesen war. Ich erklärte ihr, der aktuelle Wert auf der Erregungsskala liege in solchen Situationen wahrscheinlich bei höchstens 75 oder 80, was sie bestätigte. Ich fragte sie, wie sie sich bei jenem Training fühlte, und sie antwortete: „müde" und „uninteressiert". Ich suggerierte, wenn sie langsam einatme und dabei das Wort „stark" ausspreche, werde Energie von außen in ihren Körper strömen und der Wert auf der Skala steigen. Beim Ausatmen werde sie sich entspannt und leicht fühlen, und die aufgenommene Kraft werde sich in ihrem ganzen Körper ausbreiten. Sie atmete langsam ein und empfand, was ich vorausgesagt hatte. Nach einem weiteren tiefen Atemzug war der

Skalenwert wieder auf 100 gestiegen. Das damit verbundene Gefühl verankerte ich erneut, indem ich ihren Ellbogen berührte. Daraufhin spürte sie, dass ihre Erschöpfung rasch verflog und ihre Energie zurückkehrte. Wir wiederholten dies mehrmals, bis sie das Gefühl hatte, bei Bedarf ein angemessenes Energieniveau erreichen zu können.

Als ich eine Woche später mit ihr sprach, sagte sie, ihre Trainingsleistungen seien wesentlich besser geworden. In einem Wettkampf gegen ein anderes Team hatte sie ein Match gewonnen und gegen eine der Top-Spielerinnen der Liga knapp verloren. Trotz dieses Misserfolgs empfand sie ihr Spiel gegen die schwierige Gegnerin als sehr gut.

Einige Wochen später sprach ich noch einmal mit ihr, um mich zu erkundigen, wie es ihr inzwischen ergangen war. Sie berichtete, sie habe das Gefühl, sowohl beim Training als auch in Wettkämpfen wieder ihr früheres Energieniveau erreicht zu haben. Auf meine Frage, ob sie es für nützlich halte, das Erreichte in einer weiteren Sitzung zu verstärken, antwortete sie, dies sei nicht notwendig. Nach nur zwei Sitzungen hatte sie zu ihrer eigenen Verblüffung ihre frühere Spielstärke wieder erreicht.

INTEGRATION DER BEEINFLUSSUNG DES ERREGUNGSGRADES

Wenn von mentalem Training die Rede ist, denken viele Sportler als Erstes an die Fähigkeit, die eigene Erregung zu beeinflussen. Die meisten können sich an Situationen erinnern, in denen sie aufgrund zu starker Aktivierung nicht in der Lage waren, ihre volle Kraft zu entfalten. Deshalb möchten sie ihr Aktivierungsniveau so beeinflussen können, dass sie bei sportlichen Wettkämpfen häufiger ihre Zone (IZOF) erreichen. Infolgedessen ist die Entwicklung dieser Fähigkeit fast immer Bestandteil meiner Arbeit mit Sportlern. Sie wird auch in den Fallbeispielen in Teil III berücksichtigt, insbesondere in Kapitel 12, *Der Quarterback*, und Kapitel 15, *Der Stabhochspringer*.

8. Ausschalten von Ablenkungen

$$L = F - A$$
Leistung ist gleich Fähigkeit minus Ablenkungen.

Die Fähigkeit, Ablenkungen auszuschalten, sich auf die entscheidenden Aspekte einer Situation zu konzentrieren und die irrelevanten auszublenden, ist für Sportler ungeheuer wichtig. Der zu hohe Erregungsgrad, von dem im vorigen Kapitel die Rede war, ist einer von mehreren Fokusaspekten, die bewirken können, dass ein Sportler schlechtere Leistungen erzielt, als er es aufgrund seiner Fähigkeiten könnte. Hypnose kann zur Entwicklung der verschiedenen Aspekte einer für das sportliche Training und für Wettbewerbe adäquaten Fokussierung entscheidend beitragen.

Fokusbreite

Die adäquate Fokusweite ist nicht bei jedem Sport und nicht einmal innerhalb einer bestimmten Sportart immer gleich. Gute Basketballspieler haben in einem regulären Spiel einen weiten Fokus – sie wissen, wo sich alle ihre Teamkollegen und ihre Gegner jeweils befinden. Im Gegensatz dazu blenden sie bei Freiwürfen andere Spieler aus und konzentrieren sich auf den Korb, denn dabei auf andere Spieler zu achten kann nur ablenken.

Ebenso muss ein Football-Quarterback seinen Fokus verändern können. Seine Aufmerksamkeit muss zunächst mehrere potenzielle Ballempfänger und die gegnerischen Abwehrspieler einschließen. Hat er sich diese Information verschafft, verengt er den Fokus und richtet ihn auf den besten Ballempfänger. Erfahrene Sportler wissen, worauf sie ihre Aufmerksamkeit konzentrieren und was sie ignorieren müssen; allerdings fällt es ihnen manchmal trotzdem schwer, dies auch zu tun.

Nach Nideffers (1992) Auffassung muss ein adäquater Fokus die Parameter innen-/außenorientiert und weit/eng einbeziehen. Mit einem weiten und nach außen orientierten Fokus beobachtet der Sportler seine Umgebung, um sich über die Spielsituation zu informieren. Ein weiter und nach innen orientierter Fokus bezieht sein Denken und Handeln ein. Bei einem Quarterback, der sich nach potenziellen Ballempfängern umschaut, ist der Fokus weit und nach außen orientiert, und wenn er die Konsequenzen der Auswahl eines bestimmten Empfängers analysiert, ist sein Fokus weit und nach innen gerichtet. Trifft er die Entscheidung, konzentriert (verengt) sich der zunächst weite und nach außen gerichtete Fokus auf den gewählten Empfänger, und der nach innen gerichtete Fokus verengt sich darauf, wie er den Ball werfen muss, damit dieser den Empfänger erreicht. Nach Nideffer lernen gute Sportler, schnell von einem nach innen zu einem nach außen orientierten und von einem weiten zu einem engen Fokus zu wechseln.

Ein anderer wichtiger Fokusaspekt trägt der Notwendigkeit Rechnung, während des Trainings und bei Wettkämpfen das eigene Ziel im Auge zu behalten. Wie ein Sportler auf bestimmte Ziele fokussiert und wie er daran denkt, hat Einfluss auf die Stärke und die Kompetenz, die er aufbringen kann, um seine Ziele zu erreichen. Ein effektiver Umgang mit allen Fokusaspekten ist wichtig, wenn man die Leistungsfähigkeit steigern will.

DIE BEZIEHUNG ZWISCHEN FOKUS UND ERREGUNG

Weinberg und Gould (1999) sowie Landers (1980) sind der Auffassung, dass zwischen Fokusweite und Erregungsgrad eine direkte Beziehung besteht. Der optimale Fokus wird bei mittelstarker Anspannung erreicht. Bei zu geringer Anspannung ist der Fokus zu weit. Er wird enger bei stärker werdender Anspannung, und eine sehr hohe Anspannung führt zu einer zu starken Verengung. Weinberg und Gould erläutern dies am Beispiel eines Eishockey-Spielers. Bei niedrigem Erregungsgrad achtet dieser nicht nur auf die übrigen Spieler auf dem Eis, sondern auch auf die Zuschauer und auf andere für seine sportliche Aktivität unwichtige Reize. Bei adäquatem Erregungsgrad fokussiert er auf alle relevanten Spieler und blendet die Zuschauer und andere unwichtige Faktoren aus. Ist seine Erregung zu stark, richtet er seine Aufmerksamkeit auf wenige Spieler, und dadurch entgeht ihm möglicherweise, was andere wichtige Spieler inzwischen tun.

Diese Theorie ist im Fall des Eishockeys plausibel, sie erklärt aber nicht, weshalb ein hoher Erregungsgrad beim Basketball-Freiwurf sowie beim Bowling oder Golf – Situationen also, in denen ein enger Fokus erforderlich ist – katastrophale Folgen haben kann. Wahrscheinlich variiert der wirksamste Fokus von Spieler zu Spieler so stark wie der jeweils adäquate Aktivierungsgrad.

Verschiedene Aspekte, die man während einer sportlichen Aktivität im Blick behalten sollte

Gallwey (1998) empfiehlt Sportlern, sowohl beim Training als auch in Wettkämpfen drei Aspekte im Blick zu behalten:

1. Geben Sie immer Ihr Bestes!
2. Analysieren Sie jede Leistung!
3. Genießen Sie, was Sie tun!

Der erste Punkt beinhaltet, dass Sportler sich in jeder Trainingssituation und bei jedem Wettkampf darauf konzentrieren sollten, eine ausgezeichnete Leistung zu erreichen, die beste, zu der sie in der Lage sind. Wenn sie ihre Routineaktivitäten zu lässig „abspulen", vergeuden sie viel Zeit. Der zweite wichtige Punkt ist, jede Leistung daraufhin zu untersuchen, was man daraus lernen kann. Nach einer Spitzenleistung kann man zu analysieren versuchen, worauf das Resultat basiert. Nach einer schlechten Leistung muss man herausfinden, was falsch gelaufen ist und wie das Problem gelöst oder zumindest gemildert werden kann. Der dritte wichtige Aspekt, den man als Sportler ständig im Blick behalten sollte, ist, dass die sportliche Aktivität Freude machen soll. Wenn ein Sportler nicht genießt, was er tut, kann er seine Leistung nicht verbessern. Die bekannte Maxime der Bodybuilder, *No pain, no gain* („Kein Schmerz, kein Fortschritt"), ist nicht unbedingt als universell gültig anzusehen.

Natürlich braucht ein Sportler nicht unbedingt in Trance zu sein, um zu lernen, auf das Wesentliche zu fokussieren, doch ist Arbeit in Trance oft von Nutzen, insbesondere wenn es um die Analyse sportlicher Leistungen geht.

Anwendung auf die Situation eines Fußballspielers

Greg, ein Fußballprofi, hatte zu Beginn der Saison eine Formkrise gehabt. Mehrere Jahre lang war er einer der Top-Spieler des Teams gewesen, doch zurzeit empfand er selbst sein Spiel als unakzeptabel. Der Coach war besorgt und reduzierte Gregs Spieleinsätze sehr stark. Nach etwa einem Drittel der Spielsaison schickte das Trainerteam ihn zu mir. In einem Gespräch gestand er unumwunden ein, dass er nicht mehr so gut spiele wie in früheren Jahren; allerdings war ihm völlig unklar, woran das lag. Er hatte das Gefühl, er gebe sich genauso viel Mühe wie immer, doch die Dinge liefen einfach nicht so, wie er es sich vorstellte.

Den größten Teil des Jahres über leitete Greg ein im Bereich des Sports aktives eigenes Unternehmen, doch hatte es ihm immer Spaß gemacht, während der Fußballsaison in einem Profiteam zu spielen. Sein Unternehmen war in einer völlig anderen Gegend ansässig als sein Fußballteam. Zum Glück hatte er einen zuverlässigen Partner, dem er während der Fußballsaison die Geschäftsleitung übertragen konnte. Anfangs war der Fußball für ihn noch eine wichtige Einkommensquelle gewesen, doch nachdem sich sein Unternehmen etabliert und entwickelt hatte, wurde für ihn das Geld, das er als Fußballspieler verdiente, allmählich immer unwichtiger. Mehrere Jahre lang hatte er seine unternehmerische Tätigkeit und den Fußball problemlos miteinander verbinden können, doch wurde sein Unternehmen immer größer, und wenn er mit der Fußballmannschaft unterwegs war, vermisste er es, selbst an der Weiterentwicklung der Firma teilzuhaben.

Im Laufe meiner Gespräche mit Greg stellte sich heraus, dass seine Motivation für das Fußballspiel ebenso gelitten hatte wie seine Freude daran. Es gelang ihm einfach nicht mehr, sich für die Spieleinsätze ausreichend anzuspornen, und ihm war klar, dass man ihn im nächsten Jahr wahrscheinlich nicht mehr auffordern würde, weiter in der Mannschaft zu spielen, wenn er nicht wieder deutlich besser werden würde. Er merkte, dass ihm das Spielen keine so große Freude mehr machte wie während der College-Zeit und in seinen ersten Jahren als Fußball-Profi. Dies hielt er jedoch eher für eine Folge seiner schlechten Leistungen im Spiel, nicht für ihre Ursache.

In meiner Trancearbeit mit ihm versuchte ich, seinen Fokus zu verändern. Um konzentrierter spielen zu können, musste er sich von seiner Besorgnis lösen, man könne ihn aus der Mannschaft werfen. Er musste auf die drei von Gallwey empfohlenen Aspekte fokussieren: die bestmögliche Leistung zu erreichen; durch Analysieren seiner Erfolge und Misserfolge aus jedem Spiel etwas zu lernen; und insbesondere das Spiel zu genießen und wieder zu jener Freude am Fußballspiel zurückzufinden, die er als College-Spieler einmal gehabt hatte. Der erste Aspekt, so gut wie möglich zu spielen, machte ihm keine Schwierigkeiten. Allerdings gelang es ihm nicht herauszufinden, was falsch lief. Indem er sich mittels Visualisation unter Hypnose die Freude vergegenwärtigte, die er beim Fußballspiel in der College-Zeit und zu Beginn seiner Karriere als Profi empfunden hatte, wurde ihm klar, dass er mittlerweile eine völlig andere Einstellung zu seinem Sport entwickelt hatte. Er stellte sich aktuelle Spiele als freudige Ereignisse vor, und es gelang ihm, jene Freude wieder in den Vordergrund zu stellen, die er beim Fußballspiel immer noch empfand. Er beschloss, wenn es ihm nicht gelänge, das Spiel wieder so zu genießen wie früher einmal, im kommenden Jahr das Team zu verlassen. Indem er lernte, sich zu entspannen, sich von der Angespanntheit zu befreien, die sich durch die Haltung des Coachs bei ihm aufbaute, und auf die Freude des Spielens zu fokussieren, konnte er an die folgenden Spiele mit einer völlig anderen Haltung herangehen. Er spielte besser, der Coach setzte ihn wieder häufiger ein, und schließlich hatte er seine frühere Form wiedererreicht. Doch andererseits wurde ihm klar, dass seine Zukunft in seinem Unternehmen lag und die Arbeit darin ihm die größte Freude machte. Deshalb unterschrieb er den Vertrag für die folgende Saison nicht. Die Bemühungen eines Sportpsychologen haben nicht immer zur Folge, dass sich ein Spieler weiterhin seinem Sport widmet.

Wie ich festgestellt habe, ist es für viele Spieler sehr wichtig, dass ihr innerer Fokus auf die Freude an ihrer sportlichen Aktivität gerichtet ist; dies gilt insbesondere, wenn sie seit vielen Jahren sportlich aktiv sind. Man sollte einen Sport nicht wie einen beliebigen Job ausüben, auch wenn er für einige Sportler tatsächlich ein Job ist. Wenn Sport keinen Spaß macht, leidet die Leistungsfähigkeit. Ein entsprechender Hinweis wirkt sich häufig positiv auf die Einstellung des Sportlers und in der Folge auch auf seine Leistungen aus.

DER BEITRAG DER HYPNOSE

Die drei im Vorangegangenen beschriebenen Aspekte beherzigen und sich ihnen entsprechend verhalten kann man natürlich auch ohne Trance. Bei Gallwey ist von Trance nicht die Rede. Doch kann eine Trance beim Visualisieren von Trainingssitzungen oder Wettkämpfen unter Berücksichtigung der drei Aspekte Sportlern helfen, ihren Fokus bei ihrer sportlichen Aktivität zu verändern. Oft lässt sich eine sportliche Leistung in Trance besser analysieren als im normalen Wachzustand. Außerdem ermöglicht eine Trance, Sportler auf sinnvolle Weise an neue Verfahrensweisen heranzuführen und sie ihnen beizubringen.

9. Innere Stärke erlangen

> *Die wichtigste Entdeckung meiner Generation ist, dass ein Mensch sein Leben verändern kann, indem er seine Einstellung verändert.*
> William James, amerikanischer Philosoph und Psychologe

Die innere Stärke, die ein Athlet spürt – das, was Bandura (1986) als Selbstwirksamkeit bezeichnet hat –, spielt für die Leistungsfähigkeit eine wichtige Rolle. Ein klassisches Beispiel für die Wirkung von Mangel an Selbstvertrauen ist die Barriere, die lange verhinderte, dass es irgendjemandem gelang, eine Meile in vier Minuten zu laufen. Jahrelang hielt man es für physisch unmöglich, dass ein Mensch dies schaffen könnte. Dann lief Roger Bannister diese Strecke in unter vier Minuten. Noch erstaunlicher als Bannisters Erfolg ist jedoch, dass es in den folgenden 18 Monaten noch 45 anderen Läufern gelang, eine Meile in einer Zeit von unter vier Minuten zu laufen. Was so lange als generell unmöglich erschienen war, wurde, nachdem Bannister die Barriere überwunden hatte, fast zur Normalität.

DAS SELBSTVERTRAUEN STÄRKEN

Die in anderen Kapiteln beschriebenen Techniken stärken das Ich oder das Selbstvertrauen. Das Formulieren von Zielen und die bildliche Vorstellung davon, dass man sie erreicht hat, kommt der inneren Stärke zugute, und diese wiederum festigt das Selbstvertrauen. Außerdem gewinnen Sportler innere Kraft und Selbstvertrauen, wenn sie lernen, ihren Erregungs- oder Aktivierungszustand zu beeinflussen, auf die entscheidenden Aspekte der Situation zu fokussieren und sich nicht ablenken zu lassen. Die in Kapitel 4 beschriebenen Beispiele, in denen Turnern geholfen werden sollte, sich bei der

Ausführung von Übungen, durch die sie sich in der Vergangenheit Verletzungen zugezogen hatten, wieder sicher zu fühlen, veranschaulichen die Wirkung von Techniken der Ich-Stärkung und der Stärkung des Selbstvertrauens. Generell sollte man bei der Arbeit mit Sportlern den Aspekt des Selbstvertrauens einbeziehen, ganz gleich, um welche Probleme es ansonsten geht.

Verschiedene Arten von Suggestionen in Trance dienen der Stärkung des Selbstvertrauens von Sportlern und dadurch auch ihrer Fähigkeiten. Dazu zählen solche, die auf die weitere Verbesserung ihrer Leistungen zielen und darauf, dass sie sich in ihrer Sportart künftig wohler und allgemein ruhiger, wacher und energievoller fühlen und sich weniger leicht aufregen werden. Außerdem können Suggestionen spezifisch auf die Probleme abgestimmt werden, über die ein Klient in Trance oder im Wachzustand berichtet.

DIE MACHT DES INNEREN SELBSTGESPRÄCHS

Ein weiterer wichtiger Aspekt ist das innere Selbstgespräch. Viele Sportler, besonders junge, sind sich nicht darüber im Klaren, in welchem Maße ihre sportliche Leistung durch ihren inneren Dialog beeinflusst wird – durch das innere Selbstgespräch. Gallwey (1998) hält Zweifel für den größten Feind guter Leistungen.

Eine Demonstration der Macht des Selbstgesprächs

Die Macht des Selbstgesprächs lässt sich leicht mithilfe eines Experiments demonstrieren, das Muskeltest genannt wird. Daran sind ein Sportler und ein Tester beteiligt. Der Sportler wählt für ein bevorstehendes Training oder einen sportlichen Wettkampf ein Ziel. Ein Schwimmer beispielsweise könnte sich eine neue persönliche Bestzeit zum Ziel setzen, ein Basketball-Spieler einen höheren Prozentanteil an erfolgreichen Freiwürfen), und ein Football-Spieler den Sieg in einem bestimmten Spiel.

Der Sportler hält einen Arm gerade ausgestreckt und parallel zum Boden, in einer Linie mit den Schultern, wobei der Arm so steif wie möglich bleibt. Der Tester steht dem ausgestreckten Arm gegenüber, legt eine Hand auf die Schulter des Sportlers, die andere auf die Hand seines ausgestreckten Arms. Abbildung 5 zeigt diese Haltung. Der Tester stellt zunächst einen Ausgangswert fest, indem er prüft, wie viel Druck er aufwenden muss, um die Hand etwa 15 cm herunterzudrücken.

Vor dem ersten Test fordert der Tester den Sportler auf, zu sagen und zu denken: „Ich weiß nicht, ob ich es schaffen werde, bei diesem Wettkampf die Strecke in x Sekunden zu schwimmen (die Formulierung wird an das jeweilige Ziel angepasst), aber ich hoffe es." Dann drückt der Tester erneut auf das Handgelenk des Sportlers und stellt fest, wie viel Druck diesmal erforderlich ist, um es etwa 15 cm herunterzudrücken.

Vor dem zweiten Test fordert der Tester den Sportler auf, zu sagen und zu denken: „Ich werde versuchen, die Wettkampfstrecke in x Sekunden zu schaffen." Wieder drückt der Tester anschließend auf das Handgelenk des Sportlers, um festzustellen, ob er nun mehr oder weniger Kraft aufwenden muss, um den Arm des Sportlers genauso weit wie beim vorigen Mal herabzudrücken.

Vor dem letzten Test fordert der Tester den Sportler auf, zu sagen und zu glauben: „Ich werde die Strecke beim Wettkampf in x Sekunden schwimmen."

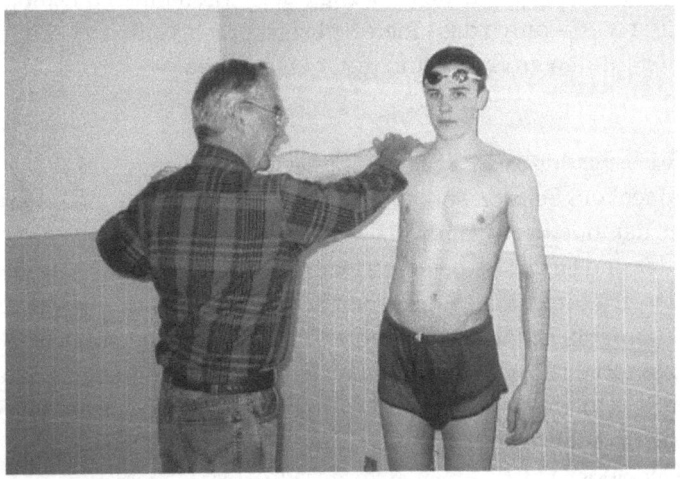

Abb. 5: Die Position für den Muskeltest

Meist nimmt im Laufe der Progression von einer zweifelnden Haltung zur erklärten Absicht, die angestrebte Leistung tatsächlich zu erzielen, die Kraft im ausgestreckten Arm zu. Um diese Demonstration der Macht der Sprache noch zu erweitern, kann der Tester den Sportler auffordern, die Äußerungen zu wiederholen, in denen der Zweifel oder die Absicht, sich zu bemühen, zum Ausdruck gebracht wurden, und dann erneut die jeweilige Armstärke zu testen. Sie ist dann höchstwahrscheinlich wieder geringer als nach der mit „Ich werde" beginnenden Aussage. In diesem Test spüren Tester und Sportler bei zunehmend positiver werdender Formulierung der Aussagen einen Kraftzuwachs.

Weil die Kraftunterschiede so stark sind, zweifeln viele Sportler an, dass ich wirklich immer den gleichen Druck auf den Arm ausübe – wenn sie sagen, sie würden „versuchen", das Ziel zu erreichen, und wenn sie formulieren, dass sie es erreichen „werden". Um diesen Einwand zu widerlegen, fordere ich meist zwei Teammitglieder auf, den Test gemeinsam auszuführen. Dies hat zusätzlich den Vorteil, dass danach gleich zwei Sportler vom erzielten Resultat überzeugt sind.

Die Wirkung dieser Veränderung im Bereich des Denkens auf die Kraft überrascht alle Beteiligten stets, insbesondere wenn es sich um junge Sportler handelt. Den Einfluss von Denkprozessen bei Sportlern unmittelbar vor einem Training oder Wettkampf kann man kaum überschätzen. Deshalb sollten sie vor wichtigen Trainings- oder Wettkampfsituationen stets geeignete Selbstinstruktionen einsetzen. Wenn dies in Trance in Verbindung mit einer adäquaten posthypnotischen Suggestion geübt wird, unterstützt es die Entstehung eines solchen Verhaltensmusters.

Im Anschluss an den Test helfe ich den Sportlern, stärkend wirkende Selbstinstruktionen zu entwickeln, die sie im Laufe des Tages sowie unmittelbar vor sportlichen Ereignissen als auch in deren Verlauf immer wieder benutzen können.

ZIELE ERWEITERN

Hypnose kann dazu beitragen, Sportler von der Notwendigkeit zu überzeugen, ihren Zielhorizont zu erweitern. Sich visuell Erfolge zu vergegenwärtigen, denen sie zuvor keine Beachtung geschenkt hatten, kann sie zum Erreichen neuer Leistungen anspornen. In Kapitel 6 wird beschrieben, dass unter Hypnose formulierte Ziele die Klienten gewöhnlich einerseits vor Herausforderungen stellen und andererseits erreichbar sind. Das trifft generell zu, doch ist es häufig notwendig, Sportler zu ermutigen, sich höhere Ziele zu stecken. Coachs können zwar die Möglichkeiten derjenigen, die sie betreuen, meist gut einzuschätzen, doch letztendlich erkennen auch sie das tatsächliche Potenzial nicht völlig realistisch, und meist tendieren sie eher zur Unterschätzung als zur Überschätzung. (Eltern hingegen neigen manchmal eher dazu, ihren Nachwuchs zu überschätzen.)

Der Umgang mit Misserfolgen

Viele Sportler leiden unverhältnismäßig stark unter früheren Misserfolgen. Sie spüren deren Wirkung nicht nur während des Wettkampfs, in dem sie versagt haben, sondern auch in späteren Wettkämpfen. Macht ein Sportler während eines Wettkampfs einen Fehler, muss sein Fokus auf die Zukunft ausgerichtet werden, nicht auf den Fehler. Meine intensivste Erinnerung an ein professionelles Masters Golfturnier ist, dass ein Spieler, der während des gesamten Wettkampfs immer Erster oder Zweiter gewesen war, drei Schläge benötigte, um beim 14. Loch einem „Bunker" (Sandfalle) zu entkommen. Bei jedem der folgenden vier Löcher brauchte er einen Schlag mehr als der Führende, fiel so von Platz 1 auf Platz 10 zurück und wurde danach vom Leader-Board, auf dem die besten Spieler eines Clubs vermerkt werden, entfernt. Häufig sind nicht einmal gestandene Profis in der Lage, sich von den Nachwirkungen ihrer Irrtümer und Fehler während eines Wettkampfs (oder, wie im beschriebenen Fall, unglücklicher Misserfolge) zu lösen.

Manchmal verändert ein Misserfolg bei einem Wettkampf die Erwartungshaltung gegenüber zukünftigen Wettkämpfen. Oft beeinträchtigt Grübeln über einen Misserfolg das Selbstvertrauen. Den Schmerz solcher Misserfolge kann man lindern, indem man jede Situation dieser Art als Chance, etwas zu lernen, versteht – indem man das Malheur, das nun einmal passiert ist, zur Leistungsverbesserung und zur Stärkung des Selbstvertrauens nutzt. Gallwey (1998) empfiehlt, jede sportliche Leistung als Lernsituation aufzufassen. Diese Sichtweise hilft Sportlern zwar nicht während des Wettkampfs, in dem sie einen Fehler machen, kommt ihnen aber zumindest in zukünftigen Wettkämpfen zugute. Auch wenn sie einen Wettkampf verlieren, können sie eine Lehre daraus ziehen.

Man kann einen Sportler, dessen Leistung in einem Wettkampf nicht seinen Erwartungen entsprach, in Trance auffordern, sich in die Vergangenheit zurückzuversetzen, sich das Ereignis bildlich vorzustellen und die Unterschiede zwischen seiner Leistung in dieser Situationen und der in anderen, erfolgreichen zu untersuchen. Externale Vorstellungsbilder sind oft nützlicher als internale, doch beide können einen guten Zweck erfüllen. Meist ermöglicht eine Trance Menschen, sich klarer an Situationen zu erinnern, als ihnen dies bei normalem Wachbewusstsein möglich ist, und in dieser Klarheit erkennen sie Probleme ebenso wie Möglichkeiten, beim nächsten Mal bessere Resultate zu erzielen.

Nur zu oft haben Sportler das Gefühl, dass ein Fehler, den sie während eines Wettkampfs gemacht haben, sie wie ein Gespenst verfolgt, und dies wirkt sich im weiteren Verlauf des Wettkampfs und in zukünftigen ähnlichen Situationen auf ihre Leistung aus. Deshalb sollte man sie auffordern, während sportlicher Aktivität den Blick stets in die Zukunft zu richten, statt wie gebannt auf bereits gemachte Fehler zu starren. Mit ihren Fehlern können sie sich nach dem Wettkampf immer noch befassen und sie dann nutzen, um aus ihnen zu lernen.

ERLERNTER OPTIMISMUS

Martin Seligman (1990) hat eine Definition des Optimismus entwickelt und beschrieben, wie er sich verstärken lässt. Aufgrund von Messungen des Optimismus einzelner Sportler und ganzer Teams entdeckte er eine Korrelation zwischen stärkerem Optimismus und besseren Leistungen. Nach seiner Definition kommt Optimismus in der Art der Zuschreibungen zum Ausdruck, die Menschen entwickeln, um ihren Erfolg oder Misserfolg zu erklären. Der Attributionstheorie zufolge haben Menschen das Bedürfnis, zu erklären, weshalb Dinge geschehen. Zu diesem Zweck nehmen wir Zuschreibungen vor – wir finden oder erfinden Ursachen für ein Ereignis. Die Zuschreibung ist nicht unbedingt der wahre Grund dafür, dass ein Ereignis stattfindet; sie beinhaltet vielmehr, wie ein bestimmter Mensch die Ursache eines Vorfalls interpretiert. Da Denkprozesse für das Zustandekommen einer Leistung eine wichtige Rolle spielen und da man sie unter Hypnose modifizieren kann, könnte Seligmans Theorie relevant sein.

Nach seiner Auffassung bewegen sich die entscheidenden Zuschreibungen in drei Dimensionen. Die erste von diesen wird in dem Gegensatz permanent/temporär erfasst. Ein Beispiel für eine permanente Zuschreibung ist: „In Wettkämpfen schaffe ich es *nie*, gute Leistungen zu erzielen." Eine temporäre Zuschreibung könnte lauten: „Ich war an jenem Tag einfach nicht in der Lage, etwas Gutes zustande zu bringen." Während permanente Zuschreibungen als unveränderlich angesehen werden, gilt der Inhalt der temporären als im Laufe der Zeit veränderlich.

Die zweite Dimension von Zuschreibungen beinhaltet den Gegensatz zwischen verallgemeinernd und spezifisch. Ein Beispiel für eine verallgemeinernde Zuschreibung ist: „Ich bin nie gut in Laufwettbewerben." Eine spezifische Zuschreibung hingegen könnte lauten: „Ich bin nicht gut im Staffellauf." Verallgemeinernde Zuschreibungen beziehen sich auf alle Aspekte einer Situation, spezifische nur auf einen oder nur auf wenige Aspekte.

Die dritte Dimension, in der Zuschreibungen formuliert werden, ist die des Gegensatzes zwischen persönlich (innerlich) und äußerlich. Eine persönliche Zuschreibung ist beispielsweise: „Mir ging es an dem Tag einfach nicht gut." Eine äußere Zuschreibung könnte lauten: „Dieser Wettkampf war wirklich sehr hart."

Menschen entwickeln Zuschreibungen, um Erfolge und Misserfolge zu erklären. Ein Sportler kann seinen Sieg bei einem Wettkampf allein seinem Glück zuschreiben (das wäre eine temporäre, spezifische und äußere Zuschreibung) oder seinem Können und seinem harten Training (eine permanente, verallgemeinernde und persönliche Zuschreibung).

DER GEGENSATZ ZWISCHEN OPTIMISMUS UND PESSIMISMUS

Nach Seligman nehmen Optimisten und Pessimisten bei Erfolgen und Misserfolgen unterschiedliche Zuschreibungen vor. Ein Optimist schreibt Erfolg guten Faktoren zu, die permanent, verallgemeinernd und persönlich sind. So erwartet ein optimistischer Sportler Erfolg und schreibt ihn wahrscheinlich einer freundlichen, kooperativen Welt und seinen persönlichen Bemühungen zu: „Ich habe hart gearbeitet, und meine Coachs und Teamkameraden haben mich sehr unterstützt." Erfolg bestätigt die Zuschreibungen des Sportlers bezüglich dieser Ursachen und Stärken und überträgt sie auf zukünftige Situationen. Im Gegensatz dazu sieht der Pessimist den Grund für Erfolge in temporären und äußeren Faktoren, beispielsweise: „Da hatte ich mal einen guten Tag", sowie im Verhalten anderer, was er ausdrücken könnte, indem er sagt: „Die Konkurrenz war halt schwach." Im Gegensatz zum Optimisten bleibt dem Pessimisten der Genuss erzielter Erfolge versagt.

Anders als bei seinen Erfolgszuschreibungen würde ein optimistischer Sportler einen Misserfolg einem temporären oder spezifischen Faktor (beispielsweise dem Zustand der Laufbahn am betreffenden Tag) oder einem äußeren Faktor (etwa Versagen der Ausrüstung) zuschreiben. Solche Zuschreibungen schmälern das Selbstvertrauen des optimistischen Sportlers im Hinblick auf zukünftige Leistungen nicht.

Hingegen sieht ein Pessimist Misserfolge als durch persönliche, dauerhafte und allgemein gültige Faktoren verursacht, beispielsweise: „Ich schaffe es einfach nie, bei einem Laufwettbewerb gut abzuschneiden." Somit ist für einen Optimisten ein Erfolg, für einen Pessimisten ein Misserfolg eine sich selbst erfüllende Prophezeiung (siehe Tab. 2).

Seligmans (1990) Buch enthält einen Test, mit dessen Hilfe man die optimistische bzw. pessimistische Haltung eines Menschen feststellen kann, wobei die Resultate Aufschluss darüber geben, wie die Testteilnehmer Erfolg und Misserfolg den drei genannten Dimensionen zuschreiben. Man kann die Zuschreibungen, die ein Sportler mit Erfolg und Misserfolg verbindet, herausfinden, indem man mit ihm ein Gespräch über frühere Erfolge und Misserfolge führt. Lässt er bei dem Test oder in dem Gespräch eine eher pessimistische Einstellung erkennen, empfiehlt Seligman, ihm zu helfen, indem man ihn dazu anleitet, seine Erfolge und Misserfolge mit optimistischeren Zuschreibungen zu versehen.

Die Wirkung dieser Zuschreibungen auf das Selbstvertrauen ist kumulativ. Alle Zuschreibungen können wie sich selbst erfüllende Prophezeiungen wirken. Bei einem Sportler, der Erfolg hat und glaubt, dass Erfolg das Resultat persönlicher Anstrengung und permanent und generell guter Aspekte seiner Umgebung ist, wird diese Sichtweise durch den Erfolg verstärkt. Hingegen wirkt Erfolg bei einem Sportler, der seine Erfolge temporären und spezifischen Faktoren sowie anderen Menschen zuschreibt, nicht verstärkend. Misserfolge wirken auf einen pessimistischen Sportler entmutigend, weil er sie einem persönlichen Mangel und permanenten und generell gültigen Faktoren seiner Umgebung zuschreibt. Ein optimistischer Sportler hingegen lässt sich durch einen Misserfolg nicht so sehr erschrecken, weil er ihn als durch etwas verursacht abtun kann, das temporär, spezifisch und nicht beeinflussbar ist. Eine Niederlage schädigt die Zukunftsperspektive eines pessimistischen Sportlers wesentlich stärker als die eines optimistischen.

Natürlich ist Seligman kein Befürworter von unbedingtem und totalem Optimismus. Ein Mensch mit dieser Haltung hätte Schwierigkeiten, im Falle einer schlechten Leistung die Probleme zu identifizieren und etwas daran zu ändern. Wie bereits in diesem Kapitel angeklungen, kann das Analysieren der wahren Ursachen eines Misserfolgs bei der Überwindung von Problemen eine große Hilfe sein. Wenn Sie etwas verbessern wollen, müssen Sie auf ein gesundes Verhältnis zwischen Optimismus und einem verantwortlichen Sicheingestehen und Wahrnehmung der Situation, so wie sie ist, hinarbeiten. Weder eine völlig optimistische noch eine völlig pessimistische Haltung inspiriert Sie dazu, Ihre Probleme realistisch zu untersuchen, um letztlich eine Verbesserung zu erreichen.

	bei Erfolg	bei Misserfolg
Optimist	permanent, verallgemeinernd, persönlich	temporär, spezifisch, äußerlich
Pessimist	temporär, spezifisch, äußerlich	permanent, verallgemeinernd, persönlich

Tab. 1: Zuschreibungen

DIE RATIONAL-EMOTIVE THERAPIE VON ALBERT ELLIS

Manche Psychologen entwickeln eine Theorie, geben aber keine Erläuterungen zu ihrer Anwendung und Nutzung bei der Lösung realer Probleme. Seligmans Ansichten über Optimismus und Pessimismus sind eine plausible Erklärung für das Verhalten erfolgreicher und erfolgloser Sportler. Zum Glück für Sportpsychologen, die Sportlern helfen und ihre Probleme theoretisch verstehen möchten, empfiehlt Seligman, destruktiv-pessimistischen Zuschreibungen mithilfe einiger Ideen von Albert Ellis (Ellis a. Bernard 1985) zu verändern. Ellis eröffnet Sportpsychologen eine Möglichkeit, Sportlern zu helfen, destruktive Zuschreibungen zu erkennen – die fälschlich pessimistischen in Zweifel zu ziehen und optimistischere zu stärken.

Viele Zuschreibungen befinden sich im Unbewussten des Sportlers. Wie bereits erwähnt wurde, erweisen sich unbewusste Motivationen in Trance als wesentlich zugänglicher und weniger auf Abwehr bedacht als im normalen Wachzustand. Hypnose kann den Weg zur Modifikation übertrieben pessimistischer Zuschreibungen ebnen. Der erste Schritt besteht darin, sich anzuhören, wie der Sportler gute und schlechte Leistungen erklärt – wie er ihnen eine Ursache zuschreibt. Begründet er Misserfolge mit verallgemeinernden, persönlichen Zuschreibungen, und wirken Erfolge auf ihn verstärkend? Tendiert er zu einer pessimistischen Haltung – was man herausfinden kann, indem man ihm entweder zuhört oder Seligmans Optimismus-Pessimismus-Test nutzt –, ermöglicht uns die von Albert Ellis entwickelte rational-emotive Therapie (RET), zu optimistischeren und erfolgsträchtigeren Denkweisen zu gelangen.

Die RET-Technik von Ellis benutzt ein ABCDE-Modell, um Sportlern zu helfen, jene Zuschreibungen, die der Leistung schaden, zu untersuchen und zu verändern, und um die leistungsfördernden Zuschreibungen zu stärken. Kurz gesagt, ist mit A die Aktivierung (Erregung) gemeint, die C, einen Zustand *(condition)*, zu erzeugen scheint. Nach einem Misserfolg (A) beispielsweise kann ein Sportler entmutigt (C) sein. Ellis sagt nun, dass nicht der Misserfolg die Entmutigung verursacht, sondern B *(belief)*, die Überzeugung des Sportlers. Ist diese Überzeugung eine negative, permanente, verallgemeinernde oder persönliche Zuschreibung, kann man dem Sportler helfen, die Zuschreibung zu hinterfragen (D = *to dispute*) und ihm mithilfe einer temporären, spezifischen und außenorientierten Überzeugung bezüglich der Ursache des Misserfolgs Energie (E) zuzuführen. Natürlich sollte Zuschreibungen in jedem Fall eine realistische Sichtweise zugrunde liegen – der Sportler sollte bereit sein, die wahren Gründe für den Misserfolg zu akzeptieren. Die Fallstudie *Der Quarterback* in Kapitel 12 veranschaulicht diese Technik ausführlicher.

ICHSTÄRKENDE SKRIPTS

Es gibt mehrere ichstärkend wirkende Skripts (Hammond 1981; Hartland 1971; Uneståhl 1995). In ihnen allen visualisiert der Sportler einen angenehmen, entspannend wirkenden Ort. Uneståhl lässt den Klienten einen Raum visualisieren. Hammond und Hartland suggerieren die Vorstellung eines angenehmen Ortes, der sich sowohl in einem Gebäude als auch in freier Natur befinden kann. Ich fordere die Sportler auf, über Art und Lage des Ortes selbst zu entscheiden, und meist wählen sie einen angenehmen Ort im Freien.

Ist der Sportler entspannt und genießt den Aufenthalt an dem angenehmen Ort, lassen die verschiedenen Autoren eine Vielzahl stärkender Suggestionen folgen. Zwar wurden diese Skripts nicht spezifisch für Sportler entwickelt, doch kann man sie leicht an eine individuelle Situation anpassen. Uneståhl bezieht Suggestionen ein, die beinhalten, dass „Sie sich jeden Tag stärker fühlen werden, sowohl körperlich als auch geistig, außerdem wachsamer und wacher, weniger leicht müde oder gelangweilt und stärker an dem interessiert, was Sie tun". Hammond fordert den Klienten auf: „Lassen Sie sich gute Gefühle der Sicherheit, des Glücks, der Kompetenz und der Ruhe erleben", und später fordert er ihn auf zuzulassen, dass diese Gefühle „Sie ganz und gar durchfließen, alle Bereiche Ihres Seins, sodass alles, was Sie jemals erlebt haben, von diesen besänftigenden Gefühlen berührt wird". Er suggeriert, dass die Dinge an diesem angenehmen Ort ins rechte Licht gerückt werden und dass das Unbewusste des Klienten dort wissen wird, was erforderlich ist, und dass es einen Teil davon offenbaren wird. „Vielleicht hören Sie eine ruhige Stimme, vielleicht eine Stimme in Ihrem Geist oder eine, die tief aus Ihrem Inneren zu kommen scheint und die Ihnen sagt, was Sie am dringendsten hören müssen, und Ihnen das suggeriert, was Sie jetzt am dringendsten in sich aufnehmen müssen." Er erklärt, dass diese Gefühle erhalten bleiben, wenn der Klient aus der Trance aufwacht. Der Sportler wird ermutigt, die empfangenen Suggestionen durch Selbsthypnose zu verstärken. Hartlands Skript enthält die gleichen Suggestionen, doch wird bei ihm hervorgehoben, dass der Sportler die in Trance erwähnten Fähigkeiten weiter verbessern wird. „Sie werden jeden Tag mehr auf ihre Fähigkeit vertrauen, Ihr Bestes zu geben, mehr Einfluss zu haben und in stärkerem Maße zu tun, was Sie wirklich tun wollen. Sie werden Ihre eigene Position wesentlich besser vertreten."

Weil innere Stärke für Sportler so häufig ein Problem ist, können diese ichstärkend wirkenden Skripte andere Techniken wirksam ergänzen.

Vorbereitung auf die Benutzung eines Skripts

Das Beispiel-Skript kann jeder einleitenden Induktion und Tranceprozessen jeder anderen Art folgen. Der Wortlaut ist nur als Vorschlag zu verstehen. Er sollte den Bedürfnissen des Therapeuten und des Sportlers entsprechend modifiziert werden.

Bei Benutzung dieses Skripts sollte man mit dem Sportler zunächst über seine Erlebnisse in seinem Sport sprechen. Aus solchen Gesprächen geht hervor, wo ihm geholfen werden kann. Häufig stellt sich heraus, dass er in bestimmten Situationen oder in bestimmten Bereichen einen Mangel an Selbstvertrauen oder Stärke empfunden hat – Situationen, in denen seine Selbstwirksamkeit (sein Gefühl der eigenen Fähigkeit, Probleme zu lösen; Anm. d. Übers.) gestärkt werden musste. Möglicherweise müssen Sie diese Aspekte näher untersuchen, und Sie können die so erkannten Bedürfnisse an den markierten Stellen in das Skript einarbeiten.

Das im Folgenden wiedergegebene allgemeine Skript kann man benutzen, wenn Klienten entweder bereits entspannt sind oder sich in Trance befinden. Es sollte in einem langsamen Tempo verlesen werden, mit vielen Pausen, damit die Klienten die Suggestionen aufnehmen und auf sie reagieren können. Wiederholungen und ausführlichere Beschreibungen bestimmter Gedanken oder Aussagen sind dabei möglich. Sehr wirksam ist es, den Namen des Teilnehmers häufig zu nennen. – Ich habe einige der Punkte, an denen dies möglich ist, mit einem Stern (*) gekennzeichnet.

Bevor ich mit diesem Skript zu arbeiten beginne, stelle ich fest, ob der Klient Bauch und Zwerchfell einsetzt, um tief zu atmen. Atmet er zwar tief, aber nur in den oberen Teil der Brust, bringe ich ihm die Zwerchfellatmung bei. Ich erinnere ihn jedes Mal, wenn ich ihn zum tiefen Atmen auffordere, daran, diese Art von Atmung zu praktizieren.

Textpassagen in Kursivschrift und in Klammern sind als Erläuterungen und Anweisungen für den Therapeuten zu verstehen; sie sollen also nicht vorgelesen werden.

Beispiel-Skript

Wenn Sie merken, dass Sie sich entspannen, *, befinden Sie sich an einem wunderbaren und angenehmen Ort, wahrscheinlich irgendwo in freier Natur. In der Nähe gibt es Wasser und ein paar Bäume. Achten Sie bei jedem Atemzug darauf, wie Ihr Körper immer entspannter wird, *. Atmen Sie ein paar Mal tief, und spüren Sie beim Ausatmen, dass Ihr ganzer Körper sich angenehm entspannt. Ihre Taille ist entspannt, Ihre Beine sind so entspannt, dass Sie ihr Gewicht auf der Sitzfläche des Stuhls spüren. Sie schauen zum Himmel auf und sehen, er ist wunderbar blau, und vereinzelte Wolken ziehen vorüber. Vielleicht hören Sie von irgendwoher angenehme Geräusche, etwa von einem leichten Wind in den Bäumen oder vom Wasser. *(Lassen Sie dem Klienten Zeit, die Geräusche zu hören.)* Die Sonne fühlt sich auf Ihrem Rücken angenehm und warm an. *(Wenn Sie einen Hypnotisierten auffordern, sich sensorische Wahrnehmungen unterschiedlichen Ursprungs zu vergegenwärtigen, werden dadurch seine innere Vorstellung und seine Trance vertieft.)* Sie können sprechen, *, ohne Ihren erholsamen Entspannungszustand zu verlassen. Ich möchte, dass Sie mir nun etwas über diesen entspannenden Ort erzählen, *. Wo sind Sie? Was sehen Sie? *(Meist kann der Klient an diesem Punkt Fragen über den angenehmen Ort, der beispielsweise am Meer, an einem See oder Fluss liegt, beantworten. Vielleicht spricht er dabei ein wenig langsam oder undeutlich, doch was er sagt, ist verständlich. Wie Sie mit der Szene weiter umgehen, hängt natürlich von der Art des gewählten Orts ab. In unserem Beispiel nehmen wir an, dass es sich um eine Bucht am Meer handelt, weil viele Klienten sich für diese Szenerie entscheiden.)* Achten Sie auf die Geräusche der Brecher und auf ihre entspannende Wirkung. *(Lassen Sie dem Klienten hier Zeit.)* Vielleicht spüren Sie die kühle Meeresbrise ... und gleichzeitig spüren Sie die Wärme der Sonne auf Ihrem Gesicht oder Ihrem Rücken ... Atmen Sie den Geruch der frischen Meeresluft ein. *(An diesem Punkt kann mit ichstärkenden Suggestionen begonnen werden.)*

Wenn Sie tief einatmen, *, spüren Sie, dass Kraft und Stärke in Ihren Körper strömen. Diese Stärke ist immer da gewesen. Manchmal haben

Sie gespürt, dass sie da war, doch in anderen Situationen hatten Sie nicht das Gefühl, darauf zurückgreifen zu können ... Atmen Sie einige Male tief, und spüren Sie die Stärke noch deutlicher in Ihrem Inneren, *, zuerst nur ein wenig, doch dann breitet sie sich allmählich in Ihrem gesamten Körper und Geist aus, während Sie weiter tief atmen. Bei jedem tiefen Atemzug fühlen Sie sich physisch und geistig stärker und erkennen besser, dass Sie den Mut und die Kraft haben zu tun, was Sie tun wollen. Sie können sich mit den wichtigen Herausforderungen in Ihrem Leben besser auseinander setzen und haben mehr Einfluss auf das, was in Ihrer Umgebung geschieht.

Während die Stärke in Ihrem Körper und Geist zunimmt, spüren Sie auch, dass Sie ruhiger, kompetenter und weniger angespannt oder gestresst sind, dass andere Ihnen mehr Achtung entgegenbringen und dass die Menschen, zu denen Sie Kontakt haben, Sie bewundern, *. *(An diesem Punkt atmet der Sportler wahrscheinlich wieder normal. Wenn nicht, können Sie suggerieren, dass er einfach normal weiteratmen soll, aber auch dann bei jedem Einatmen weiter jene Stärke spüren wird.)* Sie werden feststellen, dass die Stärke und die guten Gefühle sich in alle Bereiche Ihres Geistes und Körpers ausbreiten, dass sie Ihr ganzes Sein durchströmen. Lassen Sie die guten Gefühle einfach zu, *. *(Pause.)* Wenn Sie sich an diesem angenehmen Ort entspannen, spüren Sie, dass die Bereiche von Ihnen stärker werden, von denen Sie möchten, dass sie stärker werden, die Bereiche, in denen Sie sich bisher unnötig schwach fühlten.

(An dieser Stelle können Sie auf einige der Dinge eingehen, um die es in Ihrem Gespräch mit dem Klienten ging.) Sie werden feststellen, dass Sie besser in der Lage sind, zu ... und zu ... *(Gehen Sie hier auf die Bedürfnisse ein, die der Klient im Gespräch erwähnt hat.)*

In den nächsten Tagen können Sie diese Stärke und die guten Gefühle wieder erleben, indem Sie die Augen schließen und ein paar Mal tief, tief atmen. Sobald die Luft in Ihre Brust und Ihren Bauch strömt, werden Sie spüren, dass diese Stärke Ihren Körper und Ihren Geist erfüllt, und Sie werden Ruhe und Selbstvertrauen spüren und das Gefühl, dass Sie Ihr Leben im Griff haben.

(An diesem Punkt können Sie spezifischere Suggestionen einbauen, die auf individuelle Bedürfnisse des Klienten eingehen. Sie können ihn auffordern, Ihnen einige Bereiche zu nennen, in denen er sich eine Veränderung wünscht. Dabei kann es beispielsweise um Selbstvertrauen bei einem Wettkampf gehen, um die Meisterung einer bestimmten besonders schwierigen Technik, um die Verbesserung der Beziehung zu Teamkollegen oder zum Coach oder um irgendeinen anderen Bereich, in dem Sie ein Bedürfnis nach Stärkung erkannt haben.)

Nun, *, möchte ich, dass Sie sich zu irgendeinem Zeitpunkt morgen sehen *(oder zu irgendeinem späteren Zeitpunkt oder in einer Situation, in der ein früher zum Ausdruck gebrachtes individuelles Bedürfnis anklingt)*. Sie erinnern sich an die starken Gefühle, die Sie jetzt haben, und fragen sich, ob Sie diese auch später spüren werden. Während Sie sich in jener

Situation morgen sehen, *, atmen Sie ein- oder zweimal tief und spüren, wie diese guten Gefühle und die Stärke Ihren Körper und Geist erfüllen. Auf diese Gefühle und die Kraft können Sie zurückgreifen, wann immer Sie wollen. Sie sind immer in Ihnen gewesen und haben Sie zu allen Zeiten umgeben, *, auch wenn Sie diese Stärke und dieses Selbstvertrauen nicht immer haben spüren können, wenn Sie dies wollten oder gebraucht hätten. Nun können Sie es. Wenn Sie einfach tief atmen, werden Sie das Selbstvertrauen spüren und spüren, dass Sie alles tun können, was Sie wollen. Sie sagen zu sich selbst: „Ich kann dies tun." *(Hier können Sie eine Aktivität nennen, die dem betreffenden Sportler wichtig ist. Vielleicht haben Sie ihm bereits den Wert positiver Bestärkungen erklärt, so wie er oben in diesem Kapitel beschrieben wird.)*

(Oft ist es Sportlern nützlich, wenn sie sich die Rückkehr in eine Situation vorstellen, in der es ihnen an Selbstvertrauen fehlte, und wenn sie dann das hier beschriebene Verfahren nutzen, um eine jener Situation angemessene Stärke zu spüren.) Nun möchte ich, dass Sie zurückkehren zu ... *(Wählen Sie eine Situation, in der es dem Klienten an Selbstvertrauen fehlte.)* Achten Sie darauf, was Ihr Körper empfindet; vielleicht ist er etwas angespannt, nervös oder fühlt sich unbehaglich. Bitte, beschreiben Sie mir jetzt, wie Ihr Körper und Ihr Geist sich anfühlen. *(Pause, um dem Klienten Zeit für eine Reaktion zu lassen.)* Wie leistungsfähig waren Sie, als Sie sich so fühlten? *(Pause, um Zeit für eine Reaktion zu lassen.)* Nun atmen Sie ein- oder zweimal tief, und spüren Sie, wie sich das Gefühl in Ihrem Körper dadurch verändert – wie Sie die Fassung wiederfinden, Ihre Stärke zurückerlangen und wieder in der Lage sind, Ihren Fähigkeiten entsprechende Leistungen zu erbringen. *(Passen Sie die Veränderungen, die Sie suggerieren, an eine Situation oder ein Ereignis an, bei der oder dem der Klient das Gefühl hatte, nicht über genügend Fassung oder Stärke zu verfügen. Es kann für den Sportler von Nutzen sein, die Situation, in der er sich schwach gefühlt hat, mit einem Gefühl der Stärke zum Abschluss zu bringen. Entsprechende Suggestionen ermöglichen es ihm gewöhnlich, sich eine gute eigene Leistung in jener Situation vorzustellen.)* Sagen Sie mir, wie sich Ihr Körper jetzt anders anfühlt. Sagen Sie zu sich selbst: „Ich kann das schaffen." Sehen Sie, um wie viel effektiver Sie handeln können, wenn Sie diese Stärke haben. *(Pause, um Zeit für eine Reaktion zu lassen.)*

In den kommenden Tagen werden Sie mehrmals täglich so tief durchatmen können. Und während Sie dies tun, *, werden Sie Ihre eigene Fähigkeit stärker spüren, Sie werden sich selbstsicherer fühlen, Sie werden sich als ganzheitlicher empfinden, und Sie werden in stärkerem Maße das Gefühl haben, Anerkennung zu verdienen und die Kontrolle über Ihre eigene Situation und Ihr Tun zu haben. Sie werden es immer wieder genießen, diese guten Gefühle wachzurufen, indem Sie mehrmals am Tag so tief durchatmen.

Ende des Skripts.

Nachbesprechung

Nach Anwendung des Skripts können Sie mit dem Sportler darüber sprechen, dass es wichtig ist, diese ganze Prozedur zu üben, und ihm empfehlen, zu einem späteren Zeitpunkt erneut mit Ihnen zusammenzutreffen, um das Skript zu verstärken, sodass ihm die Stärke und die guten Gefühle bei allen wichtigen Herausforderungen zur Verfügung stehen.

HYPNOSE ZUR ICH-STÄRKUNG

Oft liegen die negativen Überzeugungen, die gute Leistungen unmöglich machen, im Unbewussten von Sportlern verborgen. Weil diese Überzeugungen in Trance besser zu erreichen sind, kann ein guter Hypnosetherapeut die einflussreichen Zuschreibungen leichter in einer Trance als in einem normalen Gespräch zutage fördern. Die Trance ermöglicht es dem Psychologen auch, negative und schädigende Zuschreibungen zu hinterfragen und potenziell nützlicheren Überzeugungen den Weg zu bahnen. Ich habe festgestellt, dass die meisten Sportler selbst über den Schlüssel verfügen, der es ihnen ermöglicht, bessere Leistungen zu erzielen. Wie bereits erwähnt, können diese aus Bereichen des Geistes stammen, zu denen im normalen Gespräch kein Zugang möglich ist. Die Suggestionen, die zu geeigneteren Zuschreibungen führen, kommen eher vom Klienten selbst als von mir, und sie scheinen eher in Trance als im Zustand des normalen Wachbewusstseins zum Vorschein zu kommen.

Zwar mag Arbeit in Trance in solchen Fällen nützlich sein, doch habe ich festgestellt, dass es sinnvoll ist, mit dem Sportler vor und nach der Trance über die Zuschreibungen zu sprechen. Da viele wichtige Zuschreibungen auf der Ebene des Bewusstseins vorgenommen werden, kann man die Methoden von Ellis auch unabhängig von einer Trance anwenden. Sie ermöglichen es Sportlern, die nützlichsten Zuschreibungen zu einem festen Bestandteil ihres inneren Selbstgesprächs (und damit ihrer Selbstinstruktion; Anm. d. Übers.) zu machen.

10. Schmerz lindern

*Freude ist oft ein flüchtiger Besucher,
doch Schmerz haftet grausam an uns.*

John Keats, Endymion

Die meisten Sportler verfügen über jene Fähigkeit, die vor allem Football-Spielern nachgesagt wird: einen Wettkampf trotz einer Verletzung fortsetzen zu können. Oft spüren sie den Schmerz erst, nachdem die Erregung, in die sie durch ein Spiel oder einen Wettkampf versetzt waren, abgeklungen ist. Diese Fähigkeit, die Stärke des Leidens mental zu beeinflussen, ist ein Beispiel für die Macht des Geistes. Hypnose nutzt diese Macht, um im Falle einer Verletzung das Leiden zu verringern.

Schmerzbeeinflussung durch Hypnose

Anfang des 19. Jahrhunderts entdeckten mehrere englische Ärzte die betäubende Wirkung der Hypnose neu und fingen an, sie für chirurgische Eingriffe zu nutzen. James Esdaile, ein schottischer Chirurg, führte in Indien sehr viele Operationen durch, bei denen er zur Betäubung nur Hypnose einsetzte. Obwohl auch viele andere Ärzte in der Lage waren, Hypnose für solche Zwecke zu nutzen, weigerte sich das medizinische Establishment Großbritanniens, diese Möglichkeit anzuerkennen. Nach der Erfindung von Äther und anderen chemischen Narkosemitteln in der Mitte des 19. Jahrhunderts erschien der Einsatz von Hypnose zur Betäubung als nicht mehr erforderlich. Chemische Narkosemittel haben gegenüber der Hypnose den Vorteil, dass Menschen auf sie voraussehbarer reagieren als auf Hypnose. Der Vorteil der Hypnose hingegen ist, dass bei ihrem Einsatz keinerlei Nebenwirkungen in Kauf genommen werden müssen – es gibt in ihrem Fall weder allergische Reaktionen noch andere Begleiterscheinungen, die chemische Narkosemittel mit sich bringen können.

Die Fähigkeit von Menschen, in einer Trance ihren Schmerz zu verringern, ist allen, die mit der Wirkung von Hypnose vertraut sind, bekannt. Ich bin wohl häufiger gebeten worden, Hypnose einzusetzen, um Schmerzen zu lindern, als ich sie für irgendeinen anderen Zweck genutzt habe. Wenn Sportler selbst erlebt haben, dass ihre Schmerzen durch Hypnose gelindert wurden, vermittelt ihnen dies häufig das Vertrauen, die Wirkung dieser Methode auf ihre Leistungsfähigkeit und auf andere Aspekte ihrer sportlichen Aktivität auszuprobieren.

Die Macht der Hypnose erleben

Als ich zum ersten Mal die Macht von Hypnose erlebte, ging es um die Linderung von Schmerzen. Ich war gerade von meinem ersten Hypnosetraining zurückgekehrt – einem Intensivkurs für Anfänger und Fortgeschrittene, der von der *American Society for Clinical Hypnosis* (ASCH) veranstaltet worden war. Der Kurs hatte mich interessiert, weil ich kaum etwas über Hypnose wusste und weil in mehreren meiner eigenen Psychologiekurse von dieser Technik die Rede gewesen war: Meine Psychologiestudenten hatten immer wieder ihre Neugierde darauf zum Ausdruck gebracht, was es mit der Hypnose auf sich habe, und weil ich mich nicht in der Lage sah, ihrem Interesse gerecht zu werden, hatte ich ein schlechtes Gewissen. Ich hoffte, dass der Kurs mir in dieser Hinsicht Kompetenz vermitteln würde, und ich hatte keinerlei Vorstellung, in welchem Maße ich dabei tatsächlich mit Hypnose konfrontiert werden würde. Ganz bestimmt hatte ich damals nicht vor, Hypnotherapeut zu werden.

Einige Tage nach jenem Hypnosekurs kam ich zufällig in den Trainingsraum unserer College-Sportler. Unser Quarterback, Bart, hatte sich bei einem Spiel am Samstag zuvor das rechte Knie verletzt und ging seither auf Krücken. Wegen der Schmerzen konnte er das verletzte Bein nicht mit dem geringsten Gewicht belasten und sein Kniegelenk auch nicht durchdrücken. Der Trainer sagte mir, Bart solle am nächsten Tag eine Vollnarkose erhalten, damit sein Knie untersucht werden könne. Nur unter Vollnarkose könne der Arzt das

Bein ungehindert bewegen, um festzustellen, ob Sehnen und Bänder beschädigt seien. Als er mir erklärte, dass das Bein durch die Vollnarkose sowohl entspannt als auch betäubt würde, fiel mir ein, dass auch Hypnose entspannend und schmerzlindernd wirken konnte und dass ich gerade gelernt hatte, wie man so etwas bewirkt. Augenblicklich wurde mir klar, dass ich bei dieser Gelegenheit herausfinden könnte, ob das Geld, das ich für den Kurs in Hypnose ausgegeben hatte, gut investiert war. Würde ich Bart hypnotisieren und seinen Schmerz so neutralisieren können, dass der Arzt sein Bein bewegen konnte?

Bart hatte an einigen meiner Kurse teilgenommen und kannte mich daher gut genug, um mich nicht für völlig übergeschnappt zu halten, als ich ihm vorschlug, einen Versuch mit Hypnose zu machen. Er war einverstanden, mich diese Technik ausprobieren zu lassen. Ich versuchte, Selbstvertrauen auszustrahlen und meine eigene Beklommenheit sorgsam zu verbergen, begann mit einer Induktion und entspannte und betäubte dann das Bein. Bart war gut hypnotisierbar, und der Arzt konnte das entspannte und betäubte Bein so bewegen, dass er die Unverletztheit aller Sehnen und Bänder eindeutig bestätigen konnte. Die vielen Beugungen und Drehungen, die er an dem Bein vornahm, wären für Bart äußerst schmerzhaft gewesen, wenn er sich nicht in Trance befunden hätte. Nach dem Test war ich mir nicht sicher, wer von uns dreien verblüffter war: Bart, der Trainer oder ich selbst. Niemand von uns hatte jemals zuvor eine solche Anwendung von Hypnose miterlebt. Mehr als zehn weitere Mitglieder der Football-Mannschaft waren Zeugen der Demonstration gewesen, und sie stellten natürlich zahllose Fragen danach, was man mit Hypnose sonst noch alles anstellen könne. Dadurch inspirierten sie mich dazu, noch viele andere Möglichkeiten der Hypnoseanwendungen im Bereich des Sports zu erforschen. Dies war mein geglückter Einstand auf dem Weg zum Hypnotherapeuten im Bereich des Sports.

Vorteile und Probleme der Schmerzlinderung mithilfe von Hypnose

Ebenso wie viele andere Möglichkeiten, Hypnose zu nutzen, wirft auch die Linderung von Schmerzen mithilfe dieser Methode wichtige ethische und praktische Fragen auf. Schmerz ist ein nützliches

Symptom, und bevor wir ihn manipulieren, sollten wir uns darüber im Klaren sein, dass er gewöhnlich ein Warnzeichen des Körpers ist, das uns auffordert, bestimmte Bewegungen zu vermeiden. Wenn ich mit einem Sportler an der Linderung eines Schmerzes arbeite, tue ich das stets in Absprache mit dem zuständigen Arzt oder dem Physiotherapeuten, der die Verletzung behandelt. Ich achte darauf, dass meine Arbeit andere Behandlungen, die der Sportler erhält, sinnvoll ergänzt.

Zur Schmerzlinderung Medikamente einzusetzen ist ein akzeptierter Bestandteil der Rehabilitation, und Hypnose kann den Einsatz von Schmerzmitteln ergänzen oder völlig ersetzen. Dadurch wird auch die Gefahr des Auftretens von Nebenwirkungen gemindert. Unter Hypnose kann man nicht nur Schmerz fast augenblicklich lindern, sondern Sportlern auch posthypnotische Suggestionen geben, auf die sie später in Situationen zurückgreifen können, in denen sie sonst chemische Substanzen einnehmen würden. Manchmal ist es auch sinnvoll, Sportlern Selbsthypnosetechniken beizubringen, um es ihnen zu ermöglichen, später Schmerzen selbst zu lindern.

So nützlich es häufig ist, Schmerzen zu verringern, ist es doch ethisch nicht vertretbar, Schmerz völlig „auszuschalten", damit ein Sportler einen Wettkampf fortsetzen kann, denn dadurch kann ein möglicherweise irreparabler Schaden entstehen.

Wenn ich im Falle einer Sportverletzung Hypnose zur Schmerzlinderung einsetze, formuliere ich meine Suggestionen meist nicht auf das Ziel hin, die völlig Auflösung des Schmerzes zu erreichen. Zwar ist es unnötig, entsetzliche Schmerzen um jeden Preis zu ertragen, und es ist in solchen Fällen sicherlich sinnvoll, an ihrer Reduzierung zu arbeiten, doch erhält ein geringer Restschmerz das Interesse des Klienten an einer geeigneten Behandlungsmethode aufrecht.

In meiner ersten Sitzung mit Bart war mein Ziel, das Bein völlig zu betäuben, damit der Arzt es beliebig bewegen konnte. In einer späteren Sitzung versuchte ich, Bart zu helfen, seinen Schmerz, der für ihn immer noch ein Problem war, unter Kontrolle zu bringen. In einer posthypnotischen Suggestion vermittelte ich ihm, dass er bei Unerträglichwerden des Schmerzes im Knie die Augen schließen, Zwerchfellatmung praktizieren und so den Schmerz lindern könnte. Ich suggerierte, dass der Schmerz nicht völlig verschwinden, aber wesentlich erträglicher werden würde. Während er sich weiter in Trance befand, forderte ich ihn auf, sich eine Situation vorzustellen, in der er starken Schmerz in seinem Bein gehabt hatte, und dann diesen Schmerz mithilfe der neu erlernten Atemmethode zu verringern. Dies wiederholte ich mehrmals. Später berichtete er, diese Technik habe sich für ihn als sehr nützlich erwiesen. Fortan war er in der Lage, starken Schmerz auf ein erträgliches Maß zu reduzieren.

Einige Chirurgen haben eine Entdeckung gemacht, die zweifellos über den üblichen Anwendungsbereich von Hypnose im Sport hinausgeht. Sie soll hier aber trotzdem erwähnt werden: Wenn bei einem chirurgischen Eingriff oder bei einer Entbindung statt eines chemischen Narkosemittels Hypnose eingesetzt wird, ist sowohl die Infektionsgefahr geringer als auch die Genesungszeit kürzer. In Trance kann man den Patienten Suggestionen zur Beschleunigung des Genesungsprozesses (siehe Kapitel 11) sowie zur Verringerung von Schmerzen geben. Für entsprechend disponierte Menschen und unter der Voraussetzung, dass der behandelnde Therapeut sich in der Anwendung von Hypnose auskennt, ist Hypnose ungefährlicher als ein chemisches Schmerzmittel; sie hat weiterhin keine Nebenwirkungen, löst weder Allergien noch Gegenreaktionen aus (wie es bei Medikamenten der Fall sein kann) und erzeugt auch keine Abhängigkeiten. Doch aufgrund der unterschiedlichen Hypnotisierbarkeit von Menschen und aufgrund der Zeit, die es erfordert, die Kunst der Hypnose zu erlernen, wird Hypnose heute als Betäubungsmöglichkeit weniger häufig genutzt als die bekannten chemischen Narkosemittel.

Arten von Schmerz

Barber (1996) beschreibt drei Arten von Schmerz:

1. akuten Schmerz,
2. chronischen gutartigen Schmerz,
3. chronisch wiederkehrenden Schmerz.

Akuter Schmerz entsteht durch unmittelbare physische Traumen – Brüche, Prellungen und schwere Verletzungen. Er kann sowohl durch Hypnose als auch durch chemische Stoffe gelindert werden.

Die zweite Art von Schmerz bezeichnet Barber als chronischen gutartigen (benignen) Schmerz. Typische Beispiele hierfür sind, dass Menschen noch lange, nachdem eigentlich die Heilung eingetreten sein müsste, leiden. Die Betreffenden haben gelernt, den Schmerz aufrechtzuerhalten, oft, weil für sie irgendein Sekundärgewinn damit verbunden ist: Manchmal verschafft sich ein Verletzter durch seine Verletzung oder seinen Schmerz irgendeinen Vorteil – die Sympathie anderer, eine gute Entschuldigung, um sich vor unangenehmen und belastenden Aufgaben zu drücken, oder irgend etwas anderes. Hypnose allein vermag chronische gutartige Schmerzen nicht zu beseitigen. Es ist eine komplexere Behandlung gefordert, weil der Klient begreifen muss, was er von seinem Schmerz hat und wie er mit dieser Tatsache umgehen kann. Wenn einem Therapeuten klar ist, um welche Art von Sekundärgewinn es sich handelt, kann er mit einer auf die Situation abgestimmten edukativen Intervention beginnen und so den Sekundärgewinn zu eliminieren versuchen. Die Möglichkeit, mit Hypnose auf unbewusste Motivationen einzuwirken, kann dem Therapeuten wie dem Leidenden helfen, die psychischen Ursachen des ständigen Schmerzes zu erkennen und sich damit auseinander zu setzen. Einen Sekundärgewinn sollten nur Menschen mit einer gründlichen psychologischen Ausbildung zu eliminieren versuchen. In Kapitel 11 erläutere ich im Abschnitt über psychosomatische Krankheiten an einem Beispiel, wie man Sportlern helfen kann, von einem Schmerz dieser Art zu genesen.

Die dritte Art von Schmerz bezeichnet Barber als chronisch wiederkehrenden Schmerz. Dabei handelt es sich um den permanenten Schmerz, der häufig mit Krankheiten wie Krebs oder Arthritis in Verbindung gebracht wird. Ein Sportler, der auf dem Weg der Genesung von einer schweren Verletzung ist, kann an Schmerzen dieser Art leiden. Eine hypnotische Behandlung kann auch bei chronisch wiederkehrenden Schmerzen von Nutzen sein.

Bei Sportlern kommen die erste und die dritte von Barber definierte Art von Schmerz am häufigsten vor. Bei akutem Schmerz kann ein Therapeut eine Trance induzieren und den Schmerz sofort verringern oder völlig eliminieren – wahrscheinlich schneller als jedes Schmerzmittel.

Sportlern, die unter chronisch wiederkehrenden Schmerzen leiden, kann man meist ein Signal beibringen, das es ihnen ermöglicht, unerträglichen oder unnötigen Schmerz durch posthypnotische Suggestionen oder mithilfe von Selbsthypnose zu verringern. In späteren Sitzungen erlernte Bart diese Schmerzlinderung, die er dann während der Genesung von seiner Verletzung anwandte. Weil ich gewöhnlich die heilungsfördernden mit schmerzlindernden Suggestionen kombiniere, möchte ich weitere Einzelheiten über Techniken der suggestiven Linderung von Schmerzen im nächsten Kapitel erläutern.

Physische und affektive Aspekte von Schmerz

Barber trifft noch eine weitere nützliche Unterscheidung, indem er die physischen Aspekte des Schmerzes von den affektiven trennt. Der physische Aspekt ist die Intensität des Schmerzes. Der affektive Aspekt ist das empfundene Leiden – das Ausmaß, in dem der Schmerz dem Betroffenen zu schaffen macht. Dies wird manchmal auch als Unterschied zwischen Schmerz und Leiden bezeichnet. Ein geringer körperlicher Schmerz ist einigen Menschen unangenehm. Andere können sogar starke Schmerzen relativ gut ertragen. Bevor ein Therapeut anfängt, an der Linderung von Schmerzen zu arbeiten, sollte er nicht nur feststellen, um welche Art von Schmerz es sich handelt (akuten, gutartigen oder wiederkehrenden), sondern auch, wie der betreffende Klient affektiv auf den Schmerz reagiert. Beides wirkt sich darauf aus, wie mit dem Schmerz umgegangen werden sollte.

Der Einsatz von Hypnose zur Schmerzlinderung

Manchmal ist es nützlich, einem Sportler mithilfe eines Beispiels zu veranschaulichen, dass letztendlich der Geist ausschlaggebend dafür ist, wie viel Leiden ein Schmerz verursacht. Viele haben miterlebt, wie Football-Spieler manchmal nach schweren Verletzungen weiterspielen – in solchen Fällen unterdrücken sie den Schmerz während des Spiels und spüren das Ausmaß der Verletzung erst, nachdem die durch den Wettkampf verursachte Erregung abgeklungen ist. Die Unterdrückung eines solchen Schmerzes während eines Wettkampfs durch den Geist ist vergleichbar damit, wie Hypnose dem Geist helfen kann, in anderen Situationen einen Schmerz zu unterdrücken.

Auch indem man Selbsthypnose zur Schmerzlinderung einsetzt, kann man das Leiden unter einem Schmerz verringern. Dadurch wird nicht nur unmittelbar der Schmerz gelindert, sondern die Betroffen erleben außerdem das befriedigende Gefühl der Kontrolle.

Schmerz und Anspannung

Wie bereits in Kapitel 3 beschrieben, besteht zwischen Schmerz und Anspannung häufig eine enge Beziehung. Oft lässt sich ein Schmerz durch Verringerung der Anspannung lindern. Ein Teenager, ein Mädchen, das ich Jennifer nennen werde, litt seit mehreren Wochen unter Rückenschmerzen. Diese behinderten zwar ihr Training nicht sonderlich, sie waren aber ständig gegenwärtig und andauernd unangenehm. Jennifer hatte einen Arzt aufgesucht, der feststellte, dass kein körperlicher Schaden bestand und dass Muskelverspannungen der Hauptgrund für die nicht nachlassenden Schmerzen waren.

Weil ich mit Jennifer an anderen Aspekten ihrer Aktivitäten als Turnerin gearbeitet hatte, konnte ich sie schnell in eine Trance geleiten. Anschließend vertiefte ich die Trance mithilfe einiger zusätzlicher Entspannungsübungen. Danach fühlte sich ihr Körper ziemlich entspannt an. Weil die Ärzte bei ihr die angespannten Muskeln, die die Schmerzen verursachten, identifiziert hatten, konnte sie speziell auf diese Muskeln fokussieren, als ich sie aufforderte, sich zu entspannen. Aufgrund der besonders starken Anspannung fiel es ihr zunächst sehr schwer, diese Muskeln loszulassen. Doch schon bald war sie in der Lage, jene Muskeln als entspannt zu visualisieren. Als sie diese muskuläre Entspannung spürte, merkte sie bald, dass sich der Schmerz auflöste.

Ich brachte ihr dann noch bei, sich selbst in Trance zu versetzen, damit sie im Laufe des Tages, wenn sie erneut irgendwelche Schmerzen oder Spannungen spüren würde, diese selbst auflösen könnte. Ich empfahl ihr, den angespannten Bereich abends vor dem Einschlafen mithilfe von Selbsthypnose zu entspannen. (Informationen über die Vermittlung von Selbsthypnosetechniken finden Sie in Kapitel 1.) Wir sprachen darüber, wie wichtig es sei, diese Muskeln entspannt zu halten, nicht nur um den Schmerz zu verringern, sondern auch, um es ihrem Körper zu ermöglichen, schneller zu heilen.

Sie hielt sich an meine Empfehlung, und als ich eine Woche später mit ihr sprach, war der Schmerz fast völlig verschwunden. Ich empfahl ihr, den betreffenden Teil ihres Rückens auch weiterhin regelmäßig zu entspannen, damit die eventuell noch notwendige Heilung zum Abschluss gelangen könnte, obwohl sie das Gefühl hatte, dies sei für die Schmerzlinderung nicht mehr erforderlich. Nach einigen weiteren Wochen spürte sie im Rücken keinerlei Schmerz mehr und genoss es, sich beim Zubettgehen mithilfe von Selbsthypnose in einem angenehmen Zustand der Entspannung zu versetzen.

Sich selbst und die Umgebung beeinflussen zu können ist dem Wohlbehagen sehr förderlich. Schmerz wird erträglicher, wenn die Betroffenen das Gefühl haben, zumindest einen gewissen Einfluss auf ihn zu haben. Weil Schmerz und Verletzungen so häufig miteinander verbunden sind, geht es im nächsten Kapitel um Heilung.

11. Selbstheilungskräfte aktivieren

> *Der Arzt ist nur der Helfer der Natur.*
> Galen, griechischer Arzt der Antike

Ursprünglich wurden hypnotische Trancen zu Heilungszwecken genutzt. Von den Schlaftempeln des klassischen Griechenland bis hin zu Mesmers Wirken im Paris des 18. Jahrhunderts war der wichtigste Zweck der Trance Heilung. Auch die moderne Hypnose hilft Menschen, ihre eigenen Heilkräfte zu mobilisieren.

DIE MACHT DER SELBSTHEILUNG

Neuerdings wird die Fähigkeit des Menschen zur Selbstheilung in stärkerem Maße erkannt. Herberg Bensons (1996) Buch *Timeless healing: The power and biology of belief* (deutsch: *Heilung durch Glauben*) ist ein gutes Beispiel hierfür. Ein großer Teil der heutigen Alternativmedizin weist auf den psychosomatischen Charakter von Krankheiten hin. Die Mitwirkung des Patienten an Heilungsprozessen wird mittlerweile als wichtig angesehen, und der Einsatz von Hypnose zur Aktivierung heilender Kräfte hat eine lange Geschichte.

DEFINITION DES BEGRIFFS „PSYCHOSOMATISCH"

Der Begriff „psychosomatisch" leitet sich von zwei griechischen Wörtern her: *psycho* bedeutet „geistig" oder „Geist", und *soma* bedeutet „Körper". Wenn ein Leiden als psychosomatisch bezeichnet wird, ist damit gemeint, dass seine Ursachen und Auswirkungen sowohl den Geist als auch den Körper betreffen. Die Symptome erzeugen Unbehagen, eine geistige Auswirkung. Bestünde dieses Unbehagen nicht, würden wir kein Problem empfinden.

Zwar akzeptieren wir im allgemeinen, dass manchen Krankheiten starke psychische Wurzeln zugrunde liegen, doch weist Hunter darauf hin, dass sich Körper und Geist in permanenter Interaktion befinden. Wenn ein körperliches Problem kein Unbehagen hervorruft (d. h., wenn es sich nicht im Zustand unseres Geistes spiegelt), werden wir diesbezüglich kaum Hilfe suchen. Deshalb sind aus ihrer Sicht letztendlich alle Krankheiten psychosomatisch. Allerdings gesteht sie als Möglichkeit zu, dass eine Krankheit auch existieren kann, ohne dass geistiges Unbehagen damit einhergeht. Beispielsweise lassen viele Menschen feststellen, ob sie an der Krankheit Krebs erkrankt sind, bevor sie irgendeine Form von Unbehagen empfinden.

PHYSIOLOGISCHE UND PSYCHOLOGISCHE URSACHEN

Zwar haben die meisten Sportverletzungen rein physiologische Ursachen, doch gibt es bei einigen dieser Probleme durchaus psychische Komponenten. Aber völlig unabhängig davon, ob es sich um psychische oder um physiologische Ursachen handelt, kann der betroffene Sportler seine geistigen Kräfte in jedem Fall sinnvoll zur Beschleunigung der Heilung nutzen. Ievleva und Orlick (1991) haben festgestellt, dass positive Selbstinstruktion, das Festlegen von Zielen und heilend wirkende Visualisationen die Genesung von Sportverletzungen beschleunigen können. Hypnose unterstützt die Mobilisierung dieser Selbstheilungskräfte und die Identifikation psychischer Elemente von zunächst als rein physisch erscheinenden Problemen. Im Folgenden wird es um Leiden gehen, die an den beiden Extrempunkten sowie in der Mitte dieses Kontinuums zwischen psychischen und physiologischen Aspekten liegen.

PSYCHISCHE URSACHEN

Psychotherapeuten benutzen Hypnose seit langem zur Aufdeckung der psychischen Ursprünge körperlicher Beschwerden. Wenn Klienten sich in Trance befinden, ist das Unbewusste samt seinen verborgenen Motiven für einen gut ausgebildeten Therapeuten wesentlich besser erreichbar, und er kann dies bei seiner Arbeit mit Sportlern nutzen. Oft bewirkt ein Sekundärgewinn, dass ein Symptom noch lange nach Behebung seiner Ursache bestehen bleibt. Barber (1996) bezeichnet dies als chronischen gutartigen Schmerz (siehe Kapitel 10). Die Suche nach untergründigen psychischen Ursachen ist in vielen Formen der Psychotherapie üblich. Hypnose bei Sportlern zur Enthüllung ihrer verborgenen Motivationen einzusetzen ist weniger gebräuchlich. In keinem der im Folgenden beschriebenen Fälle hatte der Coach oder Trainer den Verdacht, dass das Problem psychischen Ursprungs war.

Fall 1: Schmerzende Wadenmuskeln

Dieser Fall veranschaulicht den Einsatz von Hypnose zur Enthüllung der psychischen Ursache eines Problems. John, ein College-Football-Spieler, litt unter starken Schmerzen in der Wadenmuskulatur, die ihm häufig im Laufe von Spielen und manchmal auch während des Trainings zu schaffen machten. Sowohl der Trainer als auch der Arzt wiesen darauf hin, dass die Schmerzen auftraten, wenn der Wadenmuskel (Musculus gastrocnemius) sich bei seiner Benutzung über die Grenzen der Möglichkeiten der Muskelgruppe hinaus beansprucht wurde. John hatte während der High-School-Zeit Steroidhormone eingenommen, und dadurch war es zu einem erheblichen Muskelzuwachs gekommen. Dadurch hatten sich die Wadenmuskeln offenbar stärker entwickelt als die Muskelgruppe insgesamt. Sein Arzt und sein Trainer hatten ihn zu mir geschickt und mich gebeten, etwas gegen seine Schmerzen in den Wadenmuskeln zu unternehmen. Der Arzt hatte mir versichert, dass John die Muskel nicht schädige, wenn er sie trainiere, selbst wenn er gegen das Muskelfaserbündel drücke.

Als John sich noch nicht in Trance befand, erklärte er, dass der Schmerz auftrete, wenn er die Wadenmuskeln trainiere. Dies geschah allerdings nicht bei jedem Gebrauch dieser Muskeln, und er sah sich nicht in der Lage, das Einsetzen der Schmerzen mit einem deutlich erkennbaren Muster in Verbindung zu bringen. Der Schmerz stellte sich nicht immer beim Training ein, jedoch regelmäßig bei Football- und Basketball-Spielen in der Halle. Als Psychologe halte ich bei der Auseinandersetzung mit Problemen stets nach etwaigen psychischen Faktoren Ausschau. (Wenn man einem Kind einen Hammer in die Hand gibt, braucht seiner Meinung nach alles ein paar Hammerschläge.)

John wollte von seinem Schmerz erlöst werden, und er hoffte, dass Hypnose die Erlösung bringen werde. Der Arzt hatte ihm dringend geraten, mit mir an diesem Problem zu arbeiten. Deshalb wollte er diese Möglichkeit unbedingt ausprobieren und verfiel aufgrund dessen nach einer kurzen Induktion sehr schnell in Trance. Weil der Schmerz nicht bei jeder Belastung der Beinmuskulatur auftrat, fragte ich ihn zunächst, was beim ersten Auftreten der Schmerzen geschehen sei und was der Schmerz für ihn bedeute. Vor Beginn der Trance hatte er nur wenig zu diesen Fragen sagen können; doch das änderte sich nun. Ihm wurde klar, dass das Auftreten des Schmerzes damit zusammenhing, dass er es in seinem Freshman-Jahr (dem ersten College-Jahr) in das All-Conference-Team geschafft hatte. Sowohl in den Junior- als auch in den Seniorjahren auf der High School war er Mitglied des All-State-Teams gewesen, und er hatte diese Mitgliedschaft unterbrochen, um im Freshman-Jahr auf dem College im All-Conference-Team mitspielen zu können. Irgendein Zusammenhang bestand zwischen dem Schmerz in den Wadenmuskeln und dem Ziel, im All-Conference-Team mitzuspielen. In mehreren Hypnosesitzungen kehrte er in Situationen zurück, in denen er das Einsetzen des Schmerzes gespürt hatte. Wir entdeckten, dass der Schmerz einsetzte, wenn er das Gefühl gehabt hatte, die Leistungen eines anderen Spielers seien besser als seine eigenen. Der Schmerz in seinen Wadenmuskeln zwang ihn, das Training zu unterbrechen, wenn irgendjemand bessere Leistungen erbrachte als er selbst.

Nachdem klar war, dass der Schmerz für ihn eine Methode gewesen war zu vermeiden, dass er als Zweitbester dastand, vermittelte ich ihm die posthypnotische Suggestion, sich fortan mit seinen eigenen früheren Leistungen zu vergleichen statt mit der Leistung irgendeines Kollegen. Da er nach der Hypnosesitzung dieser Suggestion folgte, verschwand der Schmerz ziemlich schnell.

Der Schmerz in seinen Beinen war ein echter Schmerz mit einer echten physischen Ursache. Beim Training wurden seine Wadenmuskeln größer und drückten auf das Muskelfaserbündel. Außerdem existierte aber noch ein psychisches Element, das den Schmerz verstärkte. Der physische Ursprung des Schmerzes war klar, doch das psychische Element wurde erst unter Hypnose erkennbar. Nachdem Letzteres enthüllt und eliminiert worden war, schrumpfte das physische Element auf ein erträgliches Maß, und damit war das Unbehagen beseitigt.

Fall 2: Der Asthmatiker

Ein anderer Universitätssportler war aufgrund von Asthma nicht in der Lage, am Football-Training voll teilzunehmen. Er litt seit der Junior-High-School (entspricht der Mittelstufe deutscher höherer Schulen; Anm. d. Übers.) unter diesem Problem. In der Junior-High-School und in der High School war er groß und stark genug, um als Starter zu spielen, obwohl er aufgrund seines Asthmas nicht die volle Zeit am Training teilnehmen konnte. In der Universität nun wurde er trotz seiner eindrucksvollen Körpergröße und seines offensichtlichen Talents als Ersatzverteidiger eingesetzt, weil er nur jeweils die Hälfte der Trainingszeit mitmachen konnte. Wenn er einen Asthmaanfall bekam, musste er sofort aufhören. Er war bei mehreren Allergologen gewesen, die festgestellt hatten, dass er auf eine Vielzahl überall vorkommender Stoffe allergisch reagierte. Mithilfe von verschreibungspflichtigen Inhalationsmitteln war es ihm möglich, das Asthma einigermaßen unter Kontrolle zu behalten, doch reichte die Wirkung dieser Mittel nicht so weit, dass er mit ihrer Hilfe ganz normal am vollständigen Training hätte teilnehmen können.

Weil das Asthma ihn bei Spielen nie plagte und er auch außerhalb des Trainings kaum Probleme damit hatte, vermutete ich, dass ein psychisches Element im Spiel sein müsse. Ich geleitete ihn in einer Trance in die Situation zurück, in der das Asthma erstmals aufgetreten war – offenbar während seiner Zeit in der Junior-High-School. Dieser Sportler spielte begeistert bei Wettkämpfen mit, hatte jedoch das Football-Training während seiner Junior-High-School- und seiner High-School-Zeit aus ganzem Herzen gehasst. Angesichts seiner außergewöhnlichen Größe und seines Talents erschien es ihm als Energieverschwendung. In der Junior-High-School und in der High School hatten seine Spielstärke und sein Talent ausgereicht, um ihn zum ersten Verteidiger zu machen, obwohl er aufgrund seines Asthmas einen großen Teil der Zeit nicht am Training teilnehmen konnte.

Es stellte sich heraus, dass zwischen seinem Asthma und seiner Abneigung gegen jedes Training ein enger Zusammenhang bestand. Die Krankheit war für ihn eine akzeptable Legitimation, um während des Trainings an der Seitenlinie sitzen zu können, ohne auf die Teilnahme an Wettkämpfen verzichten zu müssen. Auch dies ist übrigens ein Beispiel für Sekundärgewinn. Dieser Zusammenhang war ihm nie bewusst geworden, und als er dann zur Universität kam, waren Asthmaanfälle während des Football-Trainings für ihn zu einem festen unbewussten Muster geworden.

Unglücklicherweise war seine Konkurrenz in der Universität stärker als zuvor an der High School, wo er immer deutlich besser als jeder andere Verteidiger gewesen war. Weil er nicht am gesamten Training teilnehmen konnte, verlor er seine Position als Starter und wurde in die Position des Ersatzverteidigers zurückversetzt.

Nach der ersten Hypnosesitzung sprachen wir über mögliche Ursachen des Asthmas. Er behauptete, das Training in der Universität erzeuge in ihm weniger Abneigung als das Training in der High School. Er habe sogar das Gefühl, vom Training in der Universität viel stärker zu profitieren. Er langweilte sich dabei so gut wie nie. Zunächst fiel es ihm schwer, sich einzugestehen, dass seine Asthmaanfälle nicht ausschließlich auf einer Allergie beruhten. Allmählich akzeptierte er dies dann, weil ihm in Trance klar wurde, dass er sofort ein Erstickungsgefühl bekam, sobald er sich während eines Trainings auch nur ein bisschen gelangweilt fühlte. So wurde er auf den Zusammenhang zwischen Langeweile und Asthma aufmerksam. Die nächste Phase der Arbeit bestand darin, ihm bei der Überwindung der Asthmaanfälle zu helfen.

Zuerst arbeiteten wir an der Tiefenatmung. Ich forderte ihn im normalen Wachzustand auf, tief zu atmen. Zuerst dehnte er den Brustkorb und zog den Bauch ein, doch arbeitete ich mit ihm so lange an der Zwerchfellatmung, bis er sie problemlos beherrschte. Dann setzte ich die Arbeit in Trance mit ihm fort. Nachdem er sich in diesem Zustand befand, forderte ich ihn auf, sich vorzustellen, er sei in einem Training und langweile sich. Ohne dass ich ihn darauf hingewiesen hatte, berichtete er über ein aufkommendes Gefühl der Anspannung im Brustbereich. Ich wies ihn durch eine Suggestion darauf hin, dass er durch tiefe Zwerchfellatmung die Luftröhre weiten könne, sobald sich eine solche Anspannung ankündige. Als er dann tief atmete, spürte er das Nachlassen der Anspannung. Ich suggerierte ihm, dass er bei jedem Auftreten einige Male tief atmen und er die Luftwege weiten könne. Dies ließ ich ihn in Trance mehrmals visualisieren.

Dann forderte ich ihn auf, sich in eine Trainingssituation zurückzuversetzen, in der er einen starken Asthmaanfall erlitten hatte. Er erlebte das Erstickungsgefühl, doch gelang es ihm, es durch tiefes

Atmen zu überwinden. Auf diese Weise wollte ich ihm zwei Dinge klar machen: erstens dass er einen Asthmaanfall auslösen konnte, ohne dass es irgendeinen allergieauslösenden Faktor gab, und zweitens dass er in der Lage war, einen solchen Anfall zu beenden und die Verkrampfung seiner Bronchien aufzulösen. Nach Abschluss unserer gemeinsamen Arbeit war ihm völlig klar, weshalb er während des Trainings die Asthmaanfälle bekommen hatte, und er konnte sie nun unterbinden oder beenden. Außerdem suggerierte ich ihm – und er nahm diese Suggestion bereitwillig an –, dass er sein Training genießen werde und dass er voll daran teilnehmen wolle. Dies war im Grunde eine Verstärkung, denn er profitierte tatsächlich vom Training in der Universität, und es machte ihm Freude, daran teilzunehmen.

Vor unseren Sitzungen hatte er stets ein starkes Inhalationsmittel zum Training mitgenommen, das er vor Beginn der Arbeit vorbeugend und auch während des Trainings benutzte. Dieses starke Mittel hatte die Anfälle jedoch nicht zu unterbinden vermocht. Beim ersten Training nach Abschluss unserer Arbeit benutzte er das Mittel vor Beginn der Arbeit, doch dann merkte er, dass er jede Angespanntheit durch tiefes Atmen auflösen konnte. Zum zweiten Training nach Abschluss unserer Arbeit nahm er das Inhalationsmittel zwar wieder mit, benutzte es aber nicht mehr. Nach mehreren Trainingseinheiten war ihm klar, dass er aufkommende Beklemmungsgefühle generell ohne Inhalator bekämpfen konnte, und ihm fiel auf, dass die Situationen, in denen er Tiefenatmung anwenden musste, allmählich seltener wurden. Das Training machte ihm nun mehr Spaß, und bald übernahm er wieder die Starter-Position in seinem Team. (Allerdings muss ich erwähnen, dass ich einen Anflug von schlechtem Gewissen wegen des anderen Verteidigers hatte, der auf diese Weise seine Starter-Position verlor.)

Körperliche Verletzungen

Den meisten Sportverletzungen liegen keine psychischen Ursachen zugrunde. Überstrapazierte Muskeln und Blutergüsse, wie sie beim Training regelmäßig vorkommen, sind eindeutig physischen Ursprungs. Trotzdem kann man einem Sportler mit Hypnose helfen, seine inneren Ressourcen zur Beschleunigung der Genesung zu nutzen. In Trance können Klienten bestimmte autonome Funktionen beeinflussen, von denen wir normalerweise nicht annehmen, dass sie dem Einfluss des Bewusstseins unterliegen.

Pilotstudie zur Heilung

Mithilfe von Hypnose kann ein Sportler diese autonomen Funktionen mobilisieren, und sie können ihm bei der Genesung von einer Verletzung zugute kommen. Um diese Möglichkeit des Einsatzes von Hypnose zu untersuchen, habe ich eine Pilotstudie mit Football-Spielern durchgeführt.

Dazu wählte ich während der Football-Saison im Herbst nach dem Zufallsprinzip zehn Spieler aus, die so schwere Verletzungen erlitten hatten, dass sie mindestens zwei Wochen weder am Training noch an Spielen teilnehmen konnten. Die Auswahl fand statt, nachdem der Cheftrainer die vermutliche Genesungszeit abgeschätzt hatte. Die Trainingsbetreuer wussten nicht immer, mit welchen Sportlern ich arbeitete, und abgesehen von den Hypnosesitzungen erhielten diese auch keine physiotherapeutische oder anderweitige spezielle Behandlung.

Ich arbeitete mit jedem dieser Sportler individuell etwa eine Stunde lang in Trance. Ich erklärte ihnen, dass es in uns allen eine Heilkraft gibt, die sich um alle notwendigen Heilungsprozesse kümmert. Diese Kraft weiß, wie sie nach einer Schnittverletzung die Haut dazu bringen kann, wieder zusammenzuwachsen, sie vermag einen überstrapazierten Muskel zu regenerieren, und sie ist in der Lage, alle Krankheiten zu heilen. Gewöhnlich spüren wir diese Kraft nicht, aber wir können sie stärken und nehmen sie dann wahr. (Die Existenz einer solchen Kraft und die Möglichkeit, sie zu nutzen, wird von der westlichen Medizin nicht generell anerkannt, doch Leser, die sich mit der chinesischen Medizin auskennen, werden darin eine gewisse Ähnlichkeit mit dem Konzept des *Chi* erkennen.)

Während sich die Sportler in Trance befanden, forderte ich sie auf, mehrmals tief einzuatmen. Ich suggerierte ihnen, dass sie beim Einatmen das Einströmen von Energie in den Körper spüren würden und dass sich diese Energie beim Ausatmen zu einer Kugel zusammenballen werde – wahrscheinlich in ihrem Bauch, aber vielleicht auch an einer anderen Stelle in ihrem Körper. Möglicherweise würden sie dies bereits nach einem tiefen Atemzug spüren, aber ganz sicher nach zweimaligem tiefem Atmen. Wenn sie die Energiekugel spürten, sollten sie nicken, um es mir zu signalisieren. Dann forderte ich sie auf, die mobilisierte Energie zum Ort der Verletzung zu senden. Die Kugel werde dann mit dem betreffenden Bereich des Körpers verschmelzen. Nachdem dies geschehen sei, würden die Schmerzen in diesem Bereich verschwinden, und sie würden ein leichtes Kribbeln und eine angenehme Wärme spüren. An diesen Zeichen würden sie erkennen, dass ihre innere Heilkraft auf die Verletzung wirke.

Nachdem sie dies mehrmals geübt hatten, empfahl ich ihnen durch eine Suggestion, dies mindestens dreimal täglich zu wiederholen – abends im Bett, beim Aufwachen am Morgen, irgendwann in der Mitte des Tages sowie immer dann, wenn sie den Schmerz am Ort der Verletzung spürten. Ich erklärte ihnen, die Wärmeempfindung und das Kribbeln würden durch einen verstärkten Fluss heilender Körpersäfte in diesen Bereich verursacht.

Nachdem ich die Sportler anschließend wieder aus der Trance geführt hatte, forderte ich sie auf, ein paar Mal tief zu atmen, den Energieball erneut zu spüren und ihn in den Bereich der Verletzung zu schicken. In den wenigen Fällen, in denen es dem betreffenden Sportler nicht gelang, sich auch außerhalb der Trance in diese Empfindungen zu versetzen, induzierte ich erneut eine Trance und verstärkte die Suggestionen. In der zweiten Sitzung spürte er seine innere Heilkraft dann fast immer auch im normalen Wachzustand.

Am Ende der Football-Saison verglichen wir die Genesungszeiten der zehn Sportler, die ich hypnotisiert hatte (die Experimentalgruppe), mit den Genesungszeiten von 20 anderen, bei denen die Dauer der Genesungszeit zuvor ähnlich eingeschätzt worden war (die Kontrollgruppe). Bei der Kontrollgruppe entsprach die vom Trainer geschätzte Genesungszeit im Schnitt ziemlich genau der Realität, wohingegen sie bei der Experimentalgruppe deutlich zu hoch war. An der Studie nahmen genügend Sportler teil, um ein $p < .10$ zu erzielen. (Das bedeutet: Die Wahrscheinlichkeit, dass in den Resultaten eine Zufallsschwankung zum Ausdruck gelangte, lag unter 1 zu 10; oder die Wahrscheinlichkeit, dass die Hypnose die Genesungszeit beschleunigte, lag bei 9 von 10.) Diese Signifikanz reicht für eine publizierbare Studie nicht aus, lässt es aber zumindest als sehr nahe liegend erscheinen, dass die Hypnosesitzungen zur schnelleren Rehabilitation dieser Sportverletzungen erheblich beitrugen. Ich hoffe, diese Studie irgendwann mit einer größeren Teilnehmerzahl wiederholen zu können.

Den Fluss des Blutes steuern

Hunter (1987) hat demonstriert, wie leicht sich nachweisen lässt, dass Menschen in Trance ihren Blutfluss beeinflussen können. Bei Demonstrationen, in denen ich die gleiche Technik benutzte, sterilisiere ich den Handrücken einer Testperson, betäube die Hand dann mithilfe von Hypnose, ziehe eine Hautfalte hoch und steche mit einer großen sterilen Nadel in sie hinein. Ich suggeriere der Testperson, dass sie in Trance die Augen öffnen und auf die Nadel schauen kann. Während die Nadel weiter in der Haut steckt, fordere ich sie auf zu entscheiden, ob nach Entfernen der Nadel die Blutung an der dem Daumen zugewandten Öffnung oder an der dem Daumen abgewandten Öffnung stattfinden wird. Bis ich die Nadel entferne, tritt kein Blut aus, doch nachdem ich sie herausgezogen habe, blutet das Loch, das die Testperson gewählt hat, während an dem anderen kein Blut austritt. Bei normaler Blutgerinnung kommt die Blutung nach etwa 15 Sekunden zum Stillstand, doch in dieser Zeitspanne demonstriert der Hypnotisierte, dass er Einfluss darauf hat, ob das Blut aus einem der beiden Löcher, aus beiden oder aus keinem austritt (siehe Abb. 6a u. b).

Ich verstehe nicht, *wie* Menschen diese inneren Kräfte mobilisieren, aber ich habe vielen Sportlern demonstriert, dass sie dies können. In einem Fall war ich über das Resultat selbst verblüfft. Als ich die Nadel aus der Haut zog, trat aus keinem der beiden Löcher Blut aus. Erst nach etwa fünf Sekunden begann das gewählte Loch zu bluten. In der Zeitspanne, in der kein Blut austrat, glaubte ich, meine Demonstration sei fehlgeschlagen. Nach dem Ende der Hypnose fragte mich der Getestete, ob ich wisse, weshalb die Blutung nicht sofort eingesetzt habe. Ich musste ihm gestehen, dass mich dies verblüfft hatte. Daraufhin erklärte er mir, er habe zwar gesagt, er werde das Bluten auf der dem Daumen zugewandten Seite zulassen, jedoch insgeheim beschlossen, die Blutung zunächst eine Weile generell zu unterdrücken. Nachdem er festgestellt hatte, dass er die Blutung auf beiden Seiten unterbinden konnte, hatte er den Beginn der Blutung auf der Seite zugelassen, für die er sich zuvor entschieden hatte. Die

Demonstration war also keineswegs ein Misserfolg gewesen, sondern sie hatte neben dem Nachweis, dass wir Blutungen beeinflussen können, auch bewiesen, dass Menschen in Trance noch über weitaus mehr Einflussmöglichkeiten verfügen.

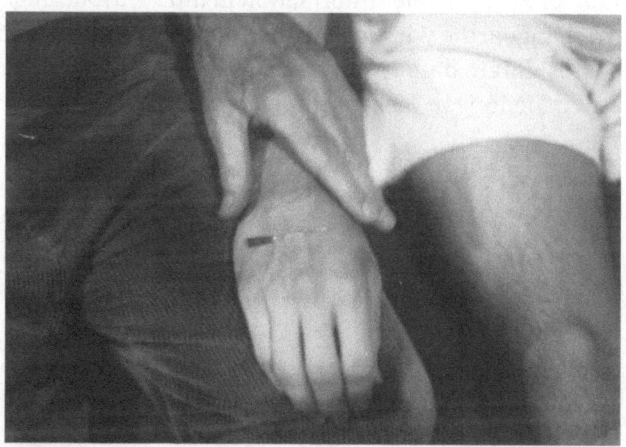

Abb. 6a

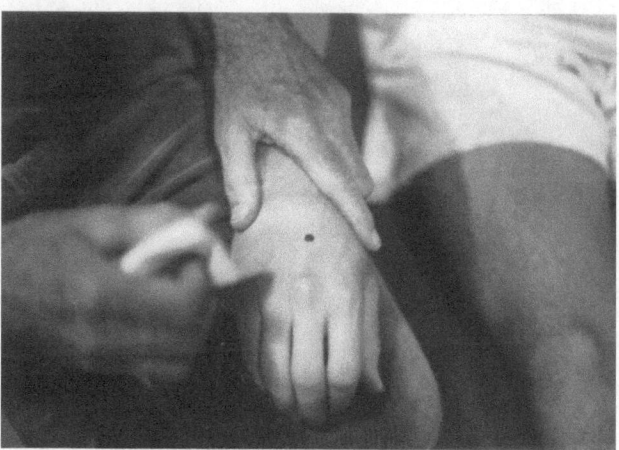

Abb. 6b

Abb. 6: Experimenteller Nachweis der Beeinflussbarkeit des Blutflusses: (a) zeigt das Einstechen der sterilen Nadel, (b) den Einfluss des Hypnotisierten auf das Austreten des Blutes aus einem der Löcher auf der Haut

Die Nutzung von Hypnose zur Beschleunigung von Heilungsprozessen ist im Sport bisher kaum üblich. Nach meinen Erfahrungen sind manche Trainer für Möglichkeiten des Einsatzes von Hypnose aufgeschlossen, während andere zögern, sie einzusetzen. Vielleicht liegt das an unzureichender Information in ihrer Ausbildung. Unter Furcht vor Dingen, die wir nicht kennen, leiden wir alle. Das ändert jedoch nichts daran, dass Hypnose eine Kraft ist, die häufiger und effektiver zu Heilungszwecken genutzt werden sollte.

Teil III: Fallbeispiele

Welche Faktoren der Leistungsfähigkeit im einzelnen zugute kommen, wurde in Teil II dargestellt. In der Praxis werden diese jedoch meist nicht isoliert, sondern im Zusammenhang des mentalen Trainings genutzt. Teil III beschreibt anhand von Fallbeispielen, wie solche Kompetenzen bei der Arbeit mit einzelnen Sportlern entstehen. Dabei wird deutlich, wie man Hypnose nutzen kann, um Sportlern zu helfen, mentale Stärke zu entwickeln.

12. Der Quarterback

> *Was ist das Schlimmste,*
> *das einem Quarterback passieren kann?*
> *Dass er das Selbstvertrauen verliert.*
> Terry Bradshaw, Football-Quarterback

Ich beginne diesen Teil, in dem Fallstudien beschrieben werden, mit Davids Geschichte, weil sie zeigt, wie es mit Hypnose gelang, die Wirkung einiger herkömmlicher Techniken der Sportpsychologie – Beeinflussung des Aktivierungsgrades, Entwicklung der Imaginationsfähigkeit sowie Stärkung von Selbstvertrauen und Optimismus – zu verbessern. David hätte möglicherweise auch mit Techniken, die den meisten Sportpsychologen bekannt sind, bessere Leistungen erzielen können, doch die Geschichte veranschaulicht, wie ihm dies mithilfe von Hypnose schneller gelang.

Sich auf Spiele eines höheren Niveaus einstellen

Ich arbeitete mit David einige Monate lang, zuerst wöchentlich, dann ungefähr jede zweite Woche. Anfänglich dauerten die Sitzungen selten länger als eine halbe Stunde und später nur 15 Minuten oder noch kürzer.

David hatte gerade seinen High-School-Abschluss gemacht und wollte erst im folgenden Jahr ein College besuchen. Er hatte im Football-Team seiner High School gut abgeschnitten und wollte versuchen, sich für ein Sportlerstipendium zu qualifizieren, um dann in einer guten Universitätsmannschaft und später vielleicht einmal in einem Profiteam spielen. Ich lernte ihn kennen, als er gerade begann, in einer semiprofessionellen Mannschaft zu spielen.

SEMIPROFESSIONELLER FOOTBALL

Semiprofessionelle Football-Teams trainieren im späten Frühling und im Sommer von 18.00 bis 21.00 Uhr. Zwischen Juni und Anfang September absolvieren sie etwa zehn Spiele an Samstagabenden. Es gibt Ligen für diese Teams sowie Meisterschaften auf Bezirks-, Regional- und Landesebene. Ausrüstung und Spielfelder werden von Sponsoren und durch Werbeeinnahmen finanziert. Die Spieler werden für das Training und die Spieleinsätze nicht bezahlt und müssen auch ihre Reisekosten selbst bezahlen. Wegen der unbezahlten Tätigkeit ist der wichtigste Teil der Bezeichnung der Spieler der erste Teil des Begriffs, „semi", wichtiger als „professionell".

Die Spieler solcher Teams sind nicht gleichzeitig Mitglieder einer Universitäts- oder einer Profimannschaft. Einige haben bereits in Universitätsmannschaften gespielt, andere in Junior-College-Mannschaften und wieder andere nur in High-School-Mannschaften. Den meisten geht es nur um den Spaß an gutem Football, doch einige hoffen, sich durch die Praxis spielerisch zu verbessern und vielleicht irgendwann von einem Profiteam entdeckt zu werden.

DAVIDS PROBLEME

Der Coach fragte mich, ob ich glaubte, David helfen zu können. Er wusste, wie David in der High-Shool-Mannschaft gespielt hatte, und hielt ihn für ein potenziell gutes Teammitglied in einem solchen Rahmen. Nur fand er, dass David an das Football-Spiel entspannter herangehen müsse – dass er zu angespannt und nervös sei, um gute Leistungen erbringen zu können. Seine augenblickliche Spielweise ließ nicht das Talent erkennen, das er in der High-School-Mannschaft gezeigt hatte. Dem Coach war klar, dass David wesentlich jünger als die meisten anderen Spieler war und dass dieser Alters- und Erfahrungsunterschied bei einem Quarterback, der ja gleichzeitig als Mannschaftskapitän fungiert, von besonderer Bedeutung war.

Nach Ansicht des Coachs war David aufgrund seiner Angespanntheit bei einigen Spielen verwirrt und warf deshalb weniger zielgenau, als er es in der High-School-Mannschaft getan hatte. Dem Coach standen noch zwei weitere Quarterbacks zur Verfügung, doch war er überzeugt, dass David innerhalb der Mannschaft durchaus zumindest als zweiter Quarterback fungieren könnte.

Als der Coach David erklärte, dass ich ihm möglicherweise helfen könnte, seine Probleme mit dem Selbstvertrauen zu lösen, wollte er mit dieser Arbeit so schnell wie möglich beginnen. Ihn interessierte alles, was ihm die Möglichkeit eröffnete, seine Leistung zu verbessern. Die potenziell negative Auswirkung seiner Angst auf seine Leistungsfähigkeit war ihm durchaus klar. In der High School und beim Spiel mit gleichaltrigen Freunden hatte er nie derartige Probleme gehabt. Doch mit seinen 19 Jahren war er wesentlich jünger als alle anderen Mitglieder des semiprofessionellen Teams, in dem er nun spielte. Da er seine bisherigen Erfahrungen mit Gleichaltrigen gesammelt hatte, war er von der Erfahrung und Reife seiner Mannschaftskameraden, von denen die meisten schon in Universitätsmannschaften gespielt hatten, beeindruckt, um nicht zu sagen: überwältigt. Ihnen gegenüber spürte er nur zu deutlich, wie relativ gering seine eigenen Erfahrungen waren.

Das war mir selbst schon beim Aufwärmtraining aufgefallen, bei dem David gewöhnlich früher als die meisten der älteren Teammitglieder auftauchte. Offensichtlich hatte er eine wesentlich bessere körperlich Kondition als die Älteren in der Mannschaft. Als ich ihn darauf hinwies, wurde er etwas selbstsicherer.

Beeinflussung des Aktivierungszustandes

Wie die meisten anderen Sportler, die das Gefühl haben, Hypnose könne ihnen helfen, war auch David gut hypnotisierbar. Er ließ sich sehr schnell in eine tiefe Trance versetzen.

Als Erstes versuchte ich, ihm zu helfen, seine Angst unter Kontrolle zu bringen. Mein Vorgehen in solchen Fällen habe ich in Kapitel 7, *Optimieren des Erregungsgrads*, beschrieben. Kurz gesagt, ließ ich David in Trance sein Gefühl in einer Situation, in der er gut gespielt hatte, wieder erleben, wobei sein Körper entspannt und unter seiner Kontrolle und sein Geist auf das Spiel fokussiert war. Ich brache ihm bei, sich durch ein paar tiefe Atemzüge und einige der Situation angemessene Selbstinstruktionen zu beruhigen. In Trance vermochte er sich vorzustellen, wie er in verschiedenen Trainingssituationen, in denen er zu erregt gewesen war, seine Aktivierung wieder unter Kontrolle brachte.

Selbstvertrauen

Soweit ich durch Beobachtung und durch Gespräche mit anderen Teammitgliedern feststellen konnte, stand niemand von ihnen der Tatsache, dass David bisher nur in einer High-School-Mannschaft Erfahrungen mit dem Football-Spielen gesammelt hatte, kritisch gegenüber. Alle schienen ihn als vollwertiges Mitglied ihrer Mannschaft zu akzeptieren, und ihnen war offenbar nicht klar, wie viel Respekt er vor ihrer größeren Erfahrung hatte und wie sich dies auf seine Spielweise auswirkte. David hingegen war sich seiner relativ geringen Erfahrung ständig bewusst und ließ sich nach meiner Meinung von den älteren Mannschaftsmitgliedern zu stark beeindrucken. Die Ursache der Angespanntheit, die der Coach bemerkt hatte, lag meines Erachtens in mangelndem Selbstvertrauen. Da dieses Problem permanent zu bestehen schien, benutzte ich in einer anderen Sitzung eine Form des in Kapitel 9 beschriebenen Skripts zur Ich-Stärkung. Manchmal lese ich dieses Skript einfach vor und füge an den im Text markierten Stellen Bezugnahmen auf die Situation des Klienten ein. Weil David sehr gut darauf ansprach, benutzte ich im Laufe unserer gemeinsamen Arbeit mehrmals eine verkürzte Version des Skripts.

Spiele visualisieren

Als Nächstes versuchte ich, David zu helfen, die verschiedenen Spielzüge zu erlernen. Die älteren Spieler kannten alle gebräuchlichen Spielvarianten aus den Vorjahren, während David sie neu erlernen und sich selbst beibringen musste. Es gab kein Buch, nach dem er sie hätte studieren können, sondern sie wurden auf dem Trainingsfeld beschrieben und dann ausgeführt. David glaubte, er könne sich die Spielzüge nur merken, indem er sie auf dem Trainingsfeld ausführe. Es fiel ihm sehr schwer, sich die Ausführung nur vorzustellen oder sie durch Beobachten der anderen Quarterbacks zu erlernen. Weil er als Dritter für die Quarterback-Position vorgesehen war, hatte er beim Training nicht viel Möglichkeit, die Spielzüge häufig zu wiederholen, und erhielt auch während der Spiele selbst nicht viel Gelegenheit dazu. Zuerst hatte ich Schwierigkeiten, ihn beim Aufbau einer geistigen Vorstellung zu einer kinästhetischen Reaktion zu bringen. Nachdem ich mit ihm an der Vertiefung seiner Trance gearbeitet und ihm das Gefühl suggeriert hatte, seine Muskeln zuckten während des Visualisierens der Spielzüge, entwickelte er in Trance allmählich das Gefühl, er führe die Spielzüge tatsächlich aus. Die Vortäuschung der kinästhetischen Reaktion war vermutlich die effektivste Möglichkeit zur Erzeugung einer kinästhetischen Reaktion beim Visualisieren. Nach meiner Erfahrung ist die kinästhetische Reaktion für die mentale und physische Perfektionierung der Spielzüge wichtig. (Näheres zur Erzeugung kinästhetischer Vorstellungsbilder in Kapitel 14.)

Selbsthypnose
Weil David sich viele Male vorstellen musste, wie er die verschiedenen Spielzüge ausführt, hielt ich es für sinnvoll, ihm beizubringen, sich selbst in Hypnose zu versetzen und das visualisierte Training dann zu Hause durchzuführen. Zwar hatte er mit der Fremdhypnose keine Probleme gehabt, doch brauchte er zum Erlernen der Selbsthypnose einige Zeit. Wie man Klienten beibringen kann, sich selbst zu hypnotisieren, wird in Kapitel 1 beschrieben.

Nachdem David die Selbsthypnose erlernt hatte, forderte ich ihn mehrmals auf, sich in Trance zu versetzen und sie anschließend wieder zu verlassen. Dies diente der Stärkung seiner neu erworbenen Fähigkeit. Nachdem er sich problemlos selbst in Trance versetzen konnte, leitete ich ihn dazu an, sich die Spielsituationen vorzustellen, die er in der selbst induzierten Trance meistern sollte. Wieder standen wir vor dem Problem, beim Visualisieren der einzelnen Spielzüge eine kinästhetische Reaktion hervorzurufen. Dies war insofern zu erwarten, als eine selbst induzierte Trance meist nicht so tief ist wie eine fremdinduzierte. Nachdem ich ihm erneut eine Nachahmung der kinästhetischen Reaktion suggeriert hatte, entwickelte sich diese beim Visualisieren der verschiedenen Spielzüge allmählich automatisch. Als ihm dies mit mehreren Spielzügen gelungen war, empfahl ich ihm, sich zwischen den Trainingseinheiten zu Hause in Trance zu versetzen und jede dieser Spielsituationen mehrmals zu visualisieren.

In der folgenden Woche berichtete er, das habe er geschafft. Indem er die Spielvarianten, die seine Mannschaft benutzte, zu Hause visualisierte, gelang es ihm, sie zu erlernen.

Den Optimismus stärken

Nachdem ich mit David über sein Spiel gesprochen hatte, kam mir der Verdacht, dass er auch Probleme mit dem hatte, was Seligman als Optimismus bezeichnet. Nach Seligmans Auffassung lernt ein Sportler mit einer optimistischen Sichtweise schneller und erzielt bessere Leistungen. Deshalb ließ ich David den in Seligmans Buch *Learned optimism* (1990; deutsch: *Der Glücksfaktor*) enthaltenen Test ausführen. Nach dem Resultat zu schließen, ging David mit Misserfolgen etwas optimistischer um, mit Erfolgen hingegen sehr pessimistisch, und seine Einstellung insgesamt war eher pessimistisch als optimistisch. Er führte für ihn ungünstige Ereignisse und Vorfälle auf temporäre und spezifische äußere Faktoren zurück und erklärte seine Erfolge mit Zuschreibungen der gleichen Art. Ein Sportler mit einer optimistischen Sichtweise schreibt seine Erfolge persönlichen Anstrengungen sowie generellen und permanent günstigen Umgebungsfaktoren zu. Erfolg verstärkt die Zuschreibungen, mit deren Hilfe der Sportler seinen Erfolg erklärt. Führt er ihn auf seine eigenen Anstrengungen und Fähigkeiten zurück, werden diese verstärkt. Schreibt er sie äußeren und temporären Faktoren zu, wirken errungene Erfolge nicht in dem Maße verstärkend, wie sie es eigentlich könnten. Offenbar war dies Davids Problem.

Die Testergebnisse zogen einige ausführliche Gespräche nach sich, in denen wir darüber sprachen, was seiner Meinung nach die Gründe für seine Erfolge waren. Was er sagte, bestätigte die Ergebnisse des Tests nach Seligman. Wenn er sich Trainingssituationen vergegenwärtigte, die gut verlaufen waren, führte er den guten Verlauf darauf zurück, dass sich der Ball gut angefühlt habe. „An solchen Tag lag mir der Ball ideal in der Hand und flog immer genau dorthin, wo ich ihn haben wollte." Ganz offensichtlich schrieb er seinen Erfolg äußerlichen, temporären und spezifischen Faktoren zu. Ich half ihm, diese Zuschreibungen als kontraproduktiv zu erkennen, und wir arbeiteten daran, persönliche Zuschreibungen zu entwickeln, die seine guten Leistungen auf persönliches Talent und eigenen Einsatz zurückführten. Es gab Gründe dafür, dass der Ball an bestimmten Tagen wie angegossen in seine Hand zu passen schien. Die Gründe für seinen Erfolg waren regelmäßiges Training, ständige Wachsamkeit, ein gesundes Selbstvertrauen sowie seine persönlichen Fähigkeiten und Anstrengungen. Indem er sich diese Zuschreibungen wiederholt vergegenwärtigte, gelang es ihm allmählich, zu einer verlässlich guten Spielleistung zu gelangen und das damit verbundene gute Gefühl aufrechtzuerhalten. Er fing an, eine gute Leistung als von ihm weitgehend beeinflussbar anzusehen – statt sie auf äußere Faktoren wie ein bestimmtes Gefühl, das der Ball in seiner Hand auslöst, zurückzuführen.

Es gelang ihm, auch mit geringerem Erfolg beim Training besser umzugehen. Als er an einem Abend beim Spiel nicht so gut wie gewöhnlich gewesen war, sprach ich nach dem Training mit ihm. Ihm war aufgefallen, dass das Offense-Team und das Defense-Team beim Training Trikots von gleicher Farbe getragen hatten, sodass er die potenziellen Ballempfänger nicht immer von den Verteidigern hatte unterscheiden können – eine temporäre, äußerliche und spezifische Zuschreibung bei einem Problem, das auf einem Irrtum beruhte. Auch wenn er nun einen Teil des Problems äußeren Faktoren zuschrieb, vermochte er durchaus Faktoren seines eigenen Verhaltens zu erkennen, die problematisch waren. Er war nun offenbar in der Lage, aus weniger erfolgreichen Trainingssituationen Lehren zu ziehen, und er ließ sich von den auftretenden Problemen nicht mehr unterkriegen.

Das ABCDE-Schema von Albert Ellis half ihm, mit Erfolgen positivere Zuschreibungen zu verbinden. Im Falle erfolgreicher Abende (der Aktivierung = *activation*) verständigten *(dispute)* wir uns über den temporären und äußerlichen Charakter seiner Überzeugung *(belief)*, der Ball sei der Grund für den Erfolg (die Bedingung = *condition*) und stärkten *(energize)* bei ihm die Überzeugung, dass er selbst die Erfolge produziere und sie in anderen Trainingssituationen wiederholen könne.

Wir setzten die Gespräche über seine Zuschreibungen fort, manchmal in Trance und manchmal im Zustand normalen Wachbewusstseins. Die Zuschreibungen, die er mit seinen Erfolgen verband, wurden permanenter, verallgemeinernder und persönlicher. Seine Erfolgsanalysen waren nun realistisch und nützlich, und er sah auch seine Misserfolge als Erfahrungen an, aus denen er etwas lernen konnte.

DIE ERGEBNISSE DER THERAPIE

Im Laufe unserer gemeinsamen Arbeit erklärte David, seine wichtigste neue Errungenschaft sei die Stärkung seines Selbstvertrauens.

Die verschiedenen Spielzüge ohne fremde Hilfe zu visualisieren und sie so zu üben wirke auf sein Selbstvertrauen positiv. Außerdem hatte er das Gefühl, dass seine neu erworbene Fähigkeit, die seinen Erfolgen und Misserfolgen beim Training zugrunde liegenden Faktoren präzise zu analysieren, für die Verbesserung seiner Leistungen eine wichtige Rolle spiele. Er merkte, dass er seine Leistungen nun wesentlich besser beeinflussen konnte als während der High-School-Zeit.

Der Coach berichtete, Davids sportliche Leistungen würden immer besser. Am Ende der Saison hielt er sein Spiel für ebenso gut wie das der beiden erfahreneren Quarterbacks, und deshalb setzte er ihn nun auch bei den Spielen ein. Er sagte mir, er werde David in der folgenden Saison zumindest bei ein paar Spielen als Starter einsetzen.

Wie ich bereits zu Anfang dieser Fallbeschreibung erwähnte, hätte man viele Probleme Davids auch mit „konventionellen" sportpsychologischen Techniken lösen können. David selbst bezeichnete das Üben von Spielzügen mithilfe von Selbsthypnose als „echt cool" – womit er wohl meinte, dies sei definitiv von Nutzen. Ich glaube, die Hypnose hat mir in Davids Fall geholfen, die entscheidenden mentalen Aspekte der Probleme zu erkennen, auf sie zu fokussieren und sie so in wesentlich kürzerer Zeit zu beheben, als dies ohne Hypnose möglich gewesen wäre. David stimmt dieser Sichtweise begeistert zu.

13. Der Fußballspieler

> *Manchmal weißt du nicht,*
> *ob du es kannst, bis du es versuchst.*
> Michelle Akers, Fußballerin im
> WM- und im Olympiateam der USA

Diese Fallstudie habe ich zusammen mit Bud Lewis, dem Fußball-Coach des *Wilmington College*, geschrieben. Sie schildert eine Ereignisfolge, die zu einer erstaunlichen Heilung führte, und zeigt, wie wir Entspannungs- und Visualisationstechniken einsetzen können, um die in jedem Menschen schlummernden Heilkräfte zu nutzen. Außerdem beschreibt darin ein Coach, wie er zum ersten Mal die Anwendung von Hypnose bei einem von ihm betreuten Sportler miterlebte.

Die Darstellung von Lewis, dem Coach

Für mich war es eine Verwandlung, die an ein Wunder grenzte. Ein Sportler, der zwei Jahre lang unter starken Schmerzen am zweiköpfigen Oberschenkelmuskel (Musculus biceps femoris, der das Bein im Kniegelenk beugt; Anm. d. Übers.) gelitten hatte, wurde durch eine Verfahrensweise, deren Wirkung ich nicht für möglich gehalten hatte, fast augenblicklich von seinem Schmerz erlöst.

Als ehemaliger College- und Profispieler und seit 20 Jahren verantwortlicher Fußball-Coach am *Wilmington College* (Ohio) bin ich Zeuge vieler Verletzungen geworden und habe zahlreiche Rehabilitationsmethoden kennen gelernt, und ich habe mich natürlich in meiner Ausbildung eingehend mit Möglichkeiten der Verhinderung und der eventuellen Behandlung von Sportverletzungen beschäftigt. Doch noch nie in meiner gesamten Zeit als aktiver Spieler und als

Coach hatte ich miterlebt, dass die Schmerzen eines Sportlers durch Hypnotherapie gelindert wurden, seine Flexibilität gesteigert und letztendlich die Heilung erreicht wurde.

Scott Hartin, ein Spieler aus Dayton (Ohio), der im ersten Jahr mit unserem Team spielte, litt seit Mitte der Herbstsaison 1994 aufgrund seiner chronisch verspannten zweiköpfigen Oberschenkelmuskeln unter starken Schmerzen. Scott war 1,95 m groß und wog 42 kg. Als ich ihn im Vorjahr für das *Wilmington College* engagiert hatte, hatte ich mir zuvor eines seiner High-School-Spiele angeschaut, in denen er aufgrund einer Zerrung am rechten zweiköpfigen Oberschenkelmuskel nur 15 Minuten spielte, in dieser kurzen Zeit jedoch zwei Tore schoss, darunter das entscheidende Siegtor. Der Coach seiner High-School-Mannschaft versicherte mir, wenn es uns gelinge, ihn gesund zu erhalten, würde er in der College-Mannschaft ein überragender Spieler werden.

Fünf Wochen nach Beginn der herbstlichen Fußballsaison seines Seniorjahrs in der High School (1993) hatte Scott das erste Mal Probleme mit den Oberschenkelmuskeln gehabt. Daraufhin hatte er sofort mit einer Behandlung im Zentrum für Sportrehabilitation und Physiotherapie im *St. Elizabeth Medical Hospital* in Dayton begonnen. In den restlichen fünf Wochen der Saison nahm er wöchentlich an zwei Rehasitzungen teil. Er wurde mit Ultraschallstimulation, EMS (elektrischer Muskelstimulation), Massage und unterstützten Dehnübungen behandelt. Jede dieser Rehasitzungen dauerte etwas länger als eine Stunde und war sehr schmerzhaft. Zwar wurden Scotts Schmerzen dadurch zeitweilig gelindert, und seine Flexibilität wurde verbessert, doch kehrten die Schmerzen und das Unbehagen wenige Stunden nach der Behandlung zurück.

Nach der Spielsaison im Herbst zog Scott sich einen Hiatus zu, weil er den ganzen November und Dezember 1993 sowie den Januar und den größten Teil des Februar 1994 gespielt hatte. Während eines Spiels Ende März zerrte er sich den linken zweiköpfigen Oberschenkelmuskel ähnlich wie vorher den rechten. Später in jenem Frühling nahm Scott seine sportliche Aktivität wieder auf, spielte den ganzen Sommer über und stellte fest, dass seine Probleme bei warmer Witterung geringer waren.

Als Scott den ersten Monat in der Fußballmannschaft des *Wilmington College* verbrachte (im Herbst 1994), änderte sich an seinen

Problemen nicht viel. Unsere Konditionstrainer versuchten in dieser Zeit unablässig, durch ein rigoroses Dehnungsprogramm die Flexibilität seiner Oberschenkelbeuger zu verbessern. Soweit sich Scott erinnern konnte, war er nie in der Lage gewesen, bei gebeugtem Oberkörper mit den Fingern seine Zehen zu berühren. Stand er mit zusammengedrückten Beinen da, ohne die Knie zu beugen, kam er bei dem Versuch, mit den Händen die Zehen zu berühren, höchstens bis zur Mitte des Schienbeins.

Als die kältere Jahreszeit begann, litt Scott unter starken Schmerzen an seinen verspannten Oberschenkelmuskeln und war nur selten in der Lage, auch nur kurz zu trainieren. Im Frühherbst war er pro Spiel 30 bis 45 Minuten im Einsatz. Im Oktober musste er nach nur zehn oder 15 Minuten wegen extrem starker Schmerzen darum bitten, ausgewechselt zu werden. Der Konditionstrainer beteuerte, dass Scott die ein bis zwei täglichen Rehatermine mit geradezu religiöser Inbrunst wahrnahm; dort erhielt er auch EMS und führte unterstützte Dehnübungen aus. Er pausierte eine Woche, in der er weder spielte noch trainierte, doch nach der Wiederaufnahme des Trainings setzten seine Schmerzen sofort wieder ein. Nun dachte er ernst lich darüber nach, mit dem Fußballspielen völlig aufzuhören. Die chronischen Schmerzen im ganzen vergangenen Jahr und die dadurch verursachte Frustration hatten seine gewöhnlich optimistische Einstellung stark beeinträchtigt.

In der dritten Oktoberwoche des Jahres 1994, als unser Trainerteam die Liste der Spieler durchsah, die wegen Verletzungen nur eingeschränkt einsatzfähig waren, fiel mir hinter Scotts Namen der Vermerk auf, er habe einen Termin bei einem Doktor. Ich war erfreut, dass er sich um eine zusätzliche Diagnose und eventuell um eine neue Behandlung bemühte. Während unseres Trainings am Nachmittag kam Scott zusammen mit seinem Konditionstrainer vom Arztbesuch zurück und ging direkt auf mich zu. Er sagte: „Coach, ich kann jetzt meine Zehen berühren, und in den Oberschenkelmuskeln habe ich fast keine Schmerzen mehr!" Dann demonstrierte er, dass er mit den Händen seine Zehen berühren und sogar umfassen konnte, und sein Blick und sein emotionaler Ausdruck strahlten reine Freude aus. Scott befand sich in ekstatischer Stimmung, und ich war ziemlich verdutzt.

Ich fragte ihn nach der Behandlung, und er sagte, er sei von Dr. Donald Liggett hypnotisiert worden. Ich hatte angenommen, Scott sei zu einem Mediziner (M. D.) gegangen; dass es sich um einen Geisteswissenschaftler (Ph. D.) handeln könnte, war mir nicht in den Sinn gekommen. Ich kannte Don aus der Zeit, als er am *Wilmington College* Psychologieprofessor gewesen war, doch ich wusste nicht, dass er zu jenem Zeitpunkt in der Stadt war, um Freunde zu besuchen, und dass er an jenem Tag der Fakultät und ihren Studenten einen Besuch abstattete und bei dieser Gelegenheit im Büro der Konditionstrainer gewesen war.

DIE DIAGNOSE DES THERAPEUTEN

Während meines Besuchs in Wilmington besuchte ich den Trainingsraum der Sportler, um meine früheren Kollegen zu treffen. Der Trainer, mit dem ich zusammengearbeitet hatte, als ich noch aktives Fakultätsmitglied gewesen war, sprach mit mir über Scotts Schmerzen und über seinen Mangel an Beweglichkeit. Hingegen wurde ich nicht darüber informiert, welche Behandlungen er bisher erhalten hatte. Weil der Trainer wusste, dass ich schon früher Sportlern mit Flexibilitätsproblemen geholfen hatte, fragte er mich, ob ich dies auch bei Scott versuchen könnte. (Ein älteres Beispiel, in dem es um die Verbesserung der Beweglichkeit ging, wird in Liggett a. Hamada 1993 beschrieben.)

Ich traf Scott, als er nach dem Training am Mittwoch zur Behandlung kam. Der Konditionstrainer erklärte mir, Scott erscheine regelmäßig zur Therapie und habe offenbar keinerlei psychischen oder körperlichen Probleme außer eben den Schmerzen in den Oberschenkelbeugern. Ich sprach daraufhin selbst mit Scott und konnte bei ihm keine psychischen Probleme erkennen. Er schien psychisch wie körperlich normal gesund zu sein, ein kontaktfreudiger, aktiver College-Student mit angespannten, schmerzenden Oberschenkelmuskeln.

Nachdem Scott sich bequem hingesetzt hatte, fühlten sich seine Waden- und Armmuskeln entspannt und seine Oberschenkelbeuger kontrahiert und deutlich verhärtet an. Ich erklärte ihm die Theorie, nach der Angespanntheit und Muskelschmerzen eng zusammenhängen.

Wenn ein Muskel schmerzt, spannt der Körper ihn reflexhaft an, wodurch der Schmerz noch stärker wird. Der stärkere Schmerz wiederum verstärkt die Anspannung, diese verstärkt erneut den

Schmerz, und so entsteht ein Teufelskreis, in dem Schmerz und Anspannung einander immer wieder verstärken. Hypnose vermag diesen Teufelskreis zu durchbrechen und sowohl den Schmerz wie auch die Anspannung zu verringern. Eine der nützlichen Eigenschaften der Hypnose ist, dass sie Hypnotisierte entspannt. Menschen sind in Trance gewöhnlich entspannter als im normalen Wachzustand. Abgesehen von dieser grundsätzlich entspannenden Wirkung der Hypnose kann man die Entspannung in Trance zusätzlich durch Suggestionen fördern, die zumindest eine Zeit lang weiterwirken, nachdem der Klient die Trance bereits wieder verlassen hat.

Bei Menschen in Trance wirken außerdem Suggestionen, die auf die Betäubung eines Körperteils zielen. Schmerzen zu lindern ist seit langem als eine erwiesene Wirkung von Hypnose anerkannt (E. R. und J. R. Hilgards Buch *Hypnosis in the Relief of Pain*, 1975, ist immer noch das Standardwerk zu diesem Thema). Allerdings sind bezüglich der Beeinflussung von Schmerzen durch Hypnose einige wichtige Warnungen angebracht. Schmerz signalisiert gewöhnlich, dass im Körper irgendeine Störung besteht; deshalb sollten wir Schmerzen nicht leichtfertig einfach „abschalten". Bevor ein Therapeut etwas gegen Schmerzen unternimmt, sollte er stets ihre Ursache und ihre Funktion untersuchen. In Scotts Fall waren sowohl der Konditionstrainer als auch ein Arzt der Meinung, dass er seine Oberschenkelmuskeln durch Fußballspielen oder durch Dehnübungen kaum weiter schädigen könnte. Deshalb erschien es mir sinnvoll, an der Linderung der Schmerzen zu arbeiten.

DIE THERAPIE

Scott war sich nicht sicher, was er von der Möglichkeit, sein Problem mit Hypnose zu behandeln, halten sollte. Zwar schätzte er die Wahrscheinlichkeit, dass ihm auf diese Weise geholfen werden könnte, als nicht besonders hoch ein, doch war er bereit, jedes Hilfeangebot auszuprobieren.

Zu Beginn unserer ersten Sitzung, bevor ich mit Hypnose zu arbeiten versuchte, bat ich Scott, aufzustehen, sich vorzubeugen und mit den Händen seine Zehen zu berühren. Seine Fingerspitzen erreichten nur etwa die Mitte seiner Schienbeine. „Der Schmerz in meinen Oberschenkeln verhindert, dass ich tiefer komme." Dies war eine Folge der Anspannung in den zweiköpfigen Oberschenkelmuskeln.

Ich führte eine Induktion mit progressiver Entspannung durch und vertiefte anschließend die Trance (siehe das VMBR-Skript in Kapitel 3). Eine Vertiefungstechnik, die ich in solchen Fällen benutze, besteht darin, den Klienten mehrmals in Folge in Trance zu versetzen und wieder aus der Trance zu geleiten. Nach der ersten Induktion vermochte Scott fast augenblicklich auf ein Signal zum Wiedereintritt in die Trance zu reagieren, und es fiel ihm nicht schwer, schnell eine tiefe Trance zu erreichen. Der einzige Test zur Feststellung der Hypnotisierbarkeit und der Trancetiefe, den ich normalerweise benutze, ist der subjektive Eindruck des Klienten auf mich und die Überprüfung dessen, ob eine suggestive Versteifung eines Arms nach Verlassen der Trance Bestand hat. In Scotts Fall ließ die Überprüfung auf eine mitteltiefe Trance schließen. Schon durch die anfängliche Hypnose waren alle Muskeln seines Körpers entspannt worden, doch dann suggerierte ich zusätzlich eine noch stärkere Entspannung der Oberschenkelbeuger.

Während er sich noch in Trance befand, forschte ich nach einem eventuell mit den Schmerzen der Oberschenkelmuskeln verbundenen Sekundärgewinn. Ein Sekundärgewinn ist ein Vorteil – der mit dem Leiden unter einem Problem verbunden ist –, dessen sich der Betreffende gewöhnlich nicht bewusst ist. Ein Sekundärgewinn – beispielsweise die Sympathie oder Aufmerksamkeit, deren man sich aufgrund eines Problems erfreut, oder eine Entschuldigung dafür zu haben, dass man zu bestimmten Aktivitäten nicht in der Lage ist – reicht oft aus, um ein schwerwiegendes Problem unverhältnismäßig lange aufrechtzuerhalten. Doch ich fand bei Scott keine Anzeichen für einen solchen Effekt.

Bei der Arbeit mit ihm benutzte ich eine Technik, die sich bei der Behandlung verletzter Sportler häufig als nützlich erwiesen hat. Nachdem der Klient eine ziemlich tiefe Trance erreicht hat, lasse ich ihn auf einen Punkt im Unterbauch fokussieren, den ich „das Zentrum" oder „die Heilkraft" nenne. Ich verwendete die Vorstellung einer inneren Heilkraft schon einige Jahre, als ich Bill Moyers Fernsehserien über chinesische Medizin und sein Buch *Healing and the mind* (1993) (deutsch: *Die Kunst des Heilens*) kennen lernte. Diese Kraft scheint gewisse Ähnlichkeiten mit dem aufzuweisen, was die Chinesen *Chi* oder *Qi* nennen, ein Konzept, das in David Eisenbergs Buch *Encounters with Qi* (1995) ausführlich erklärt wird. Ich fordere den Klienten in Trance auf, diese Kraft zu spüren und durch mehrmaliges tiefes Atmen darauf zu fokussieren. Anschließend suggeriere ich, dass sich die Kraft wie ein angenehmer und vibrierender Energieball anfühlen wird, der wahrscheinlich im Unterbauch zu spüren ist, manchmal auch irgendwo anders im Körper. Kennt der Klient die Bauchatmung (die Einbeziehung des Zwerchfells beim tiefen Atmen) nicht, bringe ich sie ihm bei, bevor ich ihn in eine Trance geleite.

Als ich diese Verfahrensweise bei Scott anwandte, spürte er die Kraft nach ein paar tiefen Atemzügen, und daraufhin forderte ich ihn auf, sie zu einer seiner beiden Oberschenkelbeuger zu lenken. Nachdem er dies getan hatte, spürte er in dem Muskel eine tiefe Entspannung, und er fühlte sich nun auch etwas wärmer an; möglicherweise trat auch ein Kribbeln auf, und die zuvor starken Schmerzen wurden merklich geringer. All dies spürte er in Trance. Dann forderte ich ihn auf, mit dem anderen Bein genauso zu verfahren, woraufhin dort die gleichen Empfindungen auftraten. Ich erklärte ihm, diese Kraft vermöge – neben ihrer schmerzlindernden und muskelentspannenden Wirkung – auch etwaige Erkrankungen des Muskels zu heilen, und diese *heilende* Wirkung entfalte sich, wann immer er die Kraft in den Muskel lenke. Ich suggerierte, wenn er es wünsche, könne er jederzeit zweimal tief in den Bauch atmen, die Kraft spüren und sie zu seinen Kniesehnen senden, um jede Angespanntheit und jeden Schmerz in den Oberschenkelbeugern aufzulösen. Ich empfahl ihm, dies mindestens zweimal täglich zu tun, auch wenn er keine Schmerzen empfinde, um den Heilungsprozess zu beschleunigen.

Diese erste Sitzung dauerte etwas länger als eine Stunde. Danach stellte Scott zu seiner Freude fest, dass sich seine Kniesehnen deutlich anders anfühlten als vor der Sitzung – die übliche Angespanntheit und die Schmerzen waren nicht mehr da. Als er sich vorbeugte, konnte er nicht nur die Schuhspitzen, sondern auch den Boden berühren, ohne dass seine Kniemuskeln schmerzten oder sich angespannt anfühlten. Er sagte: „Ich kann mich nicht erinnern, dass ich dazu jemals in der Lage war!" Nachdem er sich wieder hingesetzt hatte, tastete ich seine Kniemuskulatur ab und spürte, dass die Angespanntheit, die ich zu Beginn der Sitzung darin festgestellt hatte, deutlich geringer geworden war.

Ich bat Scott, vor dem Training am folgenden Nachmittag noch einmal für eine halbe Stunde zu mir zu kommen, weil ich die Suggestionen aus der ersten Sitzung verstärken wollte. Als er kam, sagte er, nach der ersten Sitzung habe er die Heilkraft allein mobilisieren und sie in seine Oberschenkelmuskeln befördern können, wo sie Wärme, ein Gefühl der Entspannung und ein Kribbeln erzeugt habe. Ich induzierte daraufhin eine Trance und ließ ihn durch tiefes Atmen erneut die Kraft aktivieren und sie diesmal in beide Oberschenkel gleichzeitig befördern. Am Ende der zweiten Sitzung waren seine Muskeln flexibler geworden, und er konnte mit den Fingerknöcheln den Boden berühren, ohne irgendwelche Anspannung oder Schmerzen in den Oberschenkelbeugern zu spüren. Er war begeistert darüber, dass er mit seinen Fingern die Zehen umgreifen konnte, ohne die Knie zu beugen. Er sagte, die Oberschenkel fühlten sich nun noch entspannter und flexibler an als nach der ersten Sitzung, und als ich sie abtastete, bestätigte sich dies. Nach dieser zweiten Sitzung ging er zum Training und umgriff in Gegenwart von Coach Lewis seine Zehen.

Manchmal fühlen sich Sportler, die an ähnlichen Problemen leiden, durch mein Angebot, sie mit Hypnose zu behandeln, angegriffen. Sie deuten es so, als wollte ich damit sagen, ihr Problem sei psychischen Ursprungs – ich würde glauben, es bestehe in ihrem Kopf oder sei in der Realität nicht vorhanden. In solchen Fällen versichere ich den Betreffenden, das Problem bestehe im physiologischen Sinne keineswegs in ihrem Kopf, und ich erkläre ihnen den Teufelskreis von Anspannung und Schmerz und dass das Problem eher eine Reflexreaktion sei, deren Ursprung in einem Nervenzentrum liege, das dem Bewusstsein nicht zugänglich sei. Durch Hypnose kann ich dem Geist solcher Klienten helfen, den Teufelskreis wechselseitiger Verstärkung von Schmerz und Anspannung zu durchbrechen, dadurch allmählich die Reaktion der Nerven unter Kontrolle zu bringen und so das Verhalten der Muskeln auf eine vorher nicht mögliche Weise zu beeinflussen. Meiner Meinung nach habe ich genau das bei der Behandlung von Scotts Muskelproblem getan. Einige Therapeuten würden das Problem wahrscheinlich im Sinne der Begriffe Bewusstsein und Unbewusstes erklären, aber ich empfinde meine eigene Erklärung als in sich stimmig und ganz sicher als akzeptabler.

DAS RESÜMEE DES COACHS

Scotts Arbeit mit Don Liggett führte sofort zu einer starken physischen Veränderung, die mich verblüffte. Ich hatte noch nie erlebt, dass die Beweglichkeit eines Spielers so schnell so viel besser geworden war und dass Schmerzen ohne Medikamente so stark zurückgegangen waren. Beim Training am Donnerstagnachmittag, nach der zweiten Sitzung mit Dr. Liggett, konnte Scott zum ersten Mal seit Wochen normal am gesamten Training teilnehmen. Am nächsten Tag spielte er ohne irgendwelche Einschränkungen und ohne Schmerzen in einem regulären Spiel gegen eine andere College-Mannschaft. (Scott spielte sogar ausgezeichnet, denn er selbst schoss ein Tor und bereitete ein weiteres vor.)

Uns allen gingen Fragen nach der langfristigen Wirkung von Hypnose und nach Scotts verbesserter Beweglichkeit im Kopf herum. Ich freue mich jedoch, berichten zu können, dass er während der weiteren Herbstsaison problemlos spielen konnte und mit den Oberschenkelbeugern keinerlei Schwierigkeiten mehr hatte. Auch in der folgenden Frühlingssaison, die Ende Februar 1995 begann, hatte er mit dem Training und mit seiner Kondition keinerlei Probleme, und seine ausgezeichnete Beweglichkeit blieb ihm während seiner gesamten College-Karriere erhalten. Scott hat nie mehr nennenswerte Schmerzen in den Oberschenkeln gehabt, und er beugt sich immer noch gelegentlich gerne zu den Zehen hinunter und umgreift sie, wenn jemand mit eigenen Augen sehen möchte, dass er das kann.

Ich habe etliche Bühnenhypnotiseure bei der Arbeit gesehen. Sie bauen ihre Show so auf, dass ihre Fähigkeiten auf Kosten der Hypnotisierten zur Geltung kommt. In solchen Situationen habe ich mich oft gefragt, ob man die Macht der Hypnose zum Vorteil der Hypnotisierten nutzen kann, statt sie lächerlich zu machen. Die Möglichkeiten, Hypnose konstruktiv zu nutzen, hatte ich nicht kennen gelernt, bevor ich mit Dr. Liggetts Arbeit in Berührung gekommen war. Er klärte mich darüber auf, wie Hypnose helfen kann, die ungeheuren Geisteskräfte eines kooperativen Klienten zu mobilisieren – zum Fokussieren, zur Erzeugung visueller Bilder und um körperliche

Reaktionen hervorzurufen, die zur Verbesserung der Einstellung, der Gesundheit und der Leistung eines Sportlers führen.

Mit eigenen Augen die Resultate von Scotts Hypnosebehandlung zu sehen war für mich faszinierend. Auch die Trainer und die ganze Mannschaft waren davon begeistert und sehr dankbar für diese Hilfe. Leider wohnt Dr. Liggett nicht mehr in Ohio. Denn nachdem ich miterlebt habe, wie Scott und andere von einer Hypnosebehandlung profitiert haben, bin ich fasziniert von der Möglichkeit, Sportler wie Nichtsportler mit Hypnose zu behandeln, um ihre Beweglichkeit zu verbessern und sie von Schmerzen zu befreien. Ich kann Sportlern, Coaches, Konditionstrainern, Ärzten und anderen nur dringend raten, sich mit den vielen Möglichkeiten, Hypnose bei der Betreuung, Behandlung und Prävention im Zusammenhang mit Verletzungen einzusetzen, gründlich zu beschäftigen.

Nachtrag des Therapeuten

Dieser Fall veranschaulicht, wie Schmerzlinderung und gleichzeitige Entspannung ein seit langem bestehendes Problem schnell zu verringern vermögen. Entspannung und Schmerzlinderung gehören zu den Anwendungsgebieten jedes kompetenten Hypnotherapeuten. Eine relativ unbedeutende Rolle spielten im geschilderten Fall Aspekte wie Imaginationsfähigkeit und Selbstvertrauen. Weil Scott so lange unter starken Schmerzen gelitten hatte, war bei ihm eine nichtklinische Depression entstanden, und er hatte eine allgemein pessimistische Grundhaltung.

Die Möglichkeiten der Anwendung von Hypnose bei Sportlern ist nicht annähernd so gut dokumentiert wie die Anwendungsbereiche in der Medizin und Psychotherapie. In der Welt des Sports grassiert die Abneigung gegen Hypnose ebenso wie in anderen Bereichen. Scott litt über ein Jahr unter Schmerzen an den Oberschenkelmuskeln. Dies ist sowohl auf den Mangel an Information über die Möglichkeiten der Anwendung von Hypnose zurückzuführen als vielleicht auch darauf, dass kein Hypnotherapeut in der Nähe war.

Nicht alle Störungen lassen sich so effektiv und schnell beheben wie diese, und ich war über den Therapieerfolg in diesem Fall fast ebenso überrascht wie der Coach und der Trainer. Doch durch die sofortige positive Wirkung dieser Behandlung bei Scott, die während seiner gesamten Zeit als College-Sportler bestehen blieb, wurde Hypnose beim Trainerstab und bei den Sportlern des College fortan als wertvolle und sinnvolle Behandlung anerkannt und genutzt.

Als ich kürzlich Scotts zweiköpfige Oberschenkelmuskeln noch einmal untersuchte und den Klienten um die Erlaubnis bat, seinen Namen in diesem Buch zu erwähnen, berichtete er: „Ich habe seit unserer Arbeit vor fünf Jahren keine nennenswerten Schmerzen mehr gehabt. Meinen Oberschenkeln geht es ausgezeichnet."

Dem möchte ich hinzufügen, dass nichts, was ich jemals gelernt habe, mich so sehr in meinem Bemühen, anderen zu helfen, unterstützt hat, wie Hypnose. Wenn jemand wie Scott es schafft, über eine schwere Beeinträchtigung hinwegzukommen, gibt mir das eine nur schwer zu beschreibende Genugtuung: Ich schwebe tagelang wie auf Wolken. Selbst noch als Scott fünf Jahre nach unserer gemeinsamen Arbeit erklärte, seinen Oberschenkeln gehe es immer noch ausgezeichnet, verspürte ich ein Hochgefühl.

14. Der Kajak-Fahrer

*Alle großen Veränderungen sind
für den menschlichen Geist unangenehm.*
John Adams, amerikanischer Präsident von 1797–1801

Matt Lutz ist amerikanischer Meister im Wildwasser-Kajak. Er trat mehrere Jahre lang beim *International World Cup* und bei Weltmeisterschaften für die USA an. Matt wollte seinen Schlag verändern, seinen Fokus verbessern und sein Angstniveau bei Wettbewerben herabsetzen. Wir arbeiteten über mehrere Monate an diesen Zielen. Eine ausführlichere Beschreibung meiner Arbeit mit Matt ist in einem Artikel enthalten, den wir gemeinsam für die amerikanische Kanu- und Kajak-Team-Zeitschrift verfasst haben (Lutz a. Liggett 1998).

Den Schlag verändern

Zuerst arbeiteten wir an einer Veränderung seiner Technik – es ging darum, dass sein Schlag kräftiger werden sollte. Dazu musste er unter anderem das Paddel in einem etwas anderen Winkel ins Wasser tauchen. Außerdem musste er seine mentale Einstellung zum Schlag und seine Sicht der Situation stark verändern. Bisher hatte er das Paddel ins Wasser getaucht und es dann an der Seite des Boots entlang zurückgezogen. Nun sollte er das Paddel wie bisher ins Wasser tauchen, es sich jedoch dann als fixiert vorstellen und sich samt dem Kajak an dem Paddel vorbeiziehen.

Beim Paddeln in einem Kanu oder Kajak haben wir normalerweise das Gefühl, das Paddel am Boot vorbei nach hinten zu ziehen. Tauchen wir nun stattdessen das Paddel ins Wasser, stellen es uns als fixiert vor und ziehen unseren Körper und den Kajak vorwärts und damit am Paddel vorbei, ist das eine erhebliche Veränderung unserer Sichtweise. Wie in Kapitel 5, *Energie mobilisieren*, beschrieben wird, müsste eine solche Veränderung, wenn dadurch tatsächlich die verfügbare Kraft vermehrt wird, sich in den Muskeln anders anfühlen – beispielsweise könnte sich das Gefühl einstellen, dass die Kraft von den Zehen aus durch den Körper zum Paddel fließt.

EXTERNALE UND INTERNALE VORSTELLUNGSBILDER

Wenn sich ein Sportler zum ersten Mal eine bestimmte sportliche Aktivität vorstellt, gelingt es ihm oft nur, externale Vorstellungsbilder aufzubauen: Er sieht die betreffende Aktivität, wie ein Unbeteiligter sie sehen würde. Suggestionen, die eine kinästhetische Reaktion hervorzurufen versuchen, gehen ins Leere.

Matt Lutz hatte dieses Problem zu Beginn unserer Zusammenarbeit. Matt war für Hypnose empfänglich, doch eine ganze Weile vermochte er nur externale Vorstellungsbilder aufzubauen, ohne dass bei ihm irgendeine kinästhetische Reaktion zu erkennen war.

Will ein Sportler eine neue Technik erlernen, ist es ihm manchmal nützlich, sich vorzustellen, jemand anders wende sie in perfekter Form an. Nach Entwicklung dieser externalen Vorstellung muss er jedoch auch ein internales Vorstellungsbild des Angestrebten aufbauen, damit sein Körper die neue Technik erlernt. Dieses Proben ist nur bei internalen, kinästhetischen Vorstellungsbildern möglich.

Den meisten Sportlern, mit denen ich arbeite, fällt es wesentlich leichter als Matt, internale Bilder zu entwickeln. Weil ihm dies so schwer fiel, beschreibe ich, wie sich unsere gemeinsame Arbeit gestaltete, um an diesem Beispiel einige Techniken zur Entwicklung internaler Vorstellungsbilder zu erläutern – also nicht, weil das, was er erlebte, typisch ist! Sein Widerstand gegen internale Bilder war alles andere als typisch.

METHODEN ZUR ERZEUGUNG KINÄSTHETISCHER REAKTIONEN

Ich habe mehrere Möglichkeiten entdeckt, Sportlern zu helfen, denen es schwer fällt, internale Vorstellungsbilder zu entwickeln. Die meisten sind dazu ohne Schwierigkeiten in der Lage, doch einige benötigen viel Hilfe.

Vertiefung der Trance

Die erste Möglichkeit, die Erzeugung kinästhetischer Bilder zu unterstützen, besteht in einer Vertiefung der Trance – die auf verschiedene Weisen erreicht werden kann. Eine von diesen wird Fraktionierung genannt. Dabei wird der Klient mehrmals in Folge in Trance versetzt und wieder ins normale Wachbewusstsein zurückgeleitet. Diese Methode benutzte ich bei Matt, doch gelang es mir auf diese Weise nicht, ihn zur Produktion internaler Bilder zu bewegen.

Dann forderte ich ihn auf, sich vorzustellen, er befinde sich an einem angenehmen Ort, und ließ ihn an diesem Ort so viele Sinne wie möglich benutzen. Nachdem er die Vorstellung von einer Meeresbucht entwickelt hatte, ließ ich ihn die Sonne auf seinem Gesicht und Rücken spüren, einen Vogel im Wind fliegen sehen, dem Rauschen des Windes in den Bäumen zuhören, den Sand zwischen den Zehen spüren und die frische Meeresluft riechen. Fordert man einen Klienten, der sich in Trance befindet, auf, möglichst viele Sinne zu benutzen, wird dadurch gewöhnlich die Trance vertieft. Sowohl die Fraktionierung als auch die Verstärkung der Sinneswahrnehmungen riefen bei Matt das Gefühl einer Vertiefung der Trance hervor.

In meiner Arbeit mit Sportlern habe ich die Erfahrung gemacht, dass sie durch die Anwendung einer der genannten Techniken oder beider gewöhnlich ein internales Bild aufzubauen vermögen. Obwohl Matt die Vertiefung seiner Trance spürte, führte nichts von alldem zu einer kinästhetischen Reaktion, als er noch einmal versuchte, sich die neue mentale Technik für den Paddelschlag zu vergegenwärtigen.

Entwickeln einer Vorstellung von einer anstrengenden Aktivität

Eine andere Methode, die Fähigkeit zum Aufbau internaler Vorstellungsbilder zu fördern, besteht darin, den Sportler zum Aufbau einer Vorstellung von einer besonders anstrengenden Aktivität anzuleiten. Falls er mit dem „Bankdrücken" vertraut ist (einer wichtigen Übung beim Krafttraining; Anm. d. Übers.), bietet es sich an, diese Aktivität zum Aufbau der Vorstellung zu nutzen. Weil ich wusste, dass Matt mit Gewichten trainierte, half ich ihm erneut, in Trance zu gelangen, und suggerierte dann, dass wir ins Fitness-Center gehen und mit Gewichten trainieren würden. Er spürte, wie er auf der Bank lag. Ich benutzte sein Kajak-Paddel als Stange für das

Bankdrücken. Ein solches Hilfsmittel kann die Entwicklung von Vorstellungsbildern fördern. Ich ließ ihn entscheiden, wie schwer das Gewicht sein sollte, dass er hochstemmen wollte, und drückte dann mit einiger Kraft gegen die „Stange", die er stemmte. Mein Druck war viel geringer als das, was er sich vorstellte, und ich verringerte ihn allmählich noch weiter, während er die imaginierten Gewichte in mehreren Serien zu stemmen versuchte und dabei die Vorstellung hatte, das Gewicht werde allmählich schwerer. Schon bald war das Gewicht, das er in seiner Vorstellung stemmte, sehr schwer, obwohl ich tatsächlich nur noch sehr wenig Druck auf das Paddel ausübte. Nachdem er den Trancezustand wieder verlassen hatte, war er erstaunt darüber, wie wenig Druck ich tatsächlich auf die Stange ausgeübt hatte. Durch diese Übung erlebte er die Entstehung internaler Vorstellungsbilder, und im Anschluss daran gelang es ihm, eine kinästhetische Reaktion auf sein Vorstellungsbild vom Paddeln aufzubauen.

Sich das Kajakfahren vorstellen

Als Matt schließlich in der Lage war, sich innerlich die Fahrt seines Kajaks vorzustellen, half ich ihm zunächst, seine Teilnahme an der Weltmeisterschaft in Garmisch zu visualisieren. Er sah genau die Strecke, spürte das Wasser, die Schläge und den Nervenkitzel des Wettbewerbs. Dann begannen wir mit der Arbeit an den neuen Schlägen. Die Vorstellung, den neuen Schlag aufzubauen, gelang nach dem vorherigen Üben des Aufbauens internaler Vorstellungsbilder sehr gut. Matt wusste genau, wie er den neuen Schlag ausführen musste. Dies war ihm auch schon im Wasser gelungen, wenn auch nicht wirklich zuverlässig. Er stellte sich den Schlag zuerst in Zeitlupe vor, bis dieser für ihn zur Selbstverständlichkeit geworden war. Dann steigerten wir allmählich die Schlaggeschwindigkeit, wobei er strikt auf die richtige Form achtete, bis er in seiner Vorstellung schließlich in der Geschwindigkeit paddelte, die er im Wasser tatsächlich erreichte. Er sagte, die Sitzungen mit mir bewiesen ihm den eindeutigen Vorteil von Visualisationen in Trance. Seine Erinnerung an den Wettbewerb in Garmisch war äußerst real. Im Anschluss daran sagte er: „Ich habe beim Visualisieren noch nie eine solche muskuläre Reaktion erlebt wie unseren Sitzungen, insbesondere bei der Arbeit an der neuen Schlagtechnik. Mein Körper fühlte sich so an, als würde ich tatsächlich beim Wettbewerb in Garmisch paddeln. Mein Bauch war angespannt, in meinem Rücken pochte das Blut, und in meinen Armen spürte ich die Milchsäure. Visualisieren unter Hypnose war eindeutig mein Ding" (Lutz a. Liggett 1998, S. 7).

Die Veränderungen wirkten sich sehr stark auf Matts Körperempfinden aus, weil ein größerer Teil der Gesamtkraft seines Körpers auf dem Paddel lastete. Da die auf das Paddel einwirkende Kraft bei dieser Technik größer ist, war das Paddel kürzer im Wasser, und dadurch veränderte sich der Schlagrhythmus sehr stark – zuerst das Eintauchen des Paddels ins Wasser, dann der kräftige Schlag, das Herausschnellen des Paddels aus dem Wasser, die rasche Rückkehr in die Ausgangsposition, das Eintauchen auf der anderen Seite und so weiter. Für einen erfahrenen Kajak-Fahrer, der schon ein ausgefeiltes Schlagmuster entwickelt hat, ist solch eine starke Technikveränderung sehr schwierig.

In der Hypnosesitzung gelang es Matt, die Veränderungen zu visualisieren. Er hatte dies vorher allein zu Hause und ohne Hypnose versucht, doch war es ihm so nicht gelungen, eine echte kinästhetische Reaktion (internale Vorstellungsbilder) zu erzeugen. Sobald er im Boot saß, verfiel er immer wieder in die alte Technik.

Als wir gemeinsam an der Entwicklung eines Vorstellungsbildes der neuen Technik arbeiteten, während Matt in Trance war, gelang es ihm, sie zunächst sehr langsam und dann mit zunehmender Geschwindigkeit zu üben. Und er empfand die Vorstellungsbilder als sehr real. Nachdem er sie in Trance mehrmals in realer Geschwindigkeit geübt hatte, merkte er, dass es ihm leichter fiel, sie auf die reale Situation auf dem Wasser im Boot zu übertragen. Der Rhythmus, den er sich in der Vorstellung angeeignet hatte, wurde im Wasser automatisiert.

Matt stellte fest, dass die in Hypnose entwickelten Vorstellungsbilder es ihm ermöglichten, auf die Augenblicke punktueller Energiemobilisierung zu fokussieren, seine Muskeln effektiver einzusetzen und das Muster seiner Technik zu verändern. Er führte den Schlag beim Ausatmen aus und atmete zwischen den einzelnen Schlägen ein, um seine Energie so effizient wie möglich zu nutzen.

Die Rolle des Sportpsychologen besteht in solchen Fällen nicht darin, dem Sportler die neue Technik beizubringen (das ist Aufgabe des Coachs), sondern ihm zu helfen, die Wirkung der bereits vorgenommenen Technikveränderung zu erkennen und zu spüren. Bei der

Arbeit in diesem Bereich ist – ebenso wie in anderen – eine enge Zusammenarbeit mit dem Coach erforderlich.

SELBSTHYPNOSE LEHREN

So wie vielen Sportlern brachte ich auch Matt bei, sich selbst in Trance zu versetzen, damit er in der Lage war, sich die neue Schlagtechnik auch selbstständig zu vergegenwärtigen. Dies gelang ihm, obwohl er erklärte, die Vorstellungsbilder, die er im Falle der Selbsthypnose aufbaue, seien nicht so real wie die in Fremdhypnose entwickelten. Ich verwandte einige weitere Sitzungen darauf, ihm beizubringen, eine selbst induzierte Trance zu vertiefen. Nach einiger Zeit war er dazu in der Lage, doch gelang es ihm nie, auf diese Weise eine so tiefe Trance zu erreichen, dass er die Vorstellungsbilder als ebenso real empfand wie im Falle einer von mir induzierten Trance. Diese geringere Intensität des Erlebens im Falle der Selbsthypnose ist keineswegs ungewöhnlich. Trotzdem war für ihn die Möglichkeit, die Bilder in einer selbst induzierten Trance wiederholt aufbauen zu können, von Nutzen, weil er auf diese Weise aktiv an der Integration der neuen Technik mitarbeiten konnte.

Nach der Arbeit mit Vorstellungsbildern in unseren Sitzungen und in selbstständiger Arbeit zu Hause merkte er irgendwann, dass die neue Schlagtechnik für ihn schon fast zur zweiten Natur geworden war. Er konnte den neuen Schlag schon bald ausführen, ohne darüber nachzudenken. Das Entwickeln von Vorstellungsbildern in Hypnose hatte sehr dazu beigetragen, seinem Körper diese neue Technik beizubringen.

Meist ist es nicht schwer, Sportlern bei der Entwicklung internaler Bilder zu helfen. Viele sind dazu in der Lage, sobald man sie auffordert, die damit verbundenen muskulären Reaktionen zu spüren. Doch manchmal benötigt man unterschiedliche Techniken, um einem Sportler beim Aufbau internale Bilder zu helfen.

FOKUS UND KONZENTRATION

Ein Bereich, an dem Matt arbeiten musste, war sein inneres Selbstgespräch vor und im Laufe von Wettkämpfen. Als er seine Gedanken und Handlungen beschrieb, erschien mir klar, dass irgendetwas an seinem inneren Selbstgespräch ihm gute Leistungen in einem Wettkampf unmöglich machte. Mithilfe des in Kapitel 9 beschriebenen Muskeltests demonstrierte ich ihm die Wirkung des inneren Selbstgesprächs. Er spürte, dass er stärker war, wenn er von der Formulierung „Ich hoffe" zu „Ich werde versuchen" und schließlich zu „Ich werde" wechselte. Ich demonstrierte auch, wie seine Stärke geringer wurde, wenn er sich Sorgen über die Probleme des aktuellen Rennens machte, statt daran zu denken, wie erfolgreich er abschneiden würde. Wir arbeiteten an der Entwicklung eines konstruktiven Selbstgesprächs vor dem Rennen – wobei er sich vergegenwärtigte, wie gut er die Strecke kannte, wie gut vorbereitet er war und wie sehr er die freudige Erregung bei Wettkämpfen genoss. Diese Inhalte traten an die Stelle von Sorgen wegen besonders schwieriger Aspekte der Strecke und anderen Angst erzeugenden Gedanken.

Als er seine Gedanken bei dem Wettbewerb in Garmisch beschrieb, fielen mir seine zahlreichen Äußerungen über die Felsen auf. Nun mögen solche Gedanken zwar als normal erscheinen, doch ist es produktiver, sich auf die Fahrlinie zu konzentrieren, die der Kajak nehmen muss. Ich suggerierte ihm, die Aufmerksamkeit auf die Linie durch das Wasser zu richten, auf der er fahren musste, statt an die Felsen zu denken. Natürlich haben die Felsen entscheidenden Einfluss auf die mögliche Fahrlinie, aber es ist trotzdem besser, auf diese Linie zu fokussieren statt auf die Felsen. Wie in vielen Bereichen des Lebens gilt auch hier: Worauf wir uns konzentrieren, das erreichen wir. Fokussieren wir auf die Felsen, fahren wir gegen die Felsen – fokussieren wir auf die Fahrlinie, bleiben wir in ihr.

Sich auf die Linie zu konzentrieren war so logisch, dass Matt sich fragte, weshalb er bisher noch nie daran gedacht hatte. Ich leitete ihn dazu an, mehrere Rennen zu visualisieren, in denen er auf die Fahrlinie fokussierte. Nach dieser Fokusveränderung stellte er fest, dass er sich viel gradliniger auf dem Wasser fortbewegen konnte. Weil er weniger zu manövrieren brauchte, wurde sein Zeitaufwand geringer. Nachdem er seinen Fokus von den Felsen abgezogen und auf die Fahrlinie gerichtet hatte, leitete ich ihn dazu an, den Fokus immer weiter auf der Fahrlinie voraus zu richten.

DIE RESULTATE DER THERAPIE

Matt bemerkte eine starke Zunahme an Selbstvertrauen beim Training und bei Wettkämpfen. Zehn Tage vor der Weltmeisterschaft im

Mai 1998 lag er vier Tage lang mit einer Nebenhöhlenentzündung im Bett. Deshalb konnte er nicht auf der Strecke trainieren, wie er es normalerweise getan hätte. Er sagte, wenn sein Selbstvertrauen nicht durch die Hypnosesitzungen erheblich gestärkt gewesen wäre, hätte er wahrscheinlich lange vor der Weltmeisterschaft aufgegeben. Obwohl er am Tag des Wettkampfs noch immer nicht seine volle Kraft zurückerlangt hatte, fühlte er sich stark und zuversichtlich. Er erreichte den 38. Platz der Gesamtwertung, womit er sich gegenüber dem 44. Platz, den er 1996 im gleichen Wettbewerb erreicht hatte, deutlich verbesserte.

Der *World Cup Circuit*, der im Juni und Juli 1998 an verschiedenen Orten in Europa stattfand, verlief für ihn noch besser als die Weltmeisterschaft im Mai und als seine Worldcup-Teilnahme im Jahre 1996. Er erreichte den 28. Platz, nachdem er bei dem Worldcup im Jahre 1996 den 40. erreicht hatte. Sowohl bei den Worldcups als auch bei den Weltmeisterschaften erzielte er unter den amerikanischen Teilnehmern die besten Resultate.

Matt freut sich nun auf die kommende Weltmeisterschaft und macht sich mithilfe von Visualisationstechniken mit der Strecke vertraut. Diese Weltmeisterschaft ist sein erster Wettkampf seit 1998, und er hat als festen Bestandteil seiner Vorbereitung ein paar Sitzungen mit mir eingeplant.

15. Der Stabhochspringer

> *Früher oder später führst du das aus, was du denkst.*
> *Was du denkst, ist, was du erreichst.*
> Dr. Bee Epstein-Shepard, Sportpsychologe

Der Techniktrainer der Universität fragte mich, ob ich Jim helfen könne. Er machte sich Sorgen, weil Jim bei Wettkämpfen nie so gute Leistungen zeigte wie beim Training. Der Trainer nahm an, das Problem sei psychischen Ursprungs. Jim war sehr interessiert, mit mir zu arbeiten, weil auch er vermutete, dass sein Problem mit irgendeinem psychischen Faktor zusammenhing.

DEN SCHNEID VERLIEREN

Als ich mit Jim über sein Leistungsproblem sprach, erklärte er, obwohl er sich bei Wettkämpfen nicht nervös fühle, verliere er jedes Mal seine Kampfbereitschaft und wisse nicht, warum. Seine Leistungen in Wettkämpfen seien schon so lange schlecht, dass er selbst und alle anderen diese schlechten Leistungen geradezu erwarteten. Trotz seiner tiefen Entmutigung glaubte er, dass ein Psychologe ihm helfen könne, den Schlüssel zur Lösung zu finden.

Da ich erwartete, dass es nicht schwer sein würde, Jim zu hypnotisieren, benutzte ich Spiegels Augenroll-Induktion (beschrieben in Spiegel a. Spiegel 1978), die ich häufig verwende, weil sie schneller wirkt als eine Induktion mit progressiver Entspannung und weil ich sie durch progressive Entspannung ergänzen kann, falls es dem Klienten damit allein nicht gelingt, in eine Trance einzutreten. Doch Jim gelangte wahrscheinlich aufgrund seiner starken Motivation, Hilfe anzunehmen, leicht in die Trance.

EINEN GUTEN SPRUNG VISUALISIEREN

Als Jim in Trance war, suggerierte ich ihm, sich vorzustellen, dass er sich beim Training in einer Situation befinde, in der ihm ein guter Sprung gelungen war, er in guter Form war und eine gute Höhe erzielt hatte. Ich leitete ihn dazu an, sich vorzustellen, er stehe am Anfang der Anlaufbahn, und mir dann zu berichten, wie er seinen Körper empfinde und was in seinem Geist vorgehe. Er beschrieb seine Empfindungen mit den Wörtern „ruhig, stark, fokussiert und zuversichtlich". Ich fasste seinen Ellbogen kräftig an, um diese Empfindungen zu verankern. Ich beabsichtigte, die in Kapitel 7 beschriebene Technik anzuwenden.

VISUALISIEREN DES LETZTEN WETTKAMPFS

Dann forderte ich Jim auf, sich in die Situation des letzten Wettkampfs zurückzuversetzen, bei dem sein letzter Sprung etwa 40 cm unter seinem besten Trainingswert gelegen hatte. Als er sich am Anfang der Anlaufbahn sah, fühlte er sich unsicher, besorgt und bloßgestellt. Er sagte, ihm sei auf unangenehme Weise bewusst, wie viele Menschen ihn beobachteten. Sein Trainer und seine Teamkameraden schauten zu und warteten nur darauf, dass er wieder versagen würde. Ich hatte erwartet, bei ihm das häufig vorliegende Problem einer übermäßigen Erregung in Verbindung mit Angespanntheit vorzufinden, das oft die Ursache für Leistungsrückgänge in Wettkämpfen ist. Doch Jims Problem schien andere Ursachen zu haben. Obwohl der Aktivierungsgrad tatsächlich oft starken Einfluss auf die Leistungsfähigkeit hat, schien in Jims Fall Mangel an Selbstvertrauen schwerwiegender zu sein als ein unangemessener Erregungsgrad, und dieser Vertrauensmangel hing mit den Gedanken des Trainers und der Teamkameraden zusammen. Was sie tatsächlich dachten, war dabei natürlich wesentlich unwichtiger als Jims Vermutungen bezüglich dessen, was sie dächten. Wahrnehmungen beeinflussen uns stärker als die Realität. Ich hätte schon früh in unserem Gespräch merken können, dass Jim nicht das typische Aktivierungsproblem hatte, weil er sich bei Wettkämpfen nie nervös fühlte.

Ich forderte ihn auf, sich weiter vorzustellen, er stehe am Anfang der Anlaufbahn. Ich suggerierte ihm, beim Einatmen zu sich selbst zu sagen: „Fokus", und nur die Anlaufbahn und den offenen Raum über der Latte zu sehen. (Wenn man an die Latte denkt, landet man an der Latte; wenn man an den offenen Raum denkt, landet man im offenen Raum.) Er werde sich dann so unbeobachtet fühlen wie beim Training. Beim Ausatmen sollte er zu sich selbst sagen: „ruhig", und er würde sich dann fühlen wie beim Training. Ich berührte kurz seinen Ellbogen, um die guten Gefühle zu verankern. Ich ließ ihn mehrere Sprünge visualisieren und dabei die beschriebenen Signale benutzen.

Die Hilfe des Trainers sichern

Vor dem nächsten Training suchte ich den Trainer auf und berichtete ihm über Jims Wahrnehmung, dass er sich ohnehin nichts von ihm verspreche. Der Trainer bestätigte, dass er sich frage, ob Jim bei Wettkämpfen weiterhin so schlechte Leistungen erzielen werde, doch sei ihm nicht klar, dass er dies Jim habe spüren lassen. Ich entgegnete, ich sei mir sicher, dass es nicht seine Absicht gewesen sei, Jim zu vermitteln, dass er kein Vertrauen in seine Leistungsfähigkeit setze, doch habe dieser offenbar derartige Empfindungen aufgefangen, und dies habe seinem Selbstvertrauen geschadet. Der Trainer reagierte daraufhin sehr positiv. Er erklärte, er werde Jim gegenüber in Zukunft klar, aber auch nicht zu aufdringlich Vertrauen zum Ausdruck bringen, sowohl beim Training als auch bei Wettkämpfen. Dies könne er leicht in Zusammenhang mit meiner Arbeit mit Jim bewerkstelligen. Auch mehrere Teamkameraden schwärmten Jim vor, wie sehr ich ihnen geholfen hätte, und erklärten, sie seien sicher, dass sein Problem mit meiner Hilfe behoben werde. Sie sähen dem nächsten Wettkampf zuversichtlich entgegen, weil Jim das Problem dann sicherlich überwunden haben werde.

Suggerieren adäquater Selbstinstruktionen

In unserer nächsten Sitzung führte ich mit Jim den in Kapitel 9 beschriebenen Muskeltest durch. Zunächst testete ich seine Stärke beim Gedanken, sein Trainer und seine Teamkameraden zweifelten an seinen Fähigkeiten als Stabhochspringer. Dann forderte ich ihn auf, sich ihre Unterstützung zu vergegenwärtigen, und testete daraufhin erneut seine Stärke. Die unterschiedliche Armstärke war auch für ihn deutlich zu spüren. Ich empfahl ihm, sich selbst zu versichern, dass der Trainer und seine Teamkameraden ihn unterstützten, unabhängig davon, ob dies nun tatsächlich der Fall war oder nicht. Er antwortete, er brauche sich dies nicht selbst vorzuspiegeln; dem Trainer und seinen Kameraden sei klar, dass er nach der Arbeit mit mir beim nächsten Wettkampf eine neue persönliche Bestleistung erreichen werde. Sie hätten ihm erklärt, er werde sein Problem durch unsere gemeinsame Arbeit ganz bestimmt überwinden. (Daraufhin hoffte ich, dass dadurch Jims Vertrauen in unsere Arbeit ebenso bestärkt werden würde wie das meine.) Als er visualisierte, er befinde sich in der Situation des nächsten Wettkampfs, spürte er deutlich die Unterstützung des Trainers und seiner Kameraden. Ich fragte ihn, wie hoch er bei diesem Wettkampf springen werde, und er nannte seine Trainingsbestleistung. Sich vorzustellen, dass er diese Höhe schaffen werde, war für ihn kein Problem. Offenbar hatte er tatsächlich das Vertrauen verinnerlicht, dass sein Trainer und seine Teamkameraden ihm gegenüber zum Ausdruck gebracht hatten. Nachdem ich ihn aus der Trance geleitet hatte, war er sicher, beim nächsten Wettbewerb tatsächlich eine neue persönliche Bestleistung zu erzielen.

VISUALISIEREN EINES TRAMPOLINS

Bei der zweiten Sitzung sagte er, er habe manchmal Probleme mit dem Absprung. Er habe das Gefühl, nicht die Sprungkraft entwickeln zu können, die er eigentlich bräuchte. Jim war in der High School Turmspringer gewesen und wusste von daher, welchen Aufschwung man mit einem Trampolin erzielen konnte. Deshalb suggerierte ich ihm, er werde beim Absprung diesen Schwung spüren. (Dies ist ein Beispiel für die in Kapitel 4 beschriebene Technik.) Er visualisierte einige Absprünge, bei denen er diesen besonderen Aufschwung spürte. Ich suggerierte, er werde diesen Schwung bei jedem Hochsprung spüren. Später probierte er die Visualisation beim Training aus und berichtete anschließend, er spüre den Unterschied.

ZIELE SETZEN

In unserer nächsten Sitzung arbeiteten wir an der Entwicklung von Zielen für das Training und für die bevorstehenden Wettkämpfe.

Ebenfalls in Trance gelangte er zu der Überzeugung, er könne in den zwei Wochen vor dem nächsten wichtigen Wettkampf seine Sprunghöhe im Training um 10 cm erhöhen. Ich fragte ihn, woran er spüre, dass er diese Steigerung erreicht habe – auf diese Weise wollte ich ihn zur Entwicklung von *Zukunftserinnerungen* veranlassen. Er verbrachte einige Zeit damit, zu visualisieren, wie er sich dann fühlen würde und wie andere auf die Verbesserung reagieren würden. Er erwähnte, wie glücklich der Trainer und wie erfreut seine Freundin sein würden. Dass er in diesem Zusammenhang zum ersten Mal im Rahmen unserer Zusammenarbeit seine Freundin erwähnte, erschien mir interessant. Aus Neugierde fragte ich ihn, was für eine Art von Ausstrahlung er bei den Wettkämpfen vonseiten seiner Freundin wahrnehme. Zweifelte auch sie an seiner Leistungsfähigkeit bei Wettkämpfen? Er lachte und verneinte dies vehement. Sie sei die Einzige, die an seine Fähigkeit, bei Wettkämpfen gute Leistungen zu erzielen, glaube, allerdings verstehe sie definitiv nicht so viel vom Stabhochsprung wie sein Trainer und seine Teamkollegen! (Dies ist ein interessantes Beispiel dafür, wie Menschen vorhandene Unterstützung als unzureichend abtun.)

DIE RESULTATE DER THERAPIE

In der folgenden Woche erzielte Jim tatsächlich die vorausgesagten 10 cm zusätzliche Sprunghöhe, und er setzte sich nun für die letzte Woche vor dem Wettkampf das Ziel, noch 5 cm mehr zu schaffen. Wieder half ich ihm, sich die guten Gefühle vorzustellen, die diese Zukunftserinnerungen erzeugen würden.

In unserer letzten Sitzung vor dem Wettkampf arbeitete ich mit ihm daran, die im Training erzielten neuen Höhen zu visualisieren. Er spürte den Schwung des imaginierten Trampolins und die positive Einstellung seines Trainers und seiner Teamkameraden, zu denen sich nun auch noch die Freundin gesellte.

Der nächste Wettkampf war für Jim ein großer Erfolg. Kurz vorher versicherte der Trainer ihm, aufgrund seiner Zusammenarbeit mit mir werde er seine beste Trainingshöhe übertreffen, und auch einige Teamkameraden äußerten sich über seine neuesten Erfolge im Training ähnlich positiv. Sein Selbstvertrauen hätte nicht besser sein können. Später berichtete er, nach zweimaligem tiefem Durchatmen am Beginn der Anlaufbahn habe er sich klar fokussiert, stark und ruhig gefühlt. Ihm war bewusst gewesen, dass sein Trainer und seine Kameraden ihn beobachteten, und er hatte gewusst, dass er seine absolut beste Leistung aller Zeiten schaffen würde. Beim Absprung spürte er sogar das imaginäre Trampolin. Tatsächlich gelang es ihm, seinen besten Trainingssprung um 5 cm zu übertreffen, und zu allem Überfluss gewann er den Wettkampf mit seiner neuen persönlichen Bestleistung auch noch.

Kommentar zum Abschluss

Durch diesen Fall wurde mir klar, dass die Fähigkeit eines Sportlers, seinen eigenen Erregungsgrad zu beeinflussen, nicht jedes Leistungsproblem zu lösen vermag. Bei Jim war das Problem eine ansteckend wirkende Versagenserwartung und ein Gefühl mangelnder Unterstützung, also keineswegs ein für die Situation ungeeigneter Aktivierungsgrad. Jim hatte seine Empfindungen bezüglich der Haltung des Trainers und der Teamkameraden in unseren Gesprächen vor der Trancearbeit nicht zum Ausdruck bringen können, sondern sie waren erst in Trance zutage getreten. Die Lösung bestand darin, mit dem Trainer zusammenzuarbeiten, der seinen Anteil an dem Problem sofort begriff und daraufhin ohne jeden Widerstand an dessen Lösung mitarbeitete. Für Möglichkeiten offen zu sein, statt sich über die Art des vorliegenden Problems im Voraus zu urteilen, ist ein wesentliches Element guter Therapie.

16. Die Basketball-Spielerin

Hypnose beinhaltet die Fähigkeit, die Aufmerksamkeit zu konzentrieren und Ablenkungen zu widerstehen.
E. R. Hilgard, amerikanischer Psychologe

Beth spielte Basketball in einer College-Mannschaft. Sie wollte den Anteil ihrer erfolgreichen Freiwürfe erhöhen. Sie stand am Anfang der Spielsaison ihres Seniorjahres. Im Juniorjahr waren nur 43 Prozent ihrer Freiwürfe im Korb gelandet, und damit war weder sie selbst noch der Coach zufrieden. Beth hasste es, zur Freiwurflinie zu gehen, weil dann ihr Selbstvertrauen augenblicklich wie weggeblasen war. Sie vermutete, dass bei dem Problem eine mentale Komponente im Spiel sein könnte, und bat mich um Hilfe.

WAS FREIWÜRFE BEINHALTEN

Jeder Basketball-Spieler, der gut genug ist, um in einem College- oder einem Profiteam mitzuspielen, ist grundsätzlich in der Lage, 100 Prozent der Freiwürfe in den Korb zu befördern. Diese Würfe werden ja ebendeshalb Freiwürfe genannt, weil es leicht ist, sie erfolgreich auszuführen. Ein Spieler, dessen Erfolgsrate bei Freiwürfen unter 95 Prozent liegt, hat mentale Probleme – damit sind keine psychiatrischen Probleme gemeint, sondern solche, die Fokus- und Konzentrationsfähigkeit betreffen. Nach meinen Erfahrungen kann einfache Arbeit mit Hypnose den meisten Spielern helfen, hinderliche Ablenkungen zu eliminieren (L = F - A: Leistung ist gleich Fähigkeit minus Ablenkung) und die Rate der erfolgreichen Freiwürfe deutlich zu erhöhen.

Zumindest zwei Faktoren tragen in diesem Zusammenhang zur Entstehung von Problemen bei. Der erste besteht in der bei Freiwürfen erforderlichen Fokusveränderung. In der Spielsituation ist sich ein guter Spieler der Position aller Mannschaftskameraden sowie der gegnerischen Spieler ständig bewusst. Dies erfordert einen weiten Fokus und große Wachsamkeit. Im Gegensatz dazu muss man bei einem Freiwurf den Fokus verengen. Die Aufmerksamkeit sollte weder auf andere Spieler gerichtet noch durch den Lärm der Zuschauer oder durch irgendwelche anderen Faktoren abgelenkt werden, sondern ausschließlich auf den Ball und den Korb gerichtet sein. Vielen Spielern fällt eine solche plötzliche, radikale Veränderung des Fokus schwer. Sie sind sich beim Freiwurf weiterhin der übrigen Spieler bewusst und lassen sich durch deren Anwesenheit sowie durch die Fans hinter dem Korb und durch den Lärm der Zuschauermenge ablenken. Der zweite problematische Faktor ist, dass Freiwürfe es erforderlich machen, von der Teamorientierung auf die eigene, selbstständige Leistung umzuschalten. Mannschaftssportarten und Individualsportarten erfordern unterschiedliche Verhaltensweisen und Denkprozesse. Hypnose hilft Spielern, sowohl den für einen hundertprozentigen Freiwurferfolg notwendigen Fokus als auch die dazu notwendige Art von Anstrengung zu erreichen.

IDENTIFIZIEREN EINER ERFOLGREICHEN TECHNIK

Meine Empfehlung für die Korrektur an Beths Freiwürfen war sehr simpel. Zuerst beobachtete ich Beth bei der Ausführung mehrerer Freiwürfe. Ich merkte mir ihre Schritte und ihren Rhythmus bei den Würfen, die im Korb landeten. Es stellte sich heraus, dass sie bei erfolgreichen Würfen unterschiedliche Techniken benutzte, unter denen ich diejenige mit der geringsten Zahl von Bewegungen auswählte. Ich erfasste den Rhythmus eines der erfolgreichsten Würfe in einer nummerierten Schrittfolge:

5 – auf den Korb schauen
4 – dribbeln
3 – dribbeln
2 – erneut auf den Korb schauen
1 – werfen

Man sollte einem Spieler weder eine Technik noch einen Rhythmus vorschreiben. Vielmehr sollte die Schrittfolge der entsprechen, die der Betreffende bei erfolgreichen Würfen selbst entwickelt. Mir erscheint es interessant, dass viele Spieler kein konsistentes Verhaltensmuster für Freiwürfe entwickelt haben und dass sie sich des Musters, das sie bei ihren erfolgreichen Würfen benutzen, häufig nicht bewusst sind.

DEMONSTRATION DER MACHT DES INNEREN SELBSTGESPRÄCHS

An diesem Punkt benutzte ich den Muskeltest, um die Macht des inneren Selbstgesprächs zu demonstrieren. Diese Demonstration habe ich in Kapitel 9 beschrieben. Im Grunde geht daraus hervor, wie viel mehr Stärke Spieler entwickeln können, wenn sie sagen: „Ich werde diesen Freiwurf in den Korb bringen", statt zu sagen: „Ich hoffe, dass mir dieser Freiwurf gelingen wird", oder: „Ich werde versuchen, diesen Wurf in den Korb zu bringen". Nachdem Beth erlebt hatte, wie positiv es sich auf ihre Stärke auswirkte, wenn sie die erfolgreiche Ausführung des Freiwurfs vorab bestätigte, empfahl ich ihr, sich vor jedem Freiwurf innerlich zu sagen: „Ich werde diese Wurf schaffen."

DIE INDUKTION MIT DER ERFOLG VERSPRECHENDEN VERFAHRENSWEISE VERKNÜPFEN

Nachdem ich die Schrittfolge des erfolgreichen Verhaltensmusters identifiziert hatte, arbeitete ich mit Beth an einem ruhigen Ort, fern vom Spielfeld. Nach einer Induktion und Vertiefung der Trance gab ich ihr mehrere posthypnotische Suggestionen. Die erste bestand darin, ein Signal für einen schnellen Wiedereintritt in die Trance festzulegen. Meist suggeriere ich in solchen Fällen, dass die Spieler in Trance gehen werden, wenn ich von fünf rückwärts bis eins zähle. Dabei stimme ich die Zählgeschwindigkeit mit der des identifizierten Musters erfolgreicher Freiwürfe ab. (Beths Freiwurfmuster entsprach einer Zählung von fünf bis eins. Gewöhnlich umfassen die Bewegungen von Spielern vor einem Freiwurf ein paar Dribbles, einen Blick auf den Korb und einen Wurf. Manche Spieler fügen noch weitere Einzelheiten hinzu, indem sie beispielsweise die Füße in eine bestimmte Position bringen oder indem sie den Ball zwischen den Fingern rotieren lassen usw. Wenn die Routine eines Spielers bei Freiwürfen mehr Schritte umfasst, benutze ich mehr Zahlen.) Außerdem erklärte ich Beth, wenn ich von eins aufwärts bis fünf zählen würde, werde sie die Trance verlassen. Um den schnellen Eintritt in eine Trance mithilfe des Zählens von fünf bis eins zu üben, versetzte ich sie mehrmals in Trance und führte sie anschließend wieder heraus.

In der zweiten Serie von Suggestionen verband ich die Zählung der Schrittfolge des Freiwurfmusters mit der Zählung für den Eintritt in die Trance. Ich ordnete die einzelnen Schritte von Beths Verfahrensweise bei erfolgreichen Freiwürfen bestimmten Zählzeiten zu und ließ sie auf diese Weise in Trance ein Freiwurf visualisieren. Sie hatte keinerlei Probleme damit, eine kinästhetische Reaktion zu spüren, als wir zählten und sie sich den Freiwurf vorstellte. Während sie sich in dieser leichten Trance befand, suggerierte ich ihr, sie werde in diesem Zustand völlig auf den Korb fokussieren, nichts außer dem Korb sehen, nichts hören und sicher sein, dass der Ball sauber im Korb lande. Ich erklärte ihr, die Trance werde enden, wenn sie den Ball nach dem erfolgreichen Wurf zu Boden fallen sehe.

Selbsthypnose lehren

Sobald wir diese Prozedur für Freiwürfe in der fremdinduzierten Trance entwickelt hatten, brachte ich Beth bei, sich durch Zählen von fünf bis eins selbst in Trance zu versetzen. Weil es einigen Menschen Schwierigkeiten bereitet, sich selbst zu hypnotisieren, benötigt man dazu manchmal noch eine zweite Sitzung; Beth gelang dies allerdings sehr schnell. Als sie dazu in der Lage war, forderte ich sie auf, sich erneut einen Freiwurf vorzustellen, sich vorher zu sagen: „Dieser Freiwurf wird mir gelingen", dann mit dem Zählen zu beginnen und ihre Aktivität auf die entwickelte Schrittfolge abzustimmen. Ich betonte, diese Vorgehensweise werde einen erfolgreichen Wurf garantieren. Diese Vorstellung übte Beth mehrmals, bis sie sich sowohl mit ihrer selbst induzierten Trance als auch mit dem Vorstellungsbild wohl fühlte. An all diesen Dingen arbeiteten wir fernab vom Spielfeld.

Arbeit auf dem Spielfeld

Den Erfolg meiner Arbeit lese ich gewöhnlich daran ab, ob es den Spielern mithilfe der neuen Technik gelingt, zehn erfolgreiche Freiwürfe in Folge auszuführen. Manchmal gelingt ihnen dies schon beim ersten Versuch; in anderen Fällen induziere ich erneut eine Trance und verstärke die Suggestionen und die Vorstellungsbilder. Danach fordere ich die Klienten auf, die Trance selbst zu induzieren und zehn erfolgreiche Freiwürfe in den Korb zu bringen.

Nachdem wir unsere Arbeit auf das Basketball-Spielfeld zurückverlegt hatten, ließ ich Beth an die Freiwurflinie treten, den Ball von mir übernehmen, als sei ich der Schiedsrichter, und dann das tun, was sie vorher in der Vorstellung geübt hatte, nämlich sich sagen: „Ich werde diesen Wurf in den Korb bringen." Danach begann sie mit dem Zählen und der Ausführung der Schrittfolge, versetzte sich gleichzeitig in Trance und warf den Ball. Es gelangen ihr sieben Würfe in Folge, dann ging einer daneben. Wir kehrten an den Spielfeldrand zurück, ich hypnotisierte sie erneut, verstärkte die Suggestionen; anschließend induzierte sie selbst eine Trance und visualisierte mehrere Würfe. Dann trat sie wieder an die Freiwurflinie und schaffte zehn erfolgreiche Würfe. Nach diesen wollte sie weitermachen, um festzustellen, wie viele ihr letztendlich insgesamt gelingen würden. Ich wies sie darauf hin, dass sie in einem Spiel höchstens zwei Würfe nacheinander machen müsste, ließ ihr jedoch die Möglichkeit, ihr Experiment durchzuführen. Erst der 16. Wurf ging daneben. Als sie mir zu Beginn unserer Sitzung ihre Freiwurftechnik vorgeführt hatte, war ihr weniger als die Hälfte der Würfe gelungen.

Manche Spieler benötigen mehrere Sitzungen, bevor sie zehn erfolgreiche Würfe nacheinander schaffen. Gelingt es einem nicht, wiederhole und verstärke ich die Suggestionen nötigenfalls mehrmals, nachdem ich eine Trance induziert habe. Müssen Suggestionen bei einem Spieler mehrmals verstärkt werden, sollte man dazwischen jeweils völlig von der Arbeit Abstand nehmen und mit ihm über andere Dinge sprechen. Die mentale Anstrengung bei dieser Prozedur ist größer, als es zunächst scheinen mag, und eine kurze Entspannung kann für einem Erfolg entscheidend sein.

Nachdem Beth ihre 15 Würfe in Folge geschafft hatte, forderte ich sie, während sie noch in Trance war, auf, sich ein Ziel zu setzen, indem sie den Prozentanteil erfolgreicher Freiwürfe festlegte, den sie zunächst bei den Spielen im kommenden Monat und dann in der restlichen Saison erreichen wollte. Meist liegt der Prozentsatz, der in solchen Fällen genannt wird, über 90 Prozent. Wenn nicht, ermutige ich den Spieler, sich ein in diesem Bereich liegendes Ziel zu setzen. Beth nahm sich vor, 99 Prozent zu erreichen. (Da sie in einem einzigen Spiel kaum hundert Freiwurfmöglichkeiten haben würde, war dies eine kluge Entscheidung, denn diese gestand ihr einen Fehlwurf zu, beinhaltete aber gleichzeitig ihre Erwartung, alle Würfe erfolgreich in den Korb zu bringen.) Ich suggerierte ihr, sich vorzustellen, zu welchem Zeitpunkt sie diese Prozentzahl erreichen würde – indem sie beispielsweise visualisierte, sie schaue sich ihre Leistungsbewertung einen Monat nach Saisonbeginn und am Ende der Saison an. Ich leitete sie dazu an, sich die Gefühle zu vergegenwärtigen, die sie mit diesem Erfolg verband, und sie zu beschreiben – insbesondere ihre persönlichen Gefühle, aber auch ihre Reaktion auf die Anerkennung des Coachs und der Mannschaft sowie anderer Menschen, die ihr wichtig waren. Daraufhin fielen ihr sofort ihre in der gleichen Stadt lebenden Eltern ein, die zu jedem ihrer Basketball-Spiele kamen. Diesen Teil der Technik beschreibe ich im Abschnitt über Zukunftserinnerungen in Kapitel 6. Ich wies Beth darauf hin, dass sie dies ein paar Tage lang täglich und später mehrmals wöchentlich üben müsse, um den Vorgang gründlich in Geist und Körper zu verankern.

RESULTATE DER THERAPIE

Beth wählte als ihr Ziel einen Wurf in den Korb, bei dem der Ball den Korbring nicht berührte, einen so genannten Swish. Ein Wurf, bei dem der Ball den Korbring berührte, war ein leichter Fehler. Beth lernte, die neue Vorgehensweise in regulären Spielen anzuwenden. Nach dem ersten Monat der Spielzeit, in der sie keinen einzigen Freiwurf mehr vergeben hatte (bei 65 Prozent Swishs), beschlossen noch mehrere andere Mitglieder der Mannschaft, diese Verfahrensweise zu erlernen. In der restlichen Saison vergab Beth nur einen einzigen Freiwurf, und der Anteil ihrer Swishs stieg auf 70 Prozent.

WESHALB DIESES VERFAHREN WIRKT

Die Spielerin erreichte durch die neue Vorgehensweise mehrere wichtig mentale Veränderungen. Erstens ist sie in Zukunft in der Lage, augenblicklich von dem für das normale Spiel erforderlichen weiten

Fokus zu dem für einen Freiwurf geeigneteren engen Fokus zu wechseln. Zweitens sind ihre innere Stärke und ihr Selbstvertrauen so gefestigt worden, dass sich dies auf die zukünftige Ausführung von Freiwürfen positiv auswirken wird. Drittens wird sie in Zukunft in der Lage sein, vom Teamfokus zu einen teamunabhängigen individuellen Fokus überzuwechseln. Gewöhnlich vermögen Spieler mithilfe dieses Verfahrens die Zahl ihrer Fehlwürfe in Spielen auf die Hälfte zu verringern. Zwar wird nicht jeder ihrer Würfe gelingen, doch häufig liegt der Prozentsatz der gelungenen Würfe über 90.

Nach Ansicht mehrerer Spieler, denen ich mit dieser Technik geholfen habe, eignet sich der spezielle Fokus für Freiwürfe auch für Three-Pointers. Das Fokussieren auf die Mitte des Korbrings und das stärkere Selbstvertrauen kommen diesen Würfen ebenso zugute wie den Freiwürfen.

Die in diesem Kapitel beschriebene Vorgehensweise nutzt Techniken, die in mehreren anderen Kapiteln dieses Buches beschrieben werden: Abgesehen von den nahe liegenden Visualisationstechniken, werden darin die in Kapitel 9 beschriebene Selbstinstruktion, die in Kapitel 8 beschriebenen Fokussierungstechniken sowie die in Kapitel 6 beschriebenen Techniken der Zielfindung und des Entwickelns von Erinnerungen an die Zukunft beschrieben.

Gedanken zum Abschluss

In diesem letzten Kapitel werde ich mich mit Gedanken beschäftigen, für die in anderen Zusammenhängen kein Raum war, die aber für alle, die sich mit dem Gedanken tragen, Hypnose für die Arbeit mit Sportlern zu nutzen, von Interesse sein könnten. Unter dem Material für ein Buch, das ich zu einem früheren Zeitpunkt geschrieben habe, fand ich einen Ordner mit der Bezeichnung *Steine and Edelsteine*, in dem ich die unterschiedlichsten Ideen gesammelt hatte. Unter diesen waren einige nutzlos wie Steine, andere schön wie Edelsteine. Genau darum geht es in diesem Kapitel – allerdings, wie ich hoffe, hauptsächlich um Edelsteine.

Gedanken zur Hypnose

Wie jede wirksame Methode kann Hypnose sowohl nutzen als auch schaden. Zwar ging es in diesem Buch hauptsächlich um die positive Wirkung von Hypnose, doch sollten Therapeuten sich auch über die mit dem Einsatz von Hypnose verbundenen Risiken im Klaren sein. Wir sollten Hypnose weder als eine unfehlbare Methode zur Heilung aller Probleme ansehen noch als gefährliche Waffe, deren Einsatz viele Risiken birgt.

Zutaten für Erfolg

Zunächst ist wichtig, dass Hypnose an und für sich keine Behandlung, sondern eine Technik ist, die verschiedenste Behandlungen ermöglicht und die andere Behandlungen effektiver machen kann. In welchem Maße Hypnose wirkt, hängt sowohl vom Hypnotherapeuten als auch vom Sportler ab. Ein guter Hypnotherapeut muss neben seinen Kenntnissen in der Technik der Hypnose auch einen geeigneten Ansatz zur Arbeit an den aktuellen Problemen des Sportlers entwickeln können, und vor allem muss er mit eventuell in Trance auftretenden Problemen fertig werden.

Beim Sportler erfordert Hypnose zumindest ein gewisses Maß an Offenheit. Allerdings habe ich nur wenige Sportler kennen gelernt, die aufgrund mangelnder Offenheit nicht in eine leichte Trance eintreten konnten, und mehr ist für meine Arbeit meist nicht erforderlich. Wichtiger ist, dass diese Klienten der Integrität und Kompetenz des Therapeuten vertrauen. Dies bedeutet: Sie müssen sowohl in der Lage als auch bereit sein, von der Hypnose zu profitieren.

REAKTIONEN AUF HYPNOSE

Die Reaktionen eines Menschen in Trance unterscheiden sich in einigen interessanten Einzelheiten von normalen Reaktionen. Sich an diese Reaktionen zu gewöhnen erfordert eine gewisse Vertrautheit mit Hypnose.

Menschen in Trance haben Schwierigkeiten damit, Wörter mit negativer Bedeutung aufzunehmen. Deshalb benutze ich Negationen wie „nein", „nicht" und „nie" bei Klienten, die sich in Trance befinden, nur äußerst selten. Fordert man einen Sportler auf: „Verspannen Sie sich nicht", fokussiert er wahrscheinlich auf Anspannung, und folglich entsteht Anspannung. Besser ist in solchen Fällen die Aufforderung „Bleiben Sie leicht", weil dadurch der Fokus des Klienten auf das Leichtsein gerichtet wird. Ebenso ist es effektiver, einen Stabhochspringer aufzufordern: „Fokussieren Sie auf den offenen Raum über der Stange", als zu sagen: „Vermeiden Sie es, die Stange zu berühren." Es ist sinnvoller, einem Sportler zu suggerieren, was er *tun* soll, als ihm zu erklären, was er *nicht tun* soll. Durch die Beschreibung dessen, was vermieden werden soll, wird der Fokus auf das unerwünschte Verhalten gerichtet, wohingegen Beschreibungen des Angestrebten dazu beitragen, dieses Ziel zu erreichen. Natürlich gilt dies ganz generell für Suggestionen. Bemühen Sie sich beispielsweise einmal wirklich intensiv, *nicht* an einen Elefanten zu denken!

Es ist wesentlich leichter, in einer Trance Stärke und Leistungsfähigkeit zu verringern, als sie zu vergrößern. Achtlose oder unbedachte Äußerungen in einer Trance können es unmöglich machen, das angestrebte Ziel zu erreichen.

Außerdem reagieren Menschen in Trance auf Suggestionen anders als im Zustand des normalen Wachbewusstseins. Beispielsweise verstehen Klienten in Trance posthypnotische Suggestionen viel wörtlicher als Vorschläge, die man ihnen im Zustand des normalen Wachbewusstseins macht. Eine wahrscheinlich erfundene Geschichte veranschaulicht dies. Ein Schwimmer hoffte, durch Hypnose seine Geschwindigkeit steigern zu können. Ein Hypnotherapeut suggerierte ihm, er werde sich im Wasser als von einem Hai verfolgt sehen. Da der Schwimmer diese Suggestion wörtlich verstand, erreichte er zwar bei seiner ersten Bahn tatsächlich eine höhere Geschwindigkeit, doch an deren Ende sprang er aus dem Becken, um sich vor dem imaginären Hai zu retten. Es erfordert eine gehörige Kenntnis und Erfahrung im Umgang mit Hypnose, posthypnotische Suggestionen so zu formulieren, dass sie zum gewünschten Resultat – und *nur* zu diesem – führen.

Psychische Gefahren der Hypnose

Es wurde bereits erwähnt, dass im Unbewussten befindliches Material in Trance besser zugänglich wird. Dort befinden sich Erinnerungen und Motivationen, mit denen umzugehen der betreffende Mensch Schwierigkeiten hat. Dass ein Mensch, der in Trance zu einer solchen Erinnerung zurückkehrt, eine so genannte Abreaktion erlebt, ist nicht ungewöhnlich. Es handelt sich dabei um eine mit starker Energie aufgeladene Reaktion auf das betreffende Ereignis, die nicht nur bei einer solchen Rückversetzung in eine frühere Situation auftreten kann, sondern auch, wenn der Betreffende aufgefordert wird, die Gründe für einen mit Schmerz möglicherweise verbundenen Sekundärgewinn zu untersuchen. Nur Therapeuten mit einer soliden psychologischen Ausbildung sollten an solchen Problemen arbeiten. Wenn ein Therapeut eine Ausbildung sowohl in Hypnose als auch in allgemeiner Psychologie und Psychotherapie hat, kann er Menschen helfen, mit Abreaktionen fertig zu werden. Manche Psychotherapeuten arbeiten regelrecht auf Abreaktionen hin, um Menschen so bei der Überwindung eines psychischen Problems zu helfen. Wird hingegen ein Hypnotherapeut damit konfrontiert, der nicht adäquat damit umzugehen vermag, kann dies schwerwiegende Folgen für das psychische Gleichgewicht des betroffenen

Klienten haben. Dies ist wahrscheinlich die größte Gefahr, in die Hypnotisierte geraten können; allerdings gibt es auch noch andere, die häufig mit den zuvor beschriebenen Tücken sprachlicher Formulierungen zusammenhängen – doch das ist ein so weites Feld, dass wir es hier nicht behandeln können.

Hypnoseausbildungen

Damit kommen wir zu der Frage, welche Ausbildung ein Therapeut haben sollte, wenn er mit Hypnose arbeiten will. Es ist nicht schwer zu lernen, Menschen in Trance zu versetzen. Dies ist der leichteste Teil jeder Hypnoseausbildung. Wesentlich schwerer ist es, mit Menschen, die in Trance sind, auf eine Weise zu arbeiten, die ihnen wirklich zugute kommt.

Am Ende dieses Buches finden Sie Kontaktadressen zu einigen seriösen Organisationen, die im deutschsprachigen Raum Weiterbildungen zur Hypnose anbieten.

Ein Hinweis für Nichthypnotiseure

Obwohl ich in diesem Buch verschiedene Möglichkeiten beschrieben habe, mithilfe von Hypnose mentale Kompetenzen zu entwickeln, möchte ich an dieser Stelle noch einmal ausdrücklich darauf hinweisen, dass Coaches und Trainer Sportlern auch *ohne* Trance helfen können, diese Fähigkeiten zu entwickeln. Viele in diesem Buch beschriebene Techniken sind sowohl wirksam, wenn die Klienten sich in einer leichten Trance befinden, als auch, wenn sie einfach entspannt sind. Coaches und Sportler, die solche mentalen Fähigkeiten entwickeln wollen, jedoch keine besonderen psychologischen Kenntnisse haben, können die Macht der Suggestionen, wie sie in diesem Buch beschrieben wird, für sich nutzen. Die Entspannungsübungen von Suinn, Jacobson und Benson erzeugen einen entspannten Zustand und machen außerdem empfänglich für Suggestionen.

Der Placebo-Effekt

Hypnotisiert zu werden ist für die meisten Menschen ein sehr aufregendes und manchmal sogar dramatisches Erlebnis. Wenn sie glauben, dass diese Technik ihnen helfen wird, tut sie dies sehr wahrscheinlich. Zwar ist der Placebo-Effekt tatsächlich nützlich, doch ist seine Wirkung nur schwer von jener der Hypnose zu unterscheiden. Wenn ich mit einem Sportler arbeite, strahle ich das absolute Vertrauen darauf aus, dass die Macht der Hypnose die gewünschten Veränderungen bewirken wird. Es ist kontraproduktiv, eine Hypnosesitzung durchzuführen, wenn der Klient und der Psychologe selbst glauben, dass die Hypnose versagen könnte. Erfolg ist eher wahrscheinlich, wenn der Therapeut dem Sportler das Gefühl vermittelt, dass die Hypnose das bestehende Problem in jedem Fall lösen wird. Manchmal sage ich, wenn sich ein Sportler in Trance befindet, dass ich mich frage, ob eine bestimmte Suggestion Wirkung zeigen wird; aber das tue ich nur, wenn ich mir sicher bin, dass der Betreffende ohnehin dafür sorgen wird, dass die Suggestion wirkt. Ich bin mir in solchen Fällen also sicher, dass der Sportler selbst sich dafür entscheiden wird, dass die Suggestion wirkt, und ich glaube deshalb ohnehin, dass wir die gewünschte Wirkung erzielen werden. Das Vertrauen des Sportlers verleiht den Suggestionen ihre Macht.

Ich habe einmal einen Artikel zur Veröffentlichung vorgelegt, in dem die Aussage stand, wenn ich meine Therapie aus wissenschaftlicher Perspektive betrachte, könnte ich nicht immer unterscheiden, ob die Wirkung in einer Therapie auf der Hypnose oder auf dem Placebo-Effekt beruhe. Außerdem schrieb ich damals: „Aus der Perspektive der therapeutischen Praxis spielt das keine Rolle, solange die Technik funktioniert." Ein anonymer Rezensent des Artikels setzte dieser Sichtweise entgegen: „Hier geht es um mehr als eine wissenschaftliche Frage, nämlich auch um ethische, moralische und juristische Aspekte." Ohne dass ich dies abstreiten wollte, bin ich doch aus wissenschaftlicher Perspektive dafür, diese beiden Faktoren zu trennen: Ich halte es keineswegs für ethisch fragwürdig, unmoralisch oder illegal, den Placebo-Effekt zu nutzen. In der Praxis wäre es närrisch, dies nicht zu tun. Wenn ich Hypnose einsetze, nutze ich den Placebo-Effekt so stark wie möglich, und die von jenem Kritiker vorgebrachten Einwände interessieren mich dabei nicht im geringsten. In welchem Maße eine Verbesserung auf Hypnose bzw. auf eine Placebo-Wirkung zurückzuführen ist, ist mir gleichgültig. Es geht mir einzig und allein darum, dem Sportler beim Erreichen seiner Ziele zu helfen.

GEDANKEN ZUM MENTALEN TRAINING

In einem großen Teil dieses Buches geht es um mentale Fähigkeiten, die ein Sportler braucht, um sportliche Spitzenleistungen zu erzielen. Es gibt jedoch auch noch andere Aspekte des Lebens, die es wert sind, hier angesprochen zu werden.

EIN SPORTLER IST MEHR ALS EIN MUSKELPAKET

Wenn Sie die Leistung eines Sportlers verbessern wollen, rate ich Ihnen, die Aufmerksamkeit auf den Sportler als Individuum zu konzentrieren. Coachs und Sportpsychologen sollten Sportlern nicht nur bei der Optimierung ihrer sportlichen Leistungen, sonder auch dabei helfen, sich als Menschen zu entwickeln. Sport ist nur ein Aspekt des menschlichen Lebens, und die Klienten sollten auch andere Faktoren im Blick haben. Auch für Hochleistungssportler gibt es ein Leben nach der sportlichen Karriere, und sie müssen auch während ihrer sportlichen Aktivität ein lebenswertes Leben führen können. Jeder Sportler sollte übergeordnete persönliche Ziele haben und verfolgen. Hat ein Sportler keine Ziele oder Interessen außerhalb seines Sports, sollten man ihn dazu ermutigen und ihm helfen, solche Interessen zu entwickeln.

Dies gilt insbesondere für College- und Universitätssportler. Obwohl viele Football- und Basketball-Spieler in College- und Universitätsmannschaften hoffen, von dort in den Profisport wechseln zu können, werden nur wenige nach dem Universitätsabschluss vom Sport leben können, und selbst wenn ihnen dies gelingt, dauern solche Profikarrieren meist nur ein paar Jahre. Deshalb ist es wichtig, Sportler zur Entwicklung weit gehenderer beruflicher Pläne und persönlicher Ziele zu ermutigen. Selbst wenn jemand sich eine Profikarriere zum Ziel gesetzt hat, sollte der Betreffende sich Gedanken über das Leben danach machen und sich darauf vorbereiten. Ein Coach oder Psychologe, der eine gute Beziehung zu einem Sportler hat, kann diesem helfen, über die Zeit nach der sportlichen Karriere nachzudenken.

SPASS UND FREUDE SIND UNVERZICHTBAR

Weiterhin bin ich persönlich der Meinung, dass Sport Spaß machen sollte. Einem Sportler, dem das Training und die Wettbewerbe keinen Spaß machen, sollte man helfen, die Freude an seinem Sport wieder zu entdecken. Gallwey (1998) weist nachdrücklich darauf hin, dass Sportler an jedem Training und jedem Wettkampf Freude haben sollten. Wenn sie dazu in den meisten Fällen nicht in der Lage sind, sollten sie auf die Teilnahme an Wettkämpfen besser verzichten. Freude wirkt sich nicht nur positiv auf die Leistung aus, sondern trägt auch zur persönlichen Moral eines Sportlers sowie zur Moral des Teams bei.

Weil ein großer Teil meiner Arbeit (vielleicht sollte ich besser sagen: meiner Freude) mit High-School- und College-Sportlern zusammenhängt, lerne ich immer wieder Sportler kennen, die einen Sport betreiben, weil ihre Eltern dies so wollen oder weil sie glauben, ihr soziales Ansehen hänge davon ab, dass sie Mitglied eines sportlichen Teams sind. Die Betreffenden erreichen so gut wie nie überdurchschnittliche Leistungen. Sie finden aber andererseits auch im Leben keinen Bereich, der für sie interessanter und produktiver ist als Sport. Ich habe einmal an einem College unterrichtet, dessen Football-Team seit zwei Jahren kein Spiel mehr gewonnen hatte. Außen Stehende fragten sich, wie es nach einer solchen Vorgeschichte wohl um die Moral der Spieler bestellt sein mochte. Der Coach, den ich für einen guten Coach hielt, kannte den Grund: Das Team spielte zu seiner eigenen Freude. Er half der Mannschaft, möglichst gut zu spielen, aber gleichzeitig auch das Spiel zu genießen. Weil es in der betreffenden Schule keine Stipendien für Sportler gab, spielte die Mannschaft um der Freude am Spiel willen. Der Coach gab zu, dass seine Leute wahrscheinlich mehr Spaß am Spiel hätten, wenn sie hin und wieder gewinnen würden, doch andererseits vermochten die Niederlagen ihnen die Freude am Spiel nicht zu verderben. Ich bin mir sicher, dass diese Sportler vom Football mehr profitierten als ihre Kollegen in Schulen, in denen eine Niederlage der Mannschaft jegliche Freude am Sport raubt. Dass es diesem Coach gelungen war, mittelmäßigen Spielern (bitte nicht verraten, dass ich das geschrieben habe!) die Freude am Spiel zu erhalten, halte ich für eine wirklich großartige Leistung. Natürlich betreiben manche Sportler ihren

Sport, um zu gewinnen; doch die besten versuchen zu gewinnen, um zu spielen.

Mein Postskriptum

Es macht mir viel Freude, mit Hypnose zu arbeiten. Damit meine ich nicht das, was ein Bühnenhypnotiseur erreicht, wenn er sein Publikum auf Kosten Freiwilliger zum Lachen bringt. Meine Freude besteht vielmehr darin, dass ich andere Menschen in die Lage zu setzen vermag, Dinge zu tun, die sie tun wollen.

Ich wünsche dem Leser viel von dieser Freude und viel Erfolg mit dem wundervollen Werkzeug, das man Hypnose nennt.

Anhang

Wie man Sportlern die Angst vor der Hypnose nehmen kann

> *In ehrlichem Zweifel steckt mehr Vertrauen, glaube mir,*
> *als in der Hälfte aller Glaubensbekenntnisse.*
>
> Alfred Lord Tennyson, In Memoriam

Manchmal lerne ich Sportler kennen, die Hilfe suchen, aber nicht bereit sind, sich hypnotisieren zu lassen. Viele, die von Hypnose profitieren könnten, assoziieren diese mit manipulativen Bühnenhypnotiseuren oder mit heimtückischen Filmganoven und möchten in jedem Fall vermeiden, sich in einer ähnlichen Situation lächerlich zu machen. Ein Dialog wie der im Folgenden skizzierte vermag solche Ängste zuweilen zu zerstreuen. Natürlich könnte er den Eindruck erwecken, dass ich Hypnose in jedem Fall für die bestmögliche Technik halte. Ich kann Ihnen versichern, dass das nicht so ist. Häufig sind nichthypnotische Interventionen durchaus nützlicher als hypnotische. Trotzdem bitte ich Sie, um der in der Dialogskizze verfolgten Zielsetzung willen die Voraussetzung zu akzeptieren, dass Hypnose in den Fällen, für die ich dieses Hilfsmittel entwickelt habe, die am besten geeignete Technik ist.

Ich hatte bereits mit mehreren anderen Mitgliedern von Murphs Schwimmerteam gearbeitet, und Murph hatte miterlebt, wie Hypnose Teamkameraden geholfen hatte. Offensichtlich stand er einer Zusammenarbeit mit mir äußerst ambivalent gegenüber. Seine Kameraden und der Coach hatten ihn aufgefordert, einen Versuch mit Hypnose zu wagen, weil er Probleme mit seinen Rollwenden hatte. Einerseits machte er sich Sorgen wegen der Rollwenden, doch andererseits stand er der Aussicht, hypnotisiert zu werden, sehr skeptisch gegenüber. Der folgende Dialog bezieht sich auf Murphs Rollwenden, lässt sich jedoch auch auf viele andere Situationen übertragen.

Befürchtungen durchsprechen

Murph: Ich brauch wirklich Hilfe bei meinen Rollwenden, aber es wäre mir lieber, wenn Sie mir ohne Hypnose helfen würden. Müssen Sie mich unbedingt hypnotisieren?

DL: Nein, ich brauche Sie nicht zu hypnotisieren, Murph. Ich kann auch eine andere Technik benutzen. Aber nach meiner Meinung könnte Hypnose wirksamer sein. Wir sollten uns ein wenig über Hypnose unterhalten. Sie können mir Fragen dazu stellen, und wenn Sie danach immer noch möchten, dass ich eine andere Technik benutze, werde ich das tun. Was wissen Sie über Hypnose?

Die Aufforderung zur Ausführung peinlicher Handlungen

Murph: Ich habe Bühnenhypnotiseure arbeiten sehen, die ihre Opfer dumme und peinliche Dinge tun ließen. Ich möchte nicht herumlaufen und die Arme bewegen, wie ein Huhn seine Flügel schlägt, oder mich auf andere Weise zum Narren machen.

DL: So etwas mache ich nicht in Hypnose. Dem Bühnenhypnotiseur geht es darum, sein Publikum zu unterhalten, und dazu sucht er sich Freiwillige. Ich hingegen benutze die Hypnose, um Ihnen zu helfen, Ihre Ziele zu erreichen. Ich bin nicht daran interessiert, dass Sie irgendetwas tun, das Sie niemals wollten, und außerdem sind auch keine Beobachter anwesend.

Der Aspekt der Kontrolle

Murph: Mir gefällt einfach der Gedanke nicht, dass irgendjemand Einfluss auf mich haben könnte, so wie es bei Bühnenhypnotiseuren der Fall ist.

DL: Einfluss ist ein komplexes Thema. Wenn Sie in einer Schulklasse sind und ein guter Lehrer unterrichtet Sie oder wenn Sie einem guten Coach zuhören, beeinflussen diese Sie dann?

Murph: Eigentlich nicht, denn ich kann dann jederzeit selbst bestimmen, was geschieht, und tun, was ich tun will.

DL: Ja, Sie können tun, was Sie wollen, aber Sie tun nicht einfach irgendetwas, das Ihnen gerade in den Sinn kommt. Sie lassen den Lehrer oder den Coach entscheiden, was Sie tun. Vielleicht sollte man besser sagen: Sie wollen tun, was diese Personen Ihnen durch ihren Einfluss nahe legen. Jedenfalls lassen Sie den Einfluss der Betreffenden auf Sie zu. Sie willigen also ein, sich dem Einfluss der in der

Situation gebräuchlichen Verfahrensweisen und der geforderten Disziplin auszusetzen.

Murph: Ja, das ist wohl so, aber ich bin mir dabei ständig darüber im Klaren, was vor sich geht, und kann die Situation jederzeit verlassen, wenn ich das will. In Hypnose hingegen bin ich einfach hilflos.

DL: Das ist eine falsche Vorstellung von Hypnose. Sie werden sich während der gesamten Trance darüber im Klaren sein, was geschieht, und danach werden Sie sich daran erinnern können, was wir getan haben.

Der Aspekt der Amnesie

Murph: Als die Freiwilligen von der Bühne kamen, schienen sie sich nicht daran erinnern zu können, was sie getan hatten.

DL: Gewöhnlich ist das so, weil die Bühnenhypnotiseure ihnen im Rahmen der Show eine Amnesie suggerieren. Vielleicht möchten sie, dass das Publikum Videoaufnahmen von der Show kauft, um noch etwas mehr Geld zu verdienen. Jedenfalls halte ich so etwas für ethisch fragwürdig, und ich kann Ihnen versichern: *Ich* möchte, dass Sie sich an das, was wir in Trance getan haben, später erinnern.

Murph: Okay, aber was ist mit der Beeinflussung?

DL: Wenn Sie von einem guten Lehrer oder Coach etwas lernen wollen, müssen Sie zulassen, dass sie beeinflusst werden. Hypnose ist eine Form von Einflussnahme. Die Beeinflussung ist im Fall der Hypnose etwas offensichtlicher als bei der Arbeit eines Coachs, doch selbst in Hypnose können Sie jede meiner Suggestionen ablehnen.

Murph: Ich glaube schon, dass ich mich von anderen beeinflussen lasse. Vielleicht ist das bei einem Lehrer oder Coach notwendig, aber ihr Einfluss ist wohl auch nicht so groß. Der Einfluss eines Hypnotiseurs dagegen erscheint mir als zu stark.

DL: Natürlich ist der Einfluss eines Hypnotiseurs deutlicher, aber ist das wirklich ein Grund, ihn nicht zuzulassen? Denken Sie daran, dass der Einfluss, den ich auf Sie ausübe, dazu dient, Sie zu einem schnelleren Schwimmer zu machen.

Murph: Kann ich, wenn ich in Trance bin, wirklich eine Suggestion von Ihnen ablehnen? Und wenn ja, wie mache ich das?

DL: Wenn Sie mit einer Suggestion von mir nicht einverstanden sind, reagieren Sie nicht darauf. In Trance ist Ihnen völlig bewusst, was vor sich geht, und Sie behalten einen großen Teil Ihres Einflusses auf das Geschehen.

Murph: Wenn das wahr ist, wie schaffen Bühnenhypnotiseure es dann, Menschen dazu zu bringen, in Trance so lächerliche Dinge zu tun? Ich glaube einfach nicht, dass diese Leute so unsinnige Dinge tun *wollen*. Sie wirken auf Beobachter, als ständen sie völlig unter dem Einfluss des Hypnotiseurs, und handeln dementsprechend. Ich habe nie erlebt, dass jemand auf der Bühne sich weigerte zu tun, was der Hypnotiseur ihm suggerierte.

DL: Diese Freiwilligen wissen im Allgemeinen, worauf sie sich einlassen. Ihnen ist klar, dass man sie auffordern wird, etwas Unsinniges zu tun, doch hoffen sie, dass es etwas Harmloses sein wird, und sie haben sich dazu entschlossen, sich dem Einfluss des Hypnotiseurs zu überlassen. Ich persönliche würde mich nicht freiwillig dazu hergeben, so unsinnige Dinge zu tun, und Sie würden es wahrscheinlich auch nicht.

Murph: Sie haben Recht, das würde ich ganz bestimmt nicht tun.

DL: Wenn der Hypnotiseur die Freiwilligen auffordern würde, etwas zu tun, womit sie sich selbst schaden würden oder was ihren eigenen Moralvorstellungen widerspräche, würden sie solche Suggestionen einfach nicht akzeptieren.

Der Aspekt der Gefahr

Murph: Woher wollen Sie wissen, dass diese Freiwilligen nichts tun würden, was ihren Moralvorstellungen widerspricht oder was ihnen selbst schaden würde?

DL: Das ist eine gute Frage. Wir wissen das zwar nicht sicher, aber meine persönliche Erfahrung und die vieler anderer ist, dass Menschen Suggestionen ablehnen, bei denen sie das Gefühl haben, dass sie dies tun sollten. Wenn sie negativ auf eine Suggestion reagieren, verlassen sie sofort den Trancezustand.

Murph: Weshalb wird denn nicht wissenschaftlich erforscht, ob das wirklich der Fall ist?

DL: Solche Experimente verstießen gegen die Prinzipien ethischer Forschung. Wissenschaftler, die im Bereich der Psychologie forschen, respektieren heutzutage ethische Grundprinzipien, und eines von diesen ist, Testteilnehmer nicht aufzufordern, etwas zu tun, das ihnen selbst oder anderen schaden würde. Deshalb kann man nicht einfach jemanden hypnotisieren und ihn auffordern, etwas Unmoralisches oder etwas, das ihm selbst oder anderen schaden würde, zu tun. Man kann Testteilnehmer also im Rahmen eines wissenschaftlichen Experiments nicht zu einer schädlichen Handlung auffordern.

Ich habe von einem Experiment gehört, bei dem jemand im hypnotisierten Zustand aufgefordert wurde, seine Hand in einen Käfig zu stecken, in dem sich lebende Klapperschlangen befanden. Der Käfig war oben offen, aber auf einer bestimmten Höhe war eine Glasscheibe eingebaut, die jeden Kontakt mit den Schlangen verhinderte. Der Hypnotisierte versuchte, von oben in den Käfig zu greifen, doch das Glas versperrte seiner Hand den Weg.

Anschließend wurde er gefragt, weshalb er es riskiert habe, die Hand in den Behälter zu stecken. Er antwortete, er habe dem Hypnotiseur, der das Experiment durchführte, vertraut, und er habe gewusst, dass er nicht aufgefordert werden würde, mit seiner Hand nach etwas zu greifen, wenn damit eine Gefahr verbunden wäre.

Jedenfalls werde ich Sie ganz bestimmt nicht auffordern, etwas zu tun, was für Sie gefährlich sein könnte. Haben Sie noch andere Fragen oder Sorgen?

Religiöse Aspekte

Murph: Ich habe da noch eine etwas merkwürdige Frage.

DL: Fragen Sie nur.

Murph: Ein Freund von mir hat gesagt, in der Bibel werde Hypnose als Teufelswerk verdammt, und er war froh, dass ich mich geweigert hatte, mit Ihnen so zu arbeiten, wie Sie es mit anderen Mitgliedern des Teams getan haben. Er sagt, Hypnose sei nicht mit der Bibel zu vereinbaren, und wenn man in Trance sei, könnten böse Dinge geschehen. Weshalb sagt er das?

DL: Zunächst einmal steht in der Bibel kein Wort über Hypnose. Dieses Phänomen war in der Zeit, als die Bibel geschrieben wurde, noch gar nicht bekannt, und es existierte nicht einmal, als die King-James-Bibel veröffentlicht wurde. Hypnose ist erst Ende des 18. Jahrhunderts als spezifisches Phänomen erkannt worden. In vielen alten Kulturen kannte und nutzte man etwas, das der Hypnose sehr stark zu ähneln scheint. Trancearbeit hat offenbar schon im Orakeltempel zu Delphi, bei den alten Ägyptern und in anderen frühen Gesellschaften eine Rolle gespielt, unter anderem auch bei den biblischen

Hebräern. In der Bibel gibt es Aussagen, in denen die Ausführung von Ritualen heidnischen Ursprungs verdammt wird, und einige fundamentalistische Christen machen daraus, dass die Bibel die Hypnose verbietet.

Murph: Wenn diese alten Völker kein Wort für Hypnose hatten, weshalb glauben Sie dann, dass sie die Hypnose genutzt haben?

DL: Die Erwähnungen von tiefem Schlaf oder von tranceähnlichen Zuständen in der Bibel deutet meiner Meinung nach darauf hin, dass Hypnose oder etwas Ähnliches den Autoren der Bibel bekannt war.

Murph: Wo sind diese Hinweise zu finden?

DL: Schon ganz am Anfang des Alten Testaments. In Genesis 1 heißt es, dass Gott Adam in einen tiefen Schlaf versetzte, als er aus einer seiner Rippen Eva schuf. Daraus schließe ich, dass der Autor der Genesis die Möglichkeit der Betäubung mithilfe von Hypnose kannte. Schmerzlinderung durch Hypnose war schon früh ein wichtiger hypnotischer Anwendungsbereich und ist es heute noch.

Murph: Wo wird in der Bibel sonst noch auf Hypnose oder etwas Ähnliches hingewiesen?

DL: Es gibt noch einige weitere Hinweise auf Trancezustände – zwei in Numeri (24, 4 und 24, 16) und drei in der Apostelgeschichte (10, 10; 11, 5 und 22, 17). In allen fünf Fällen geschah etwas Gutes; gewöhnlich manifestierte sich eine Vision, oder es offenbarte sich, was Gott einem bestimmten Menschen zugedacht hatte. Keinen dieser Vorfälle könnte man als negativ oder schlecht ansehen. Beispielsweise halte ich die Erschaffung einer Frau für eine besonders begrüßenswerte Handlung. Die Beschreibung von Heilungen durch Petrus (Apostelgeschichte, 3, 4) und Paulus (Apostelgeschichte, 14, 8) deuten ebenfalls auf die Anwendung einer Art von Trance hin.

Murph: Sind Sie sicher, dass an diesen Stellen in der Bibel auf Hypnose angespielt wird?

DL: Nein, sicher bin ich nicht, weil ich nicht dort war, aber trotzdem erscheint mir Hypnose als eine wertvolle Technik – alles andere als Teufelswerk. Texte, in denen Hypnose verdammt wird, sind ebenso Interpretationen wie solche, in denen die Anwendung von Hypnose positiv dargestellt wird. Da die Autoren der Bibel den Begriff Hypnose gar nicht kannten, müssen alle Versuche, aus der Bibel eine Befürwortung oder Ablehnung der Hypnose ableiten zu wollen, fragwürdig bleiben. Auch die Meinung, die ich hier vorgebracht habe, ist nur meine persönliche Interpretation.

Murph: Ich glaube, damit ist meine Frage beantwortet. Weil die Autoren der Bibel keinen Begriff für Hypnose kannten, können wir nicht mit Sicherheit sagen, ob sie diese verdammten oder ob sie auch nur wussten, worum es sich dabei handelt. Ich glaube, über diesen Punkt brauche ich mir nun wirklich keine Sorgen mehr zu machen.

DL: Das ist jedenfalls meine Sicht zum Problem mit der Bibel. Ich habe Hypnose als so nützlich kennen gelernt, dass ich mir sie einfach nicht als teuflisches Ritual vorstellen kann. Haben Sie noch andere Fragen, Murph?

Wie kommt man aus der Hypnose wieder heraus?

Murph: Ja, da ist noch etwas. Was passiert, wenn jemand in einer Trance stecken bleibt und nicht mehr daraus herauskommt?

DL: Diese Gefahr existiert nicht. Wenn ich weggehen würde, während Sie sich in Trance befinden, würden Sie entweder selbstständig schnell die Trance verlassen oder in normalen Schlaf verfallen. Außerdem werde ich Ihnen beibringen, wie Sie eine Trance jederzeit selbst beenden können, wenn Sie wollen.

Murph: Das werden Sie mir ganz bestimmt beibringen?

DL: Ja, das zu üben werde ich Ihnen schon zu Beginn unserer Arbeit Gelegenheit geben.

Eine letzte Zusicherung

DL: Haben Sie noch irgendwelche Fragen?

Murph: Meinen Sie wirklich, dass Hypnose mir bei meinen Rollwenden helfen könnte?

DL: Ja, ganz bestimmt.

Murph: Und Sie werden mich ganz sicher nicht wie ein Huhn gackern lassen?

DL: Ich nehme an, dass ich Ihre Rollwenden verbessern kann, aber ich kann es Ihnen nicht garantieren. Ich sehe keinerlei Grund, Sie zu einem Huhn zu machen, und gute Gründe dafür, es *nicht* zu tun. Wenn ich Sie dazu bringen würde, sich während unserer gemeinsamen Arbeit wie ein Huhn zu verhalten, würden Sie das wahrscheinlich allen anderen Teammitgliedern erzählen, und die hätten dann wohl keine Lust mehr, sich von mir ebenfalls helfen zu lassen. Mein einziges Interesse ist also wirklich, etwas zu tun, das Ihnen und Ihren Kameraden hilft, bessere Schwimmer zu werden.

Murph: Also gut. Ich glaube, ich habe nichts zu verlieren, wenn ich mich hypnotisieren lasse, und vielleicht ist es ja sogar von Vorteil für mich. Was muss ich tun?

DL: Sie müssen bereit sein, meinen Suggestionen zu folgen. Ich kann Sie nicht hypnotisieren, wenn sie nicht bereit sind zu kooperieren. Fangen wir also an. Sind Sie bereit?

Murph: Bereiter geht's nicht. Fangen wir an!

Glossar

bildliche Vorstellung – Ein Mensch, der sich in Trance befindet oder auch nicht, sieht oder spürt eine Aktivität. An der bildlichen Vorstellung, die manchmal auch Visualisation genannt wird, sind neben der visuellen Vorstellung auch das kinästhetische Gefühl sowie die auditive Wahrnehmung und das emotionale Empfinden beteiligt.
Ergebnisziel – ein Ziel, das im Erreichen einer bestimmten Leistung bei einem Wettkampf besteht (siehe auch *Leistungsziel*)
externale Vorstellungsbilder – Bildvorstellungen, die eine Aktivität darstellen, ohne dass der Visualisierende dabei das Gefühl hat, die Aktivität selbst auszuführen: Er sieht das Geschehen, als würde jemand anders handeln.
Fraktionierung – eine Möglichkeit, Trancezustände zu vertiefen, indem man die Person in Trance mehrmals aus der Trance und wieder in sie zurückgeleitet
Fremdhypnose – Die Hypnose wird von einem Hypnotiseur oder Hypnotherapeuten induziert (im Gegensatz zur *Selbsthypnose*).
Induktion – der Prozess, der einen Menschen in eine Trance geleitet
internale Vorstellungsbilder – Vorstellungen, bei denen der Bilderzeuger das Gefühl hat, an der vorgestellten Aktivität real beteiligt zu sein (im Gegensatz zu *externalen Vorstellungen*)
kinästhetisch – Muskeln betreffend
Leistungsziel – das Ziel, eine spezifizierte Verbesserung der eigenen Leistung zu erreichen (siehe auch *Ergebnisziel*)
Placebo – eine Behandlung, die keine bekannte nachweisbare Wirkung hat, die sich aber trotzdem positiv auswirkt, weil der Patient an ihre Wirksamkeit glaubt
Sekundärgewinn – ein Vorteil, der oft unbewusst aus einer Krankheit oder Verletzung gezogen wird, mit der Folge, dass die Krankheitssymptome länger bestehen bleiben

Selbstgespräch – der innere Monolog von Menschen
Selbsthypnose – Ein Mensch vermag sich ohne Hilfe eines anderen selbst in Trance zu versetzen (im Gegensatz zur *Fremdhypnose*).
Wiedereintritt – Rückkehr in eine Trance
Zwerchfellatmung – Nutzung der gesamten Lungenkapazität durch Kontrahieren des Zwerchfells und Ausdehnen des Brustkorbs

Adressen zur Hypnoseausbildung

Seriöse Hypnoseausbildungen bieten im deutschsprachigen Raum u. a. die folgenden Organisationen an:

Deutschen Gesellschaft für ärztliche Hypnose und autogenes Training e.V., Postfach 1365, D-41436 Neuss, www.dgaehat.de, info@dgaehat.de

Deutsche Gesellschaft für Hypnose e.V.
Druffelsweg 4, D-48653 Coesfeld, www.hypnose-dgh.de, DGH-Geschaeftsstelle@t-online.de

Milton H. Erickson Gesellschaft für Klinische Hypnose e.V.
Waisenhausstraße 55, D-80637 München, www.meg-hypnose.de, info@meg-hypnose.de

Milton Erickson Gesellschaft für Klinische Hypnose und Kurztherapie, Austria, Kupelwiesergasse 16/2, A-1130 Wien, www.hypno-mega.at, office@hypno-mega.at

Schweizerische Gesellschaft für klinische Hypnose
Apollostrasse 8, CH-8032 Zürich, www.hypnos.ch, smsh@smile.ch

Schweizerische Medizinische Gesellschaft für Hypnose
Dorfhaldenstr. 5, CH-6052 Hergiswil, www.hypnos.ch, info@smsh.ch

Literatur

Bandura, A. (1986): Social foundations of thought and action: A social cognitive theory. Englewood Cliffs, NH (Prentice Hall). [Dt. (1979): Sozial-kognitive Lerntheorie. Stuttgart (Klett-Cotta).]

Barber, J. (1996): Hypnosis and suggestion in the treatment of pain: A clinical guide. New York (Norton).

Benson, H. (1975): The relaxation response. New York (Morrow).

Benson, H. (1987): Your maximum mind. New York (Times).

Benson, H. (1996): Timeless healing: The power and biology of belief. New York (Scribner) [Dt. (1997): Heilung durch Glauben. München (Heyne).]

Brown, W. A. (1997): The best medicine. Psychology Today 30 (5): 56–60, 80–82.

Cox, R. (1994): Sport psychology: Concepts and applications. Dubuque, IA (Brown and Benchmark).

Crasilneck, H. B. a. J. A. Hall (1985): Clinical hypnosis: Principles and applications. Orlando, FL (Grune & Stratton).

Csikszentmihalyi, M. (1990): Flow: The psychology of optimal experience. New York (Harper & Row). [Dt. (1992): FLOW: Das Geheimnis des Glücks. Stuttgart (Klett-Cotta).]

Eisenberg, D. (1985): Encounters with Qi: Exploring Chinese medicine. New York (Penguin).

Ellis, A. a. M. Bernard (1985): Clinical applications of rational emotive therapy. New York (Plenum).

Fazey, J. a. L. Hardy (1988): The inverted-U hypothesis: A catastrophe for sport psychology? Leeds (The National Coaching Foundation).

Feltz, D. L. a. D. M. Landers (1983): The effects of mental practice on motor skill learning and performance: A meta-analysis. *Journal of Sport Psychology* 5: 25–57.

Gallwey, W. T. (1998): The inner game of golf. New York (Random House). [Dt. (2003): Inner Game Golf. Bonn (Alles im Fluss).]

Gould, D. a. N. Damarjian (1996): Imagery training for peak performance. In: J. L. van Raalte a. B. W. Brewer (eds.): Exploring sport and exercise psychology. Washington, DC (American Psychological Association).

Gould, D., L. Petlichkoff, J. Simons a. M. Vevera (1987): Relationship between competitive state anxiety inventory – 2 subscales and pistol shooting performance. *Journal of Sport Psychology* 9: 33–42.

Hammond, D. C. (1981): The serenity place. Salt Lake City (University of Utah School of Medicine).

Hanin, Y. L. (1980): A study of anxiety in sports. In: W. F. Straub (ed.): Sport psychology: An analysis of athlete behavior. Ithaca, NY (Mouvement), pp. 236–249.

Hanin, Y. L. (1995): Individual zones of optimal functioning. (IZOF mode 1: An idiographic approach to performance anxiety.) In: K. P. Henschen a. W. F. Strand (eds.): Sport psychology: An analysis of athlete behavior. Longmeadow, MA (Mouvement), pp. 103–118.

Hartland, J. (1971): Further observations on the use of ego-strengthening techniques. *American Journal of Clinical Hypnosis* 14: 1–8.

Highlen, P. S. a. B. B. Bennett (1983): Elite divers und wrestlers: A comparison between open- and closed-skill athletes. *Journal of Sport Psychology* 5: 390–409.

Hilgard, E. R. a. J. R. Hilgard (1975): Hypnosis in the relief of pain. Los Altos, CA (William Kaufman).

Huang, C. A. a. J. Lynch (1992): Thinking body, dancing mind. New York (Bantam). [Dt. (1995): Taosport, denkender Körper, tanzender Geist. Freiburg i. Br. (Bauer).]

Hughes, J. C. a. A. E. Rothovius (1996): The world's greatest hypnotist. New York (University Press of America).

Hunter, M. (1987): Psych yourself in!: Hypnosis and health. West Vancouver, BC (Seawalk).

Ievleva, L. a. T. Orlick (1991): Mental links to enhanced healing: An exploratory study. *The Sport Psychologist* 5 (1): 25–40.

Jacobson, E. (1929): Progressive relaxation. Chicago (University of Chicago Press).

Jacobson, E. (1976): You must relax. New York (McGraw-Hill). [Dt. (1990): Entspannung als Therapie. Progressive Relaxation in Theorie und Praxis. München (Pfeiffer).]

Kirsch, I. a. S. J. Lynn (1995): The altered state of hypnosis: Changes in the theoretical landscape. *American Psychologist* 50: 846–858.

Krane, V. (1993): A practical application of the anxiety-athletic performance relationship: The zone of optimal functioning hypnothesis. *The Sport Psychologist* 7: 113–126.

Landers, D. (1980): The arousal-performance relationship revisited. *Research Quarterly for Exercise and Sport* 51: 77–90.

Liggett, D. R. (2000): Enhancing imagery through hypnosis: A performance aid for athletes. *American Journal of Clinical Hypnosis* 43 (2): 149–157

Liggett, D. R. a. S. Hamada (1993): Enhancing the visualization of gymnasts. *American Journal of Clinical Hypnosis* 35 (3): 190–197. [Eine kürzere Version dieses Titels ist erschienen als: D. R. Liggett a. S. Hamada (1992): Hypnosis: A key to effective vizualization. *U. S. Gymnastics Technique* 12: 20–22.]

Louganis, G. a. E. Marcus (1995): Breaking the surface. New York (Random House).

Lutz, M. a. D. R. Liggett (1998): Supercharging visualization for wildwater racing. *Canoe and Kayak Racing News* 1 (3).

Martens, R. (1983): Imagery in sport. In: M. L. Howell a. A. W. Parker (eds.): Sports medicine: Medical and scientific aspects of elitism in sport. Perth (Australian Sports Medicine Federation), pp. 213–230.

Martin, K. A. a. C. R. Hall (1995): Using imagery to enhance intrinsic motivation. *Journal of Sport and Exercise Psychology* 17: 59–67.

McClelland, D. (1955): Some social consequences of achievement motivation. In: M. Jones (ed.): Nebraska symposium on motivation. Lincoln (University of Nebraska Press).

Montana, J. a. R. Weiner (1997): Art and magic of quarterbacking. New York (Holt).

Moyers, W. B. (1993): Healing and the mind. New York (Doubleday). [Dt. (1996): Die Kunst des Heilens. München (Goldmann).]

Nideffer, R. M. (1992): Psyched to win. Champaign, IL (Human Kinetics).

Raglin, J. S. a. P. E. Turner (1993): Anxiety and performance in track and field athletes: A comparison of the inverted-U hypothesis with the zone of optimal functioning theory. *Personality and Individual Differences* 14: 163–171.

Russell, B. a. T. Branch (1979): Second wind: The memoirs of an opinionated man. New York (Random House).

Ryan, E. D. a. J. Simons (1983): What is learned in mental practice of motor skills: A test of cognitive-motor hypothesis. *Journal of Sport Psychology* 5: 419–426.

Seligman, M. (1990): Learned optimism: How to change your mind and your life. New York (Pocket). [Dt. (2003): Der Glücksfaktor. Bergisch-Gladbach (Ehrenwirt/ Lübbe).]

Shor, R. E. a. E. C. Orne (1962): Harvard group scale of hypnotic susceptibility. Palo Alto, CA (Consulting Psychologists Press).

Spiegel, H. a. D. Spiegel (1978): Trance and treatment: Clinical uses of hypnosis. Washington, CD (American Psychiatric Press).

Spielberger, C. D. (1983): Manual for the state-trait anxiety inventory. Palo Alto, CA (Consulting Psychologists Press).

Suinn, R. M. (1976): Body thinking: Psychology for Olympic champs. In: R. M. Suinn (ed.): Psychology in sports: Methods and applications. Minneapolis (Burgess). pp. 306–313. [Dieser Titel ist auch erschienen als: R. M. Suinn (1976): *Psychology Today* July, 38–43.)

Suinn, R. M. (1993): Imagery. In: R. Singer, M. Murphey a. L. Tennant (eds.): Handbook of research on sport psychology. New York (Macmillan), pp. 492–510.

SyberVision (1996): Tonbänder erhältlich bei SyberVision Inc., One Sansome Street, Suite 810, San Francisco, CA 94104, www.sybervision.com.

Tennenbaum, G., M. Bar-Eli, J. R. Hoffman a. R. Jablonovski (1995): The effect of cognitive and somatic psyching-up techniques on isometric leg strength performance. *Journal of Strength and Conditioning Research* 9: 3–7.

Uneståhl, L.-E. (1986a): Contemporary sport psychology. Orebro (Veje).

Uneståhl, L.-E. (1986b): The ideal sport performance. In: L.-E. Uneståhl (ed.): Sport psychology in theory and practice. Orebro (Veje).

Uneståhl, L.-E. (1995): The application of inner mental training to sport and life. (Unveröffentlichter Vortrag bei „Frontiers of Hypnosis", Banff, Kanada, am 6. Mai 1995.)

Weinberg, R. S. a. D. Gould (1999): Foundations of sport and exercise psychology. Champaign, IL (Human Kinetics).

Weitzenhoffer, A. M. a. E. R. Hilgard (1959): Stanford hypnotic susceptibility scale. Palo Alto, CA (Consulting Psychologists Press)

Whitmark, B. (1998): Pushing the pain barrier: Mental strategies to keep training when your muscles say stop. *Muscle and Fitness* 58 (5).

Yerkes, R. M. a. J. D. Dodson (1908): The relationship of strength of stimulus to rapidity of habit formation. *Journal of Comparative Neurology and Psychology* 18: 459–482.

Über den Autor

Donald R. Ligget (1923–2001) war nach dem Magisterexamen in experimenteller Psychologie und Promotion in internationaler Erziehungswissenschaft sowie pädagogischer Psychologie Dozent für Psychologie der Hypnose an der Stanford University. Dort setzte er erstmals Hypnose zur Verbesserung der sportlichen Leistungen von Mitgliedern der universitätseigenen Turner- und Football-Mannschaften ein. Selbst passionierter Skiabfahrtsläufer, arbeitete er mit Athleten verschiedenster Sportarten, darunter Gewichthebern, Basketball-, Hockey und Football-Spielern, Turnern, Ringern und Langstreckenläufern. Bis zu seiner Emeritierung Professor für Psychologie und Erziehungswissenschaften in Stanford; als Hypnotherapeut von der American Society for Clinical Hypnosis lizensiert.

Im Jahre 1997 wurde Liggett an die University of Malaysia eingeladen, wo er Sportpsychologie lehrte und malaysische Sportler mit Hilfe von Hypnose auf die Commonwealth Games 1998 vorbereitete. Auf Grund dieser Bemühungen gewannen drei der von ihm betreuten Sportler Medaillen – zwei goldene und eine bronzene.

sysTelios – vielfältige Chancen für kraftvoll gesunde Entwicklungen

Die **sysTelios Klinik für Psychotherapie und psychosomatische Gesundheitsentwicklung** bietet Ihnen ein spezifisches therapeutisches Konzept unter ärztlicher Leitung. Es ist **tiefenpsychologisch** fundiert, **verhaltenstherapeutisch** ergänzt und **hypnosystemisch** optimiert.

Das Team um Dr. Gunther Schmidt, Mechthild Reinhard und Dr. Carsten Till verbindet Gruppen- und Einzelangebote der **ressourcenaktivierenden Gesprächspsychotherapie** mit **lösungsorientierter Körper-, Kunst- und Musikpsychotherapie**. Wir beraten Sie gern:

Ingrid Kuhn · i.kuhn@sysTelios.de · Tel. +49 6207 9249-444
Ruth Farda · r.farda@sysTelios.de · Tel. +49 6207 9249-443
Ciretta Ripp · c.ripp@sysTelios.de · Tel. +49 6207 9249-427

Die **sysTelios** Klinik ist eine private Akutklinik. Private Krankenversicherungen und/oder Beihilfestellen übernehmen die Kosten für einen stationären Aufenthalt, wenn eine begründete medizinische Notwendigkeit hierfür vorliegt. Eine Aufnahme ist möglich bei Akuteinweisung oder bei vorheriger Kostenzusage durch die private Krankenversicherung und/oder Beihilfestelle. Eine stationäre Therapie ist auch auf Basis finanzieller Eigenleistung möglich. Selbstzahlerinnen und Selbstzahler beraten wir dazu gern individuell.

Mehr Infos auf sysTelios.de

sysTelios Klinik · Am Tannenberg 17 · 69483 Wald-Michelbach
Tel. +49.6207.9249-0 · **mail@sysTelios.de**

Mark P. Jensen

Hypnose bei chronischem Schmerz

Ein Behandlungsmanual

277 Seiten, Gb, 2012
ISBN 978-3-89670-858-8

Mark Jensen, Professor für Rehabilitationsmedizin an der Universität Washington, fasst die wichtigen Besonderheiten im Umgang mit chronischen Schmerzpatienten zusammen und beschreibt detailliert den Behandlungsablauf – von der Anamnese über verschiedene Hypnoseinduktionstechniken bis zu hypnotherapeutischen Techniken der Schmerzkontrolle. Die vorgestellten Interventionen werden mit beispielhaften Suggestionen illustriert.

Ausführlich geht das Buch auch auf die Behandlung von Begleitsymptomen ein, wie Schlafstörungen, dysfunktionale Überzeugungen, geringe Selbstwirksamkeitserwartung, sozialer Rückzug, Aktivitätsverlust etc.

„Ein solides Grundlagenbuch, wissenschaftlich fundiert, auf dem aktuellen Stand und in seiner Zusammenstellung erprobt. Das Manual ist als Zusatz zu unterschiedlichen Therapieverfahren geeignet und kann mit Gewinn innerhalb unterschiedlichster Therapieverfahren für die Behandlung von Schmerzen eingesetzt werden. Das Buch ist absolut empfehlenswert." Dr. Juliana Matt, Hypnose ZHH

Carl-Auer Verlag • www.carl-auer.de

Reinhold Zeyer

Hypnotherapeutische Strategien bei akutem und chronischem Stress

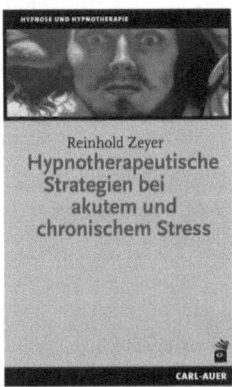

188 Seiten, Kt, 2012
ISBN 978-3-89670-854-0

Stress verursacht Kopfschmerzen, Angst lässt das Herz schneller schlagen, Ärger drückt auf den Magen. Versagensängste, Erschöpfungsdepression oder „Burn-out" sind nur einige der bekannteren körperlichen und psychischen Folgen übermäßiger Stressbelastung. Ihre Behandlung stellt Ärzte und Therapeuten vor große Herausforderungen.

Die moderne Hypnotherapie bietet eine Vielfalt an effektiven Methoden zur Bewältigung von Stressbelastungen und deren Folgen. Reinhold Zeyer stellt in diesem Buch bewährte hypnotherapeutische Strategien, Techniken der Stressreduktion und Methoden zur Resilienzförderung vor. Das Spektrum reicht von praktischen Anleitungen für ein symptomorientiertes Vorgehen bis zur detaillierten Darstellung von Methoden, die unbewusste Wissens- und Entscheidungsprozesse nutzen und anregen.

Ein umfassendes Handbuch sowohl für angehende als auch für erfahrene Hypnotherapeuten.

Carl-Auer Verlag • www.carl-auer.de

Zeitfracht Medien GmbH
Ferdinand-Jühlke-Straße 7
99095 Erfurt, Deutschland
produktsicherheit@kolibri360.de